海外中国
研究丛书

刘 东 主编

[美] 穆盛博 著

胡文亮 译

FISHING WARS AND ENVIRONMENTAL CHANGE
IN LATE IMPERIAL AND MODERN CHINA

近代中国的渔业战争和环境变化

江苏人民出版社

图书在版编目(CIP)数据

近代中国的渔业战争和环境变化 / (美) 穆盛博著；
胡文亮译.--南京:江苏人民出版社,2015.5(2021.12 重印)
(海外中国研究丛书/刘东主编)
书名原文：Fishing wars and environmental
change in late imperial and modern China
ISBN 978-7-214-15373-9

Ⅰ.①近… Ⅱ.①穆… ②胡… Ⅲ.①渔业经济—经
济史—研究—舟山市—近代 Ⅳ.①F326.49

中国版本图书馆 CIP 数据核字(2015)第 082041 号

Fishing Wars and Environmental Change in Late Imperial and Modern China, by Micah S. Muscolino, was first published by the Harvard University Asia Center, Cambridge, Massachusetts, USA, in 2009.
Copyright © 2009 by the President and Fellows of Harvard College. Translated and distributed by permission of the Harvard University Asia Center.
The Simplified Chinese edition published 2015 by Jiangsu People's Publishing Ltd.
江苏省版权局著作权合同登记:图字 10 - 2010 - 509

书　　　名　近代中国的渔业战争和环境变化
著　　　者　[美]穆盛博
译　　　者　胡文亮
责 任 编 辑　张晓薇
装 帧 设 计　陈　婕
责 任 监 制　王　娟
出 版 发 行　江苏人民出版社
地　　　址　南京市湖南路 1 号 A 楼,邮编:210009
照　　　排　江苏凤凰制版有限公司
印　　　刷　江苏凤凰扬州鑫华印刷有限公司
开　　　本　652 毫米×960 毫米　1/16
印　　　张　14.5　插页 4
字　　　数　200 千字
版　　　次　2015 年 6 月第 1 版
印　　　次　2021 年 12 月第 2 次印刷
标 准 书 号　ISBN 978 - 7 - 214 - 15373 - 9
定　　　价　45.00 元

(江苏人民出版社图书凡印装错误可向承印厂调换)

序"海外中国研究丛书"

中国曾经遗忘过世界，但世界却并未因此而遗忘中国。令人嗟讶的是，20世纪60年代以后，就在中国越来越闭锁的同时，世界各国的中国研究却得到了越来越富于成果的发展。而到了中国门户重开的今天，这种发展就把国内学界逼到了如此的窘境：我们不仅必须放眼海外去认识世界，还必须放眼海外来重新认识中国；不仅必须向国内读者迻译海外的西学，还必须向他们系统地介绍海外的中学。

这个系列不可避免地会加深我们150年以来一直怀有的危机感和失落感，因为单是它的学术水准也足以提醒我们，中国文明在现时代所面对的绝不再是某个粗蛮不文的、很快就将被自己同化的、马背上的战胜者，而是一个高度发展了的、必将对自己的根本价值取向大大触动的文明。可正因为这样，借别人的眼光去获得自知之明，又正是摆在我们面前的紧迫历史使命，因为只要不跳出自家的文化圈子去透过强烈的反差反观自身，中华文明就找不到进入其现代形态的入口。

　　当然,既是本着这样的目的,我们就不能只从各家学说中筛选那<u>些</u>我们可以或者乐于接受的东西,否则我们的"筛子"本身就可能使读者失去选择、挑剔和批判的广阔天地。我们的译介毕竟还只是初步的尝试,而我们所努力去做的,毕竟也只是和读者一起去反复思索这些奉献给大家的东西。

　　　　　　　　　　　　　　　　　刘　东

目　录

导　论

无数渔船一港收，

渔灯点点漾中流，

九天星斗三更落，

照遍珊瑚海上洲。

——刘梦兰《衢港渔灯》①

创作于 19 世纪 30 年代的这首诗，描绘了一幅引人遐想的舟山群岛夜景图。舟山群岛是江浙两省海岸边的一系列岛屿，它们构成了中国最重要的海洋渔场。这首诗生动地捕捉到渔船在海港驻舶时呈现的静谧景象。渔火从灯笼中透出，波光荡漾，点亮黑夜。在未来的一个半世纪里，波涛下将会产生怎样的巨变，现时它丝毫也没有从朦胧的景象中向外透出半点端倪。

当今的中国正面临着环境问题，从水资源严重短缺、土地退化到环境污染、生物多样性减少。② 这些挑战同样反映在海洋环境领域：海洋污

---

① 刘梦兰：《衢港渔灯》，《岱山镇志》20.6b。

② 关于中国当代环境议题的讨论，参见易名《一江黑水：中国未来的环境挑战》和史凡拉《中国的过去，中国的未来：能源，食物和环境》。

染和滥捕滥捞已经损害了中国的渔业资源。[①] 如同其他环境问题一样，中国渔业资源的枯竭与全球生态变迁交织在一起。近年来，海洋生物多样性的急剧减少使得全世界的渔业资源陷入危机。一些研究者因此预测：除非有步骤地采取措施停止滥捕滥捞、控制污染及保护海洋栖息地，否则所有的海洋鱼类和海洋物种都将在 2048 年灭绝。[②]

地球上海洋生态系统的退化与所有的环境问题一样，源于过去自然环境的改变。为解决当今的挑战，人们需要更好地认识历史上人们是如何引起、理解和应对环境发生的改变的。在这一目标的指引下，本研究探索了舟山海洋区域内社会与环境间的互动。时间从 19 世纪间这些岛屿出现移民潮开始，到 20 世纪 70 年代这一区域中商业价值最高的鱼类濒临灭绝为止。舟山渔场的历史由此经历了一个长时期的环境变化过程，跨度从清代（1644—1911）、民国（1911—1949），到中华人民共和国（1949 年至今）。

舟山海洋区域的历史研究是第一次从环境史角度对中国渔业进行的研究。中国拥有漫长的海岸线和复杂繁多的内陆湖泊水道，因此长期以来渔业是一项重要的经济活动。对于中国东南部的百姓而言，特别是对于舟山群岛沿岸的百姓而言，鱼类和其他水产品提供了丰富的膳食蛋白，亦可作为收入来源。[③] 已有的研究极大地增进了我们对中国的人地互动历史的认知，但是人类与中国海洋生态系统的互动在此之前一直没有得到研究。可能因为长久以来人们想当然地认为海洋能够脱离人类史而存在，这种情况同样也适用于环境史。为了全面地了解世界海洋生态系统的现状，就像 W. 杰弗里·博尔斯特（W. Jeffrey Bolster）提醒我

---

① 刘建国、贾德·戴蒙德：《全球化下的中国环境：中国与世界各地如何相互影响》，6 - 7。
② 鲍里斯·沃姆：《生物多样性丧失对海洋生态系统服务的影响》。
③ 总体而言，中国消耗了大量的鱼。如同现在一样，因为中国拥有大量的人口，它的渔业总产量有可能世界最高，近代中国的平均鱼耗量比日本和欧洲海洋国家要低。但是，中国东南地区鱼类的消耗是全国平均数量的几倍。参见弗里德里克·西蒙《中国思想与中国文化中的食物》，337 - 338。

们的那样，我们需要知道人类对海洋产生影响的时间有多久，过度开发的警告何时首次出现，人类有哪些成见和政策使这些影响成为可能。[①]而对舟山渔场的历史研究探索了这些未知领域，考察了中国东海沿岸海洋环境的历史变化，以及与之相关的社会、经济和政治影响等。

我们将目光投向海洋，强调生态的变化跨越了国与国的界线。鱼类具有高度的流动性，在它们的生命周期内总是经常性地作远距离洄游，穿越多个政治实体所声称主权的水域。鱼类的洄游习性决定了分析单一渔场不能脱离大规模的环境变迁。所以，虽然本书研究的重点具体集中于舟山群岛的海洋环境，但是这些研究在分析地方、区域和跨国界的生态趋势时，还必须将研究建立在已有的中国环境史文献的基础之上。

至于年代分期，大多数学者对中国环境史的研究集中于清朝时期或1949年之后的中华人民共和国时期。然而，与清朝和中华人民共和国时期同时出现（生态）演化趋势的还有中华民国时期的变化发展，这一时期舟山的海洋环境同样遭到了巨大的冲击。研究民国时期的历史学家现在将这段时期看作一个经济增长、中国与世界扩大联系、现代中国民族国家形成的时期。与中国近期崛起为全球经济大国类似，这些现代化的转变也对中国的海陆景观造成了影响。将民国时期写入中国环境史的文献之中，使其有可能参与到生态变化过程之中，连接之前的晚清时期和之后的中华人民共和国时期。现在看来很明显，舟山渔场的压力形成于清朝，但是更大的压力肇始于民国时期。开发加剧了生态的改变，可以预料的趋势在民国时期变得更为明朗。就像舟山渔业史所证明的那样，环境变化的力量迫使人们重新思考传统的政治史分期的方式。

公地问题

人类对舟山海洋生态系统的高强度开发是跨越帝制晚期和现代中

---

① W. 杰弗里·博尔斯特：《海洋环境史中的机遇》。

国的诸多环境演变过程之一。从 18 世纪开始,商业发展、人口增长、内部迁徙,这些都对自然环境提出了前所未有的要求。在许多地区,这些改变加剧了与公共环境资源利用相关的问题,比如灌溉系统、森林、牧场,当然,还有渔业。所有类型的公共资源都具有两个主要特征:第一,很难防止特定个人利用它们;第二,个人的利用减少了其他人所能获得的潜在收益。[1] 舟山渔场的历史展示了在长达两百年的时间里,在一个特殊的时代背景下,资源利用者是如何管理和使用公共资源的。他们的策略,无论看上去是多么的不完善,但都揭示了在前所未有的生态压力下,人们在清帝国晚期和中国近现代时期是从哪些方面努力协调自然资源的使用的。

公地问题可能会以不同的形式展现。在可以自由准入的条件下,如果没有规则管理公地的使用,冲突可能无法避免,暴力就会出现。首先,资源和财富都可以转化为暴力争端的由头,如果没有规则协调资源的使用,毫无约束的竞争就会使利润减少,因为竞争带来的暴力争端本身会消耗时间、能量和其他资产。这里的问题并不一定是过度开发,而是为了获得资源而展开的暴力争斗。其次,因为人们是从有限的资源中获取,这为后人留下了更少的"公共池塘"资源。如果没有规则限制"公共池塘"资源的获取,人们就会尽可能地又快又多地去获取资源,以免被他人捷足先登。如果这一过程不被遏制,由于过度开发,人们最终会耗尽资源。[2]

渔场是"公共池塘"资源易于出现此类问题的一个主要例子。因为渔民时常不能有效地分配资源,他们会为了一个多产的捕捞地点而争斗。在这些案例中,"问题的出现不是因为资源被过度开发,或是资源已经处于灭绝的边缘,而是因为一些捕捞地点比其他地点更具有优势,围

---

[1] 埃莉诺·奥斯特罗姆:《公共事物的治理之道》,30－33;埃莉诺·奥斯特罗姆等:《规则、博弈与公共池塘资源》,6－8。

[2] 埃莉诺·奥斯特罗姆等:《规则、博弈与公共池塘资源》,10－12。

绕着谁可以获得这些捕捞地点的竞争而爆发冲突"。①　为了获得更好的捕捞地点,渔船、渔网或是其他渔具的冲突,都会导致激烈和代价高昂的争端发生。这些争端削减了从鱼群中获得的利益。其他问题表现在:渔民没有考虑过他们个人的捕捞活动对于资源这一整体所产生的影响。②因为一个渔民获得更多的渔获量,潜在地就会减少他人的渔获量。每个人都在尽力争取短时间内得到更多的渔获量。更为密集的捕捞可能会减少子孙后代可以利用的渔获量,并导致它们最终耗尽。③

　　然而,不同行为准则下的研究显示,许多例子可以说明,渔场使用者和其他公共资源使用者想方设法控制资源的使用,尽可能地减少一些(不一定是所有)不受限制的开发成本。④　这些调节性的策略是为了解决公地问题而出现的,当制度设立,或是一系列的工作原则确立,这些都限制了一个特定群体的成员从资源中获取利润,同时也限制了他们对资源的管理和开发。⑤

"公共池塘"资源和中国环境史

　　18世纪和19世纪期间,舟山海洋环境的变化达到了前所未有的程度。当时加速发展的商业化和人口的扩张,吸引了不断增长的中国人口向以前尚未开发的生态领域迁徙。迁徙的人口参与清理山坡和耕翻草地以用于

---

① 埃莉诺·奥斯特罗姆等:《规则、博弈与公共池塘资源》,83。
② 施拉格:《应对公共池塘资源困境的渔业制度》,250-251。
③ 加里·利贝卡普:《产权契约》,12-13,73,80;亚瑟·麦克沃伊:《渔民的问题:加利福尼亚渔业的生态和法律,1850-1980》,10-11;埃莉诺·奥斯特罗姆:《公共事物的治理之道》,3;埃莉诺·奥斯特罗姆等:《规则、博弈与公共池塘资源》,10;施拉格:《应对公共池塘资源困境的渔业制度》,250。
④ David Feeny, Fikret Berkes, Bonnie J. McCay and James M. Acheson,"The Tragedy of the Commons:Twenty-Two Years Later";亚瑟·麦克沃伊:《渔民的问题:加利福尼亚渔业的生态和法律,1850-1980》,226-228;埃莉诺·奥斯特罗姆:《公共事物的治理之道》,6-7;埃莉诺·奥斯特罗姆等:《规则、博弈与公共池塘资源》,15。
⑤ 埃莉诺·奥斯特罗姆:《公共事物的治理之道》,51;埃莉诺·奥斯特罗姆等:《规则、博弈与公共池塘资源》,16-19。

农业,还有进入开放的海洋渔场,这些社会经济的趋势使"公共池塘"资源面临更大的开发压力,从而导致普遍的生态退化。而且,市场力量和人口压力造成自然资源不断减少,人们经常借助暴力来解决"公共池塘"资源的争夺问题,如森林、荒地、灌溉系统等。"公共池塘"资源的争夺因此助长了地方暴力,暴力出现在中国晚清和民国时期的许多地区。①

研究中国的环境历史学家已经强调了处理"公共池塘"资源工作的艰巨性和不确定性。最著名的是,濮德培和萧邦齐对清朝时期水土保持的地方研究,研究详述了开明的官员努力阻止私人入侵灌溉系统。然而即便是最有远见的官员介入也几乎没有可能阻止入侵,除非他们能在当地社会中跨越障碍去执行。商业贸易和人口的压力最终导致高阶官员不可能阻止非法堤坝的修筑和荒地开垦,而这些为未来的自然灾害埋下了隐患。②

清代,在努力解决因自然资源而引起的暴力冲突中,官方监督面临的障碍依然明显。考虑到负担过重、能力有限和人手不足,官员在面临矛盾冲突时"采用直接支持地方团体或维护他们的决定"③。这种官员与地区间的合作符合黄宗智在国家与社会间定义的"第三领域"。④ 但是历史学家过于关注清政府如何处理关于自然资源的暴力纠纷,而忽略了本地社群如何设法解决冲突。更重要的是,我们并不清楚这些本地人设计的制度安排在民国时代是如何演变留存的。而民国时代的政治环境与

---

① 步瓯叶:《杀戮,市场和道义经济:18世纪中国关于财产权的暴力争端》,第三章。欲了解某个特别暴力的地方社会中引人注意的历史,参见罗威廉《红雨:一个中国县域七世纪的暴力史》。
② 濮德培:《耗尽土地:湖南政府与农民(1500—1850)》,23,167-170;萧邦齐:《九个世纪的悲歌:湘湖地区社会变迁研究》,160-163。《清代森林与土地管理》,孟泽思在文献中列举了清朝时期一些森林可持续管理制度的例子,如皇家狩猎保护、寺庙林、公共林、种植水杉。然而,这些生动的例子是例外,而不是常态。
③ 步瓯叶:《杀戮,市场和道义经济:18世纪中国关于财产权的暴力争端》,215。
④ 除了法律案件的和解,黄宗智主要担心的是他指出地方官员依赖与地方社会的合作是为了其他的作用,如收税、公共安全、饥荒救济、市政工程维护,见黄宗智《介于民间调解和官方审判之间:清代纠纷处理中的第三领域》,288。

晚清是大相径庭的。

考虑到这些问题,本书通过剖析私人和国家为控制这些"公共池塘"资源利益而形成的一系列争斗,考察了人们如何掌控以及出于什么目的掌控舟山渔场的问题。私人和国家依赖于哪些类型的制度以管理渔场的使用,在民国时期的不同条件下,出现在清代的社会组织与国家之间的关系如何变化。哪些问题可以通过这些制度安排解决,哪些安排不能克服。这些制度的命运告诉我们晚清和近代中国的环境发生了哪些变化,回答这些问题,是希望我们可以更好地了解中国过去的生态变化和解决当今的社会环境向我们挑战的问题。

本书章节概述

从清朝中叶开始,渔民们追赶季节性洄游的鱼群从故土浙江和福建来到舟山群岛。这些渔民在事实上拥有渔场并确立规则,以协调他们对资源的利用。以区域为基础的同乡组织将渔场划分为不同片区,每一个渔帮都留在指定的区域内。在许多争端中,地方官员是最终仲裁人,但他们总是下放权力,由同乡公所的领导者执行和解。由来自同一省同一县同一镇的移民组成的地方团体提供一个中心,为渔民和商人提供多样的服务,以增进渔民和商人的利益。这种同乡组织对于舟山地区而言其实并不是独一无二的,它存在于整个晚近时期在中国城乡间旅居的商人和技工之间,晚近时期中国的地方团体要求获得不同的市场领域,并寻求在市场的领域中参与贸易管理。

那些从舟山渔场获利的团体依靠这些丰富的非正式策略,避免了为控制"公共池塘"资源而产生的暴力冲突。地方宗教推动这些规则的界定和执行,便于渔业社区处理贸易时出现的危险性和不确定性。在舟山地区,集体性的宗教仪式所界定的同乡关系,被看作是一种生态策略,目的是为了分配可以获得的资源空间。但是,这些地方性的安排没有限制高强度的捕捞,相反,社会制度对于营销网络而言是至关重要的,营销网络可将鱼类转化为商品。

民国时期,通过对海洋环境的合理开发,近代中国政府干涉舟山渔场,意在增加渔获量和财政税收,而不是减轻生态问题。开发计划以增加产出使财政收入最大化为目标,这使得鱼群遭受到更大的压力。从民国时期一直到1950年代,曾在国外受训并任职于政府机构的中国渔业专家,强调合理、科学地管理可以使资源开发更加高效及防止资源的衰竭。这些设想来源于一个观念,即科学和技术专家可以为了最大化的产出而操控环境。当社会制度努力对抗着竭泽而渔的激烈竞争时,现代国家的管理措施却建立在"科学和技术可以使大自然无限多产"的信念之上。

这一发展观展现了詹姆斯·C. 斯科特(James Scott)的"极端现代主义"的乐观主义特质,源于其相信集中规划可以带来科学和技术的进步,带来无限的产品扩张和对自然的合理控制。[1] 20世纪中国的渔业政策致力于为高效的生产扫除障碍,从而加强官方监督,确保可预测的渔获供应,获得稳定的现金流。民国时期,由国家主导的舟山渔场的开发规划与税收新框架的强制实施齐头并进。以"发展加干预的观念"作为基石,扩大国家机构的权力,加强他们控制的政治目标。[2] 同时,这些干预揭示了在国家的机构组织中,随着激烈冲突的大量涌现,政府的机构之间为了收入而展开竞争的情况。

舟山的同乡会制定了规章制度,这些规章制度充其量不过是一些不完备的解决方案,意在解决以"公共池塘"资源为特征的问题。约定俗成的规则缓解了暴力和代价高昂的争端,但是没有对有限的海洋资源给予捕捞限制。就国际层面而言,20世纪20年代,在中国称之为东海的洋面靠近日本的一方,鱼群资源消耗殆尽后,日本的机械化渔船队进入舟山

---

① 詹姆斯·C. 斯科特:《国家的视角:那些试图改善人类状况的项目是如何失败的》,4。
② Ian Scoones, "Range Management Science and Policy: Politics, Polemics and pasture in Southern Africa",51。

周边水域。外国竞争者推翻了中国渔民过去管理"公共池塘"资源的制度,加速了东海洋面靠近中国一方的渔业资源走向衰竭。内部层面而言,人口迁移和不断增长的市场需求强调了竞争,导致渔场准入分配这一安排制度的崩溃,也导致 20 世纪 20 年代和 30 年代长期而激烈的冲突。以上事实证明了规章制度的地方形式虽然存在于舟山渔场,但这些规章制度已没有能力应付大规模的环境挑战了。

然而,关于人类有能力操控自然的现代性假设盛行于 1949 年前后,这甚至产生了更多可怕的环境后果。民国时期,国家机构努力管理舟山渔场,并由多个竞争性的管理机构征收税费,导致内部官僚之间为争夺对资源的控制而引起争斗。20 世纪 50 年代,在中国共产党的领导下,开发计划寻求经济产量的最大化和财政收入的最大化,最终导致 20 世纪 70 年代舟山最具商业价值的鱼种灭绝。施加于海洋环境的要求来自跨国势力、地方势力、官僚主义势力以及社会经济方面的势力。最终它们被证明对每个人都是有害的,特别是对鱼类和其他海洋生物。

跟踪水下的生态变化:方法论及资料

评估海洋渔场的生态趋势面临着许多困难。由于环境因素的影响,鱼群数量的丰歉度可能会出现不可预料的波动,例如环境变化和海洋事件,这些因素很大程度上独立于人类的活动。环境的不确定性使得人们很难判定鱼类数量的变化是自然趋势演化的结果还是人类的捕鱼活动造成的。[1] 在自然条件波动的背景下,人类对鱼群的开发呈现出一种繁荣与萧条交替循环的模式。[2] 当一种具有潜在价值的鱼类资源被首次发现,人们着手加以开发,目睹其利益者也很快加入开发的队伍。太多的

① 蒂姆・史密斯:《测量渔场:科学有效测定渔业规模,1855 – 1955》。
② Simonj Jennings,Michael J. Kaiserj and John D. Reynolds,*Marine Fisheries Ecology*,272 – 73;麦克尼尔:《太阳底下的新东西:20 世纪世界环境史》,246 – 248。

渔民追逐一种数量有限的鱼类,引起渔获量和利润的下滑。最终,渔获量超过鱼群补给的生物能力。利润甚至随着渔民为了一块稀缺的资源地展开竞争而下降得更加厉害。一旦渔场的产出利润不再充足,有能力者将他们的目光转向别处,其他人只能留下来打捞枯竭的渔场。如果不降低渔场的压力,资源最终将会丧失殆尽。[1]

警告显示,人类对鱼群捕捞数量不断提升的需求已影响鱼群繁衍的永续性,这些警告通常以两种迹象予以显示。第一,为了应对过度开发渔场而减少的利益,渔民更加努力地工作,转而求助于更为集约的捕鱼技术,同时为了维护和增加渔获量而不惜长途跋涉。旧的近海渔场衰落,渔民朝着远离海岸的更新、更多产的渔场迁移。从这个角度出发,远洋渔场的探索"确实是开发的一种方式,是面对过度捕捞的一种发展"[2]。第二,鱼群的平均尺寸和平均年龄都在缩减。随着捕鱼业大量采捕更成熟、尺寸更大的鱼群,捕捞的压力又等不到幼体鱼完全长大成熟,鱼类种群规模随着鱼群平均尺寸的逐步下降而下降。[3]

遗憾的是,有关20世纪50年代以前舟山渔场产量的可靠数据并不存在。所幸的是,与鱼类分布、丰度、大小相关的诸多变化可以在许多历史记录中找到。清朝和民国时期舟山群岛以及中国东南其他沿海地区的地方志都收录了大量与渔业相关的有价值的资料。中国大陆和台湾的档案馆和图书馆保存的地方报纸和经济文书也提供了关于渔业生产和渔场分布长期走向的丰富信息。另外,中国和日本的渔业专家在20世纪20年代和20世纪30年代针对舟山渔场进行了详细的调查。

---

[1] Simon Jennings, Michael J. kaiserj and John D. Reynolds, *Marine Fisheries Ecology*, 9 – 11; 也参见亚瑟·麦克沃伊《渔民的问题:加利福尼亚渔业的生态和法律,1850—1980》,6。

[2] D. H. Cushing, *The Provident Sea*, 112。

[3] Edwin S. Iversen, *Living Marine Resources: Their Utilization and Management*, 247 – 248; Jeremy B. C. Jackson, et al., "Historical Overfishing and the Recent Collapse of Coastal Ecosystems", 635; Robert S. Steneck and James T. Carton, "Human Alterations of Marine Communities: Students Beware!" 446 – 448.

　　这些资料在精确度和透明度方面虽然大为不同,但是通过阅读、参照彼此,根据渔业科学和生态学的理论文献,它们为研究过去舟山海洋生态系统发生的变化提供了丰富的信息。一系列同样复杂繁多的资料证明了人们是如何造成和应对这些环境改变的。除了地方志、档案文书、渔业调查,口述史集和田野调查发现的寺庙碑文亦为了解地方社会提供了重要资料,重现舟山渔场自然与社会关系的变化因为这些不同的资料而成为可能。

第一章　清朝晚期的移民、市场和海洋生活

在清代,舟山群岛的渔业经历了一个长期的变化过程。这一过程与同时期中国的生态变迁相吻合。从 17 世纪末到 19 世纪,随着中国人口的大幅度增长,民众从高密度人口居住区向以前尚未开发的环境领域迁移。作为全国性迁移人口的一部分,越来越多的沿海渔户冒险进入舟山群岛。复杂的商业关系网和市场系统使得快速增长的人口有可能借舟山渔场提供的丰饶鱼群获利。清朝时期出现的社会和经济的发展趋势促进了舟山水产捕捞业的扩张,但随着时间的流逝,它们也为针对"公共资源"的激烈争斗埋下了隐患。本章节的开篇首先简短概述舟山群岛的自然环境和舟山的海洋生物;在此之后,转而介绍移民和商业活动的模式,这种模式促进了以人类利益为目的的海洋开发。

海洋环境

解读舟山群岛的环境特点可以说明其渔场的生产情况。天台山和四明山从浙江内陆绵延至与杭州湾和长江入海口毗邻的中国东海。陆地与海洋的交会形成了一连串的近千个岛屿,岛屿大小不一,从小岛到两百平方英里的岛屿不等。季风和气流在群岛周围水域季节性地交汇,

引发海洋深水区低温和富于营养的水流上升至表层,这样的水流又叫上升流。岛屿坐落在高盐分的台湾暖流(黑潮分支)交汇处,长江和钱塘江的径流形成了黄海水团和微咸水水域洋流。长江江口水流向舟山群岛北部的中国东海排出,从而使供给的水质具有丰沛有机的特质。

混合的多种水系形成的锋面促成了一个能够维持各种海洋生命的环境。这样的

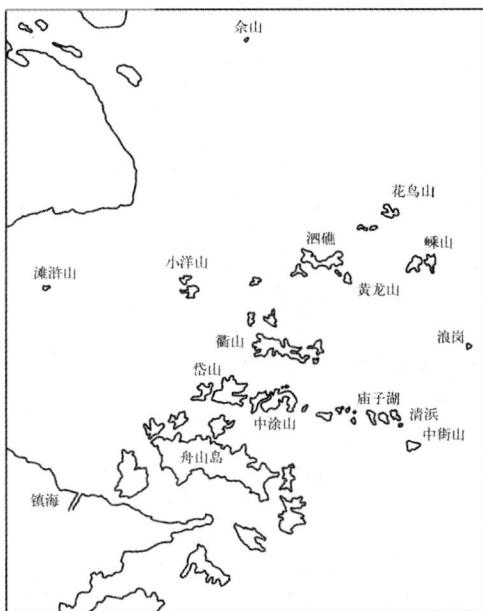

地图 1　嵊泗列岛

水系肥沃了浮游生物,为鱼类和其他海洋生命提供了丰富的营养,后者又为食物链更高层的海洋生物提供了养料。舟山海岸线的特点是:悬崖峭壁和凹凸不平的海床分割了浅滩,这进一步促成了生物的多样性。这些环境特征的结合,使得环绕舟山群岛的水系成为中国东海最多产的海洋生态系统之一。[1]

清代,舟山渔场的主要商业化鱼类品种是大黄鱼、小黄鱼、带鱼和乌贼。这些物种都有与海水温度的季节性变化相吻合的长距离洄游模式。随着春末夏初水温的上升,这些鱼群离开位于近海深水域的过冬基地,游入舟山岛屿附近的浅海水域产卵。它们沿着浙江海岸从北向南洄

---

[1] 陈亚瞿、沈新强:《中国东海生态系统的生物质改变》;李荣生:《中国水产地理》,19 - 21;秦蕴珊等:《东海地质》,1 - 15;张启龙:《舟山渔场》;《浙江省海岸带和海涂资源综合调查报告》编写委员会:《浙江省海岸和海涂资源综合调查报告》,452 - 453。

游。① 海水温度季节性的变动与长江口江水排放和海潮的循环相符。春夏时节,这些水文条件创造出一个温暖的低盐分的环境,而这样的环境正好处于极有益于浮游植物和浮游动物生长的岛屿附近的水域。

大黄鱼、小黄鱼、带鱼和乌贼前往舟山群岛附近水域产卵,并从旺季聚集的微生物中获益,因为微生物有助于鱼类的繁殖和生长。② 乌贼在4月末至7月初进入舟山附近水域,大黄鱼在五六月份进入舟山附近水域。另外,还有比较小的大黄鱼在秋天抵达产卵。舟山群岛的主要鱼汛随着这些鱼儿的年度性洄游而产生。③

迁移的渔场增长

舟山渔场以商业用途为目的的开发可追溯至12世纪。不断增加的需求出现在宋朝南迁后,舟山渔民从收集鱼类、贝壳动物和水生植物以满足自身所需到为了市场而生产。结果,岛上人口膨胀,渔民开始从海洋滩涂向沿岸渔场探险。南宋时期(1127—1279),舟山大多数重要的商业化鱼类品种已经被开发。④ 不过,只是在人口扩张和内陆迁移的模式对明清时期中国的环境产生影响,以及巨大的商业需求出现之后,渔船才开始扩张到更远的近海渔场。

晚近时期(1368—1911),中国人口激增。尽管确切的数据还不存在,但是历史学家们一致认为:中国人口从16世纪的1亿增长到17世纪初的2亿。几十年里自然灾害、内战、满族入关,将17世纪中期的人口减少了约40%。但是,一旦清朝恢复了和平和稳定,人口又继续扩张。到公元1700年,人口回升至1.5亿。人口主要的增长发生在18世纪,当

---

① 《浙江省水产志》编纂委员会,《浙江省水产志》,59 - 62,111 - 20。
② 陈亚瞿、沈新强,《中国东海生态系统的生物质改变》,96 - 100。
③ 《浙江省水产志》编纂委员会,《浙江省水产志》,110 - 115。
④ 黄均铭:《岱山渔业历史特点探讨》,113;赵以忠:《舟山渔业发展史初探》,105 - 107;《舟山渔志》编写组:《舟山渔志》,13 - 15。

时人口翻番达到 3 亿。至 19 世纪 50 年代，人口达到 3.8 亿。20 世纪初，中国人口达到近 5 亿，在这之后，人口持续增长。① 在帝制晚期，向边疆地区的迁徙促进了人口增长。新大陆的农作物，比如红薯、玉米这些能够在以前尚未开垦的地域生长的作物，使得人口迁移活动成为可能。②

对于沿海家庭而言，捕鱼是将这种人口扩张成为可能的生计手段之一。在 18 世纪 50 年代，浙江北部的部分地区，如镇海，一个坐落在宁波府舟山群岛西南方的沿海小镇，当地居民开发高地，建造沟堤，将滩涂改造成农田。③ 即使耕田的面积增加了，良田还是一直供不应求。小农家庭不得不参与副业以维持生活。④ 因此，一些地方，如镇海，渔业为季节性

图像 1　传统渔船。资料来源：郑若增《筹海图编》

捕鱼的家庭和那些全年都在捕鱼的家庭提供了一种生存的必要手段。⑤

除了渔业对沿海地区经济的重要性以外，中国的封建王朝对沿海渔业颇为忧虑，因为与其他群体相比，渔民更有可能加入海盗团伙。整个明清时期，海盗经常劫掠沿海省份。⑥ 海盗行为与捕鱼活动有许多共通之处——都需要相似的驾船技巧，都提供给中国沿海居民重要的收入来

---

① 雷伟立、李中清、王丰：《中国人口学：该领域情况》，816。
② 孔飞力：《叫魂：1768 年中国妖术大恐慌》，41。
③《民国象山县志》，4.2－3；《镇海县志》，41。
④ 斯波义信：《宁波及其腹地》，401。
⑤ 斯波义信：《宁波及其腹地》，403；亦见于《镇海县志》，4.5。
⑥ 穆黛安：《华南海盗，1790—1810》。

源。① 因此,作为沿海地区主要政策的一部分,明朝和清朝早期的统治者严厉禁止近海捕鱼,以确保渔民不会和海盗勾结。另一方面,官员也意识到如果他们取缔了作为收入来源的捕鱼活动,贫穷的渔民将不得不投靠海盗团伙,并以此谋生。② 正因如此,清朝的地方政府选择了将渔民的捕鱼行为限制在近海区域。

为了达到这一目标,官方的规定对渔船的规格进行严格的限制。在新船建造之前,渔船的主人必须向地方当局申请,除非船身大小在合理的尺寸范围内,否则地方当局不会签发许可。③ 这些规定防止了渔民建造大型船舶以备长期出海,而只能待在海岸可及之处的较小型的渔船则更容易被官方监管。这样一来,渔船参加海盗活动或其他非法活动,如走私的可能性就不大。为了防止渔民前往离岸太远的地方冒险,官员还要监管每艘渔船的谷物和饮用水的供给,以确保它们不会超出规定的限制。船保甲的共同责任制要求十艘船为一组,相互担保出海后彼此的行为。④ 历史学家欧阳宗书认为,官方限制渔业活动对保护鱼群繁殖产生了无意识的结果。⑤

明清海防政策的颁布也保护了舟山群岛及其渔业免于受到人类开发的全面影响。14 世纪末,明政府发布了一个严格的"迁海"政策,撤离的近海岛屿被认为是海盗港口。1644 年以后,清朝仿效明朝先例禁止在岛屿上居住。⑥ 因为禁止的范围包括舟山群岛的大部分地区,因此清朝早期的岛屿一直对移民实施封禁。

这些禁令之下,渔业生产虽被禁止,但却没有完全中断。随着沿海

---

① 安乐博:《"浮沤著水":中华帝国晚期南方的海盗与水手世界》。
② 欧阳宗书:《海上人家:海洋渔业经济与渔民社会》,67,121,169。
③ 同上书,136 - 137。
④ 同上书,127 - 131。
⑤ 同上书,16,25。
⑥ 同上书,142 - 144。

渔村的人口扩张使近海渔场趋于饱和,渔场开始蔑视政府的禁令。① 尽管政府的渔业政策显得相当严格,但是,承担执法任务的地方官员却时常忽视它们。这是因为限制人口流动的困难直接超出了清朝官僚机构的执行能力。地方官员时常允许渔民违反中央政府的渔业规定,以此换取多种非正式的费用。② 官员有充分的理由让渔民无视这些禁令,因为切断他们的这一利润来源将会导致地方性的贫穷和社会混乱。即使清政府于1661—1684年实施了大规模的迁界禁海,以平定忠于明朝的郑成功在台湾的叛乱,浙江沿海的渔船依然蔑视政府近海捕捞的禁令。17世纪80年代期间,官员注意到浙江镇海、象山、奉化县的穷人为了生计而利用海洋。春夏鱼汛的时候,他们聚集在舟山水域,在岛屿上建造临时住所,处理渔获物。③

清政府于1688年首次对舟山群岛移民解禁,虽然群岛中某些岛屿直到18世纪才被允许移居,但是浙江大陆地区的居民迫不及待地占领了这些可用的新兴岛屿。岛屿定居是一个波浪式的渐进过程。从18世纪30年代开始,截至19世纪中期,移民向外扩展到更小、更遥远的岛屿。乾隆年间(1736—1796),移民开始从宁波附近的镇海、慈溪、鄞县和绍兴县属地区迁入岱山岛。④ 镇海县,如18世纪50年代当地的地方志记载,许多沿海居民的船只轻巧且快捷,他们以渔为生。他们不畏艰险,经常前往偏远而人迹罕至的地方。⑤

第一次鸦片战争期间(1839—1942),英国于1840—1841年间占领了舟山群岛的定海港,但是这次入侵几乎没有对舟山群岛的迁移和渔业产业的增长造成干扰。事实上,通过将贸易港转变为新开放的通商口

① 欧阳宗书:《海上人家:海洋渔业经济与渔民社会》,87 - 89,169 - 170。
② 吴振强:《贸易和社会:中国沿海的厦门网 1683—1735》,199。
③ 黄均铭:《岱山渔业历史特点探讨》,114;欧阳宗书:《海上人家:海洋渔业经济与渔民社会》,27,33;赵以忠:《舟山渔业发展史初探》,108。
④《岱山镇志》,5.1ab,又见于陈木森等:《岱山姓氏谈》,167。
⑤《镇海县志》,4.3。

岸,上海已成为舟山渔品的一个重要市场。西方人侵间接地刺激了渔业生产的扩张。太平军(1851—1864)对宁波造成破坏时,浙江北部的居民安全撤离到岛屿上。叛乱后,随着人口密集的宁波、绍兴和浙江南部台州、温州地区渴望土地的农民迁移至舟山群岛,人口迁移持续进行。[①] 太平军的叛乱迫使许多富户前往上海寻求庇护,这也带来了新兴的地区大都市对渔业产品需求的增加。[②]

　　19 世纪下半叶,浙江沿海地区的渔户开始在近海岛屿长期居住。温州、台州和宁波的渔户一路向北抵达嵊泗列岛——舟山群岛的最北端,在江苏省边界线范围内。[③] 19 世纪 50 年代以后,福建和浙江瑞安、鄞县的移民在群岛东边的外沿岛屿——中街山定居。[④] 大批的移民从施坚雅(G. William Skinner)所定义为中国长江下游和东南沿海大区的边缘地区迁移到舟山群岛。[⑤] 这些沿海地区即使没有很多合适的农耕地,但它们被上天赋予了丰富的自然港口,从而使船运成为可以轻松获利的运输方式。[⑥]

　　舟山地区的开拓类似于中国早期土地贫瘠的东南省份的棚民流动。从 18 世纪 20 年代起,棚民向长江流域的丘陵迁移,引起了广泛的滥垦滥伐。太平天国运动之后,浙江和江苏丘陵地区更多棚民的涌入导致了表层水土的长期流失。[⑦] 大批渔民和棚民来自福建北部和浙江南部的人

① 何炳棣:《中国人口研究》,156;黄均铭:《岱山渔业历史特点探讨》;李国祁:《中国现代化的区域研究,闽浙台地区,1860—1916》,146－153;赵以忠:《舟山渔业发展史初探》,109;《舟山渔志》编写组:《舟山渔志》,16－17。

② 顾得曼:《家乡、城市和国家:上海地缘网络与认同》,第二章。

③ 郭振民:《嵊泗渔业史话》,32－33;戎天海:《菜园渔行兴衰记》,29;金涛:《嵊泗渔民风俗考》,90;《舟山渔志》编写组:《舟山渔志》,16。

④ 赵以忠:《舟山渔业发展史初探》,108－109。

⑤ 中国地形的大区域如施坚雅解释的那样,不是由行政区划所定义的。相反,他们是自然地理学和营销模式所区分的社会经济单位。每一个大区域都有其他山岭和在核心与边缘地区间运送货物的排水盆地所分隔。见施坚雅《19 世纪中国的区域城市化》,211－220。

⑥ 张其昀:《浙江省史地纪要》,79。

⑦ 安·奥思本:《丘陵与山地:清代长江下游地区的经济与生态互动》,204;斯波义信:《从中唐到清杭州湾南岸地区的事例》,163。

口稠密区。① 开垦高原地区和开发近海渔场是中国在自然资源压力加剧下的相应反应。每个例子都显示,生态变迁是因为移民前往了尚未开发的地区。棚民去了山地,渔民去了海边。就像因为滥垦滥伐和水土流失,开垦未开发的山地使生态毁灭一样,清朝时期增多的捕鱼活动对海洋渔场必然会有过分的要求。确实,岛上和海里的生态趋势有时候会相互作用。因人口向高原迁移引起的水土流失导致许多河流和湖泊淤塞。随着内陆水域消失,渔民转向有利可图的海洋渔场。②

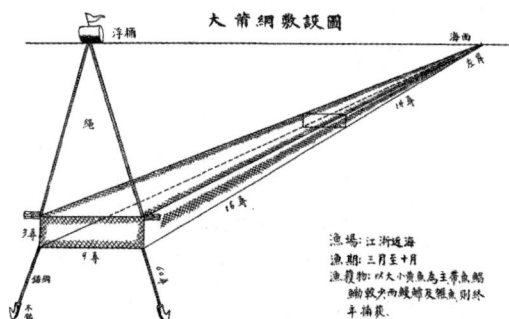

**图像 2　大捕网。江浙区重要旧式渔具图,1948 年 2 月 18 日,
中央研究院近代史档案馆 20－68b－9－17**

　　浙江和福建的移居渔民从老家带来了更大和更高效的船只和工具,这使他们有可能将舟山的近海渔场作为目标。18 世纪中期,象山港海岸的桐照和栖凤港口的大捕船(锚张网)开始在舟山水域捕鱼。这种固定的渔具特别适合岱山岛附近的浑水和激流。③ 台州的临海、宁海和温岭县的渔民擅长使用小对船。捕鱼的方法是采用一艘船携带渔网,另一艘

① 安·奥思本:《穷山恶水:晚近中国长江下游土地利用对生态和社会的影响》,142,153,171－
　　173,182,299,202,270。
② 一个关于内陆水域泥沙淤积与清朝长江淡水渔场产量下降关系的有预见性的讨论,见尹玲
　　玲《明清长江中下游渔业经济研究》,243－244,377－384。预知清朝时期,宁波地区内陆水系
　　环境衰退的详细证据,参考[日]松田芳郎《明清近代浙江鄞县治水事件》,收录于中国水利史
　　研究会:《中国水利史论集:佐藤博士遗曆记念》,东京:国书刊行会,1981 年,269－312。
③ 黄均铭:《岱山渔业历史特点探讨》,118;张震东、杨金森《中国海洋渔业简史》,112－113,
　　122;《舟山渔志》编写组:《舟山渔志》,159。

叫作喂船的渔船则负责指导渔业活动和运输供应物资。早在 14 世纪，鄞县的东钱湖渔民就发明了一种更大规格的船只，名曰"大对船"。大对船可以在更深的水域里捕鱼，同时可以在海里驻舶更长时间。17 世纪末期，东钱湖的大对船开始进入舟山群岛。① 至于流网渔船，最初是由镇海县渔民引进的，每次可以出海十天至一个月不等。② 道光年间（1821—1850），流网渔船在岱山附近的水域捕鱼，到了同治年间，流网渔船扩张到了江苏南部海岸附近的吕泗渔场。③ 为了追求丰饶的鱼群，在拥有更大船只和更大渔网的条件下，渔民从内陆水域迁移到更遥远的海洋。④ 19 世纪 90 年代，一名美国的观察者指出，宁波地区的"冒险者"经常出海

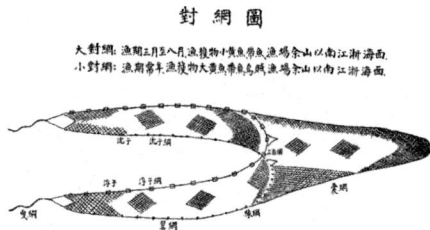

图像 3　对网图。江浙区重要旧式渔具图，1948 年 2 月 18 日，中央研究院近代史档案馆 20‐68b‐9‐17

一百海里或航行至更远，以求到达一个中意的渔场。⑤

　　浙江北部的渔民没有沦为如香港和广东地区社会底层的疍民一样的贱民，那些地区的疍民作为实质的贱民，生活在连家船上。⑥ 在浙江和福建，捕鱼成为沿海家庭赖以谋生的多元化经济策略中的一部分。在东

---

① 《舟山渔志》编写组：《舟山渔志》，109,113。
② 黄均铭：《岱山渔业历史特点探讨》，118；《舟山渔志》编写组：《舟山渔志》，140,143。
③ 沈立恭：《浅谈高亭的流网作业》，121。
④ 姜彬、金涛：《东海岛屿文化与民俗》，85。
⑤ John Donaldson Ford, *An American Cruiser in the East；Travels and Studies in the Far East，the Aleutian Islands，Behring's Sea Eastern Siberia，Japan，Korea，China，Formosa，Hong kong，and the philippine Islands*，306。
⑥ 明清时期疍民的历史，参考欧阳宗书《海上人家：海洋渔业经济与渔民社会》，第四章。

钱湖附近的贫瘠农用山坡上,家庭一年里有八个月时间是以大对船捕鱼来赚取大部分收入的。不过,东钱湖附近所有家庭在捕鱼的同时,也参与了商业、农业和其他陆上的经济工作。① 另一方面,鄞县所在的姜山村拥有充足的稻田。那里的家庭大多数时间参与农事,只有在春天乌贼出没的时候,有两个月的时间去打鱼。② 对于鄞县和奉化而言,生活水平相对舒适,那里的渔户通常拥有一套房子,有时候拥有一小块土地。③ 总体而言,有限的可用史料给予人们的印象是:沿海渔村的生活水平仅仅比那些主要农业区的生活水平要低一些。④

图像 4 　惠安、福建的商人。Meadville, PA: Keystone View Company, 1928. 美国国会图书馆影像部,LC‑USZ62‑110730

将这些地区的捕鱼人称为渔民(fishermen)是完全正确的,因为所有的捕鱼人都是男的(men),妇女不出海。但是,妇女们留下来照顾农田,料理家务,参与工作以支持捕鱼业。⑤ 作为整个浙江北部家庭的典型,渔业家庭遵循着一种性别划

---

① 这些家族中最突出的是陶公山忻氏家族、施家湾施氏家族、殷家湾郑氏家族等,欲了解这些家族的经济工作,参考《鄞县通志》的表格,1:368ab,473a‑74b,511a,517a. 也可参考林茂椿、吴玉麒《鄞县渔业调查报告》,22。
② 林茂椿、吴玉麒:《鄞县渔业调查报告》,25‑26。
③ 金志铨:《浙江渔业之现在及将来之趋势》,47;林茂椿、吴玉麒《鄞县渔业调查报告》,22;吴载盛《社会生活:奉化的捕鱼家》,129;姚咏平《岱山水产志调查》,8。
④ 歌谣:《舟山男子的传统职业》,814;金志铨:《浙江渔业之现在及将来之趋势》,47。
⑤ 夏士德:《长江之帆船与舢板》,1:135. 关于福建沿海的两性关系,一个绝佳的人类学调查表明,许多男人季节性地迁移到舟山渔场,见萨拉·弗里德曼《帝国的隐私:中国东南的婚姻、解放与社会主义主体》,36‑37。

分模式,在这一模式中,妇女为了旅居在外的男性亲属而维系家庭。① 男性家庭成员一年中会有几个月在外。因此与农妇相比,渔民家庭的妇女享有更多的独立性。但是,她们需要肩负更为繁重的劳动责任。从晚清的两首散文诗可以一窥渔村的两性关系。第一首诗采用了妇女的口吻,她的丈夫为了鱼汛前往舟山群岛:

> 茫茫何处寄相思,海上扁舟载别离。但愿郎心如燕子,春去秋来莫愆期。

就像诗歌的作者指出的那样,渔商在农历三月前往岱山岛和衢山岛,在农历九月返家。第二首诗明确表示即使妇女不打鱼,她们在处理渔获方面依然占据着重要的地位:

> 展得鳔胶五尺余,寄郎权作腹中书。平生一片缠绵意,绕遍长竿总不如。②

作为家庭生产的一种手段,妇女通过编织渔网,也为捕捞业做出了重大贡献。台州、镇海和舟山岛屿的渔村里,男人、女人和孩子,不分性别,都在忙碌地将麻纺成线和细绳,编织渔网,再经过水洗和染色。③ 在台州地区,老妪和少妇编织和修补渔网。妇女从苎麻商人手里购买原材料,根据渔网的规格处理苎麻纤维和编织渔网。苎麻商则派出一些网贩在定期举办的集市日的天亮前,购买成品。④

---

① 曼素恩:《1900—1936 年间宁波地区的妇女劳动》,247。浙江和福建的渔户说粤语和闽南语方言,但是他们劳作的两性区分与中国客家次族群类似,这看起来是为了应对男性的外勤公务和旅居生活。见施坚雅的引言。
② 萧湘:《岱山竹枝词》,记录在《岱山镇志》,20.15a－b。
③ 夏士德:《长江之帆船与舢板》,1:131。见于金志铨:《浙江渔业之现在及将来之趋势》,55;吴载盛:《社会生活:奉化的捕鱼家》,128。
④ 陶福胜:《霞浦的渔业》,78。

海边集市

商人们在以捕捞业为中心的新兴集市里出售渔网和其他产品。晚清时期,舟山渔场的发展亦带来其他商业活动的同步扩张。沈家门的贸易在清朝海禁重开后不久便开始发展。渔民自己消费一些渔获,但出售了其中的绝大部分。嘉庆年间(1796—1820)早期,商人们开始从沈家门运送渔品到长江下游的各个港口,同时带回大米和大豆,以供出售。同治年间,一个集市在沈家门形成,摊点沿街遍布。[①] 商人从浙江和福建沿海迁移至舟山,开展以满足渔业需求为中心的生意。这些商行输出鱼类产品,输入诸如大米、糖、衣料、豆饼、面粉和油等商品。[②]

在许多案例中,个体户筹资购买或租借船只、采购物资和雇用船员。在其他案例中,渔民结成伙伴关系,筹集本金,根据本金的份额分配盈利和损失。[③] 无论渔民们如何组织生产,大多数渔船主的手头都没有可以用来负担所有开支的现金。[④] 但是,渔民通过在渔港营业的渔行获得投资本金,如帝制晚期中国经济的其他行业那样,渔行在初级生产者与商人之间协调较高层次的营销系统内的商业关系。[⑤] 渔行扮演中间商的角色,他们司秤渔获,再将渔获倒手转给批发商。[⑥] 就像《岱山镇志》所言,因为渔行以贷款的形式为生产者提供本金,舟山群岛的渔行也具备了"渔业银行"

---

① 《沈家门镇志》编纂领导小组:《沈家门镇志》,251。

② 张仁钰:《辛亥革命以来的定海商业演变简史》,34 - 37。

③ 林茂椿、吴玉麒:《鄞县渔业调查报告》,5,8 - 9;王宗培:《中国沿海之渔民经济》,113 - 114,120 - 121。

④ 资料表明只有10%—20%的渔船拥有足够的本金,而不需要依赖贷款。见甘豫立《江浙外海渔业现况》,215;金志铨《浙江渔业之现在及将来之趋势》,57。

⑤ 曼素恩:《地方商人和中国官僚,1750—1950》,174 - 178。

⑥ 一般情况下,使用渔获作为一种担保物,类似于"卖青"。"卖青"的意思是农民们将自己地里已经发青但未成熟庄稼的所有权赋予借款人既而获得本金。关于这一惯例,见穆素洁《中国:糖与社会》,322 - 333。

的性质。① 从这一方面来看,渔行连接了许多高度无组织的生产单位,形成了舟山渔业网和贸易网,将自然资源转变为市场化的商品。②

大体而言,开办渔行的(像渔民一样)大都为外来人口。清代,岱山岛的东沙角渔港的大多数渔商是从镇海过来的旅居者,他们夏天来,冬日返。直至 20 世纪初,许多人方才在岱山长期居住。③ 每年春天,来自上海、乍浦、宁波、奉化和台州的其他渔行老板带着钱和物资,前往岱山岛借贷给渔船,并在鱼汛结束时返家。④ 20 世纪,从福建崇武港口季节性地前往舟山旅居的中间商,在市场贩卖经由家乡渔船捕获的渔获。⑤

舟山渔场的商业周期烙上了海洋环境季节性波动的印记,这是因为鱼群是按照季节性的规律向岛屿洄游的。此时,小规模的渔业经营者面临着资本支出远远超出收入周期的问题。渔民只有在捕鱼之后,才能将货物出售。但是,对本金最急切的需要发生在鱼汛的开始阶段,那时还无法获得资金。下海之前,渔船和渔商一样,若没有钱将不得不去筹集。⑥ 对于舟山渔场的所有经营者来说,依赖信贷是克服环境和贸易周期性下滑的主要方法。没有适当的信贷制度的存在,海洋资源的商业性开发是不可能发生的。

适用于鱼的道理同样也适用于其他自然资源。在一份关于帝制晚期中国森林采伐的分析中,伊懋可(Mark Elvin)提到金融制度与环境变

---

① 《岱山镇志》,20.7b,亦见于黄均铭等:《岱山渔行栈浅说》,43。
② 在马若孟、王业键的《经济发展,1644—1800》586,644 中详细分析了这种小规模经济组织的集成,它如同细胞一样又像是交叉丛生的市场结构。中国市场经济的概念亦见于伊懋可在《大象的退却》中的描述(特别是见此书的 xxiii-xxiv,113 - 114)近代经济增长下中国环境开发模式的特征,包括小单位倡议和无限的授权集成。
③ 《岱山镇志》,5.2b。
④ 黄均铭等:《岱山渔行栈浅说》,43。
⑤ 陈国强、蔡永哲:《崇武人类学调查》,8。
⑥ 罗威廉描述了类似的情况,因为对信贷的依赖使得 19 世纪美国的五大湖地区的木材贸易在季节性衰退中幸存下来。见罗威廉《自然界里的大都会:芝加哥与大西部》,168 - 169。

化之间的关系。伊懋可假设随着金融制度的出现,来自砍树、卖树和有利息投资的经济回报远远大于让树木生长从而获得的潜在增长价值。①这些条件形成了伊懋可所言的"现金是唯一的规则",在这一规则中,不利用资源就等于"丧失收入"。② 清朝时期,金融制度在刺激舟山海洋资源的开发。即使在略微不同的方式下,资本不足的渔业经营者也有机会实现生产。

舟山的渔行在每次鱼汛开始时贷款给渔船。因为渔船、渔网、食物和其他原料都要花费金钱,捕捞需要相当可观的资本投入,所以从同一个家乡来的渔民和渔行形成一种典型的"借贷与放贷"的关系。同乡关系弥补了大多数渔民几乎没有财产作为担保的问题。无论何种情形,海洋环境的不可预测性都使得借贷给渔船成为一种极端冒险的行为,一个歉收的渔季或是一个海难都可能导致渔民无法还债。③ 渔民与渔行之间的财务协议至少在某种程度上给予了抵御风险的保障。贷款协议使渔民有义务将他们的渔获只卖给放贷给他们本金的那家渔行。如果渔民不能偿清欠债,渔行就会拥有下一个鱼汛的渔获专买权。④

实际上,许多渔行并没有借钱给渔民,而是以寄售的方式供应大米、渔网和其他物品。渔行前往宁波、上海和其他城市中心购买这些物资,然后再以借贷的方式出售给渔民。⑤ 渔行从渔获的价值中扣除债务的金

---

① 伊懋可:《大象的退却》,82 - 83。
② 同上书,XVIII。
③ 金志铨:《浙江渔业之现在及将来之趋势》,51。
④ 陈国强、蔡永哲:《崇武人类学调查》,63 - 64;戎天海:《菜园渔行兴衰记》,29;《华南水产》:39;《沈家门镇志》编纂领导小组:《沈家门镇志》,252。
⑤ 郭振民:《嵊泗渔业史话》,171. 岱山的渔行有的时候也做物资进口的生意,见黄均铭等《岱山渔行栈浅说》,37 - 38;金立《横街鱼市史话》,173。

额和物资的价格以及一系列佣金的 8%—10%。[1] 当渔民需要支付渔行
对货物的加价时,他们从物资获取上获得便利。[2]

　　这种贷款供给系统使得渔行有可能成为渔船的客户,渔船为渔行提
供稳定的渔获。[3] 同时,与同乡渔行长期结成的关系减少了渔民在投售
渔获和获取贷款时的困难。[4] 除了为渔民获取本金和物资提供机会,渔
行还帮助渔船完成运送渔货到市场这一耗时的任务。渔行通过在生产
者与批发商之间扮演贸易中间人,亦将风险降到最低,因为渔民不用为
他们的渔获寻觅买主。[5] 与渔行做生意使得渔船能够尽快出售渔获和返
回海洋,从而促进了海洋环境的开发。换句话说,劳动分工提高了鱼类
开发的效率,给鱼类资源施加了更大的压力。

　　有关舟山地区的渔行商贩的传记信息支撑了曼素恩(Susan Mann)
的论点,即渔行在市场允许的情况下是一个可以随意进出的开放行业。[6]
胡保全,19 世纪末到 20 世纪 30 年代泗礁岛青沙港口最大的渔商,他的
商人背景所提供的特殊细节,可以让人们对这些商人“窥一斑而知全
豹”。胡保全 1862 年出生于宁波,但是,大约在 1870 年,他和父母移居
青沙。这一时间的青沙是一个几乎没有商业活动的遥远渔区。胡氏家
族利用这一优势,在港口贩卖糕点和豆腐,并以此谋生。[7] 鱼汛带来对这

---

[1] 《华南水产》,《岱山镇志》,5.2ab,20.7ab;何云瑜、魏锡廷:《建国前崇武渔业概况和渔牙行盛
衰》,8－9;黄均铭等:《岱山渔行栈浅说》,43;《江浙两省水产事业的调查报告》,26;东亚同文
会:《支那省别全志》,14:548;吴载盛:《社会生活:奉化的捕鱼家》,129。

[2] 欲了解更多 20 世纪 50 年代期间香港渔村附近类似的渔业定价政策,见景复朗《中国渔村的
定价政策》。

[3] 这个术语来自 David Luke Howell, *Capitalism from Within: Economy, Society and the State
in a Japanese Fishery*, 48－49.

[4] James M. Ancheson, "Anthropology of Fishing: Annual Review of Anthropology", 282; Barbara E.
Ward, *Chinese Fishmen in Hong kong: Their post-peasant Economy*, 276, 282. 注解香港存在类似
的借贷关系,在香港依艇栖身的疍民和给予他们信贷的经销商时常来自不同的族群。

[5] 渔行为了中国经济体里的小规模生产者履行了这些职能,参见曼素恩《地方商人和中国官
僚,1750—1950》,176－177。

[6] 同上书,175。

[7] 郭振民:《嵊泗渔业史话》;舟山市镇文史和学习委员会:《舟山海洋与文化》,67。

些食物需求的增长,对于无法在小渔船上生火烧饭的船员而言,糕点和豆腐是他们的主食。[1] 在兴盛了几年后,胡氏家族在青沙开办了一间小豆腐店出售商品。

1884 年,胡保全从双亲那里继承了企业,并与妻子一同经营。胡保全的妻子拥有敏锐的商业触觉,她开始允许渔民家庭以信用的方式购物。大约这一时期,浙江沿海不断增多的张网渔民开始定居青沙。他们的到来对物资产生了更多需求。为了抓住这一机遇,胡保全和妻子决定转行。1895 年,他们开办了源森渔行,在自家的房子里开设了他们最初的商店。为了满足渔民们的要求,胡保全从宁波、乍浦和其他港口购买了竹笋、大麻等物资。在妻子的鼓励和支持下,胡保全允许缺乏现金的渔民以借贷的方式购买这些物品。胡保全通过这样的方式,确保了他们可以获得渔获物资,进而吸引了大量的顾客。源森渔行的商业信誉远远超出了青沙的其他渔行,许多渔行由于缺乏本金或不能兑现债务而蒙受损失。随着源森商业的崛起,胡保全于 20 世纪 30 年代接连在舟山地区的宁波和其他渔港开办分行,渔民可以在所有网点将源森渔行签发的水票兑换成现金。[2]

开办一间渔行不需要经过大量的手续,对于一个渴望成功的企业家而言,要进入贸易领域,需要的仅仅是一间租借的房子,拥有一些旗帜(以资识别与渔行做生意的渔船),一个算盘,还有一些雇工。[3] 在岱山群岛,渔行与渔品加工厂维持着信贷的关系。这些关系给予渔行以本金,而渔行可以将本金转借给渔船。作为交换,渔行许诺就渔获量的供给与渔厂(加工者)达成一致。渔厂把渔品晒干和盐腌后运送给宁波和上海的批发商。其他渔行则自己简单地处理了渔品。在获得岱山岛加工的

---

① 清晚期,黄鱼的洄游吸引了从台州黄岩县到衢山的以售卖干货点心为业的摊贩前来,在鱼汛结束返家前他们在这里租房子、卖商品。20 世纪早期,这些商人中的一些人定居下来,在岛上长期开设店铺,见顾宗俭《倭井潭硬糕》,169 - 170。

② 郭振民:《嵊泗渔业史话》,178 - 180;舟山市镇文史和学习委员会:《舟山海洋与文化》,67。

③ 傅国章:《渔行与冰鲜》,25。

渔品后,宁波和上海的批发商将产品运送给杭州、绍兴、乍浦、温州和长江上游腹地的交易商。[①]

在其他的情形下,渔船将它们的渔获移交给冰鲜船,冰鲜船从近海渔场运送渔获给上海和宁波的批发商。冰鲜船所使用的冰块是冬天在宁波和舟山群岛的冰厂中依靠天然形成保存下来的。这一工作由农民以副业的形式完成。[②] 冬天,制冰者淹没冰厂附近的场地,以获取冰块。一层厚厚的稻草隔绝层保护了冰厂里的冰块。1840 年,罗伯特·福琼(Robert Fortune)写道,依靠这种方法,中国的农民"以极少的开支建造他们的冰厂,以紧凑的模式填满冰厂,在炎热的夏季获得了丰盛的渔品时用冰块加以保存"。[③]

大多数冰鲜船几乎没有本金,他们依靠渔行和渔商的贷款从事生意。渔行总是与熟悉的冰鲜船做生意。在渔船进港之后,渔行的雇员到这些冰鲜船上司秤渔获。然后,渔船将渔品卸载放置在冰鲜船上,不上岸。一些冰鲜船在海上遇到渔船进行采购。大多数的冰鲜船不支付现金而是签发水票,标明渔船卖出渔品的数量和价格。回港之后,渔船则凭水票向渔行或钱庄兑回现金。[④] 一旦商人投售渔获,他们就将资金转移到渔行的钱庄,然后那个钱庄再存放到特定的钱庄或商店里,渔民可以要求钱庄或商店支付渔获的费用。[⑤] 近代,渔商将这些借贷活动精细化,渔商让渔民和冰鲜船携带账簿,渔船和冰鲜船在账簿上记录投售的

---

① 《岱山镇志》,5.2b - 3a,20.8a;金立:《横街鱼市史话》,173。

② 关于冰厂的讨论,见《鄞县通志》,1:44;陈雨信《舟山冰厂》,928 - 29;夏士德《长江之帆船与舢板》,1:127 - 128。

③ 罗伯特·福琼:《漫游华北三年》,94。

④ 傅国章:《渔行与冰鲜》,25 - 28;姬田光义:《中国近代渔业史的一页:围绕咸丰八年鄞县的渔民斗争》,89 - 92;黄均铭等:《岱山渔行栈浅说》,45;舟山市镇文史和学习委员会:《舟山海洋与文化》,58 - 60;《舟山渔志》编写组:《舟山渔志》,246 - 248,254。1858 年,这一信贷系统在宁波引起了暴乱,因为当时货币的短缺引起了钱庄大幅度地贴现票据,渔民仅仅获得了它们面值的一半。欲知晓这一事件的分析,参见姬田光义《中国近代渔业史的一页:围绕咸丰八年鄞县的渔民斗争》,86 - 88。

⑤ 金志铨:《浙江渔业之现在及将来之趋势》,58。

渔获数,之后再盖上渔行的大印。然后,渔民和渔行在鱼汛结束后的某个特定时间和地点结账。①

冰鲜船从渔场获取渔获,再将渔获运送到市场,冰鲜船在使渔获保持良好的状态中发挥了十分重要的作用。② 正如夏士德(G. R. G. Worcester)观察的那样,"冰鲜船相对现代;在捕捞渔获的过程中,因为竞争,渔船被迫航行至更远,所以必须找到保鲜渔品的方法,尤其是渔品要被运送到相对遥远的宁波和上海市场。因此,冰鲜船的职责是跟随渔船,购买渔获,并把层层冰块间的渔获带回目的地"。③

随着资源的竞争加剧,舟山群岛冰鲜船的数量成倍增加,这诱使渔民到更远的水域去冒险。④ 随着渔场逐渐远离海岸,渔行也会让冰鲜船跟着渔船进行运输补给,从而使渔民有可能在海上驻舶更长一段时间。⑤ 将冰鲜鱼运往市场的方法起到了分配网的作用,它连接了生产者和销售商,因此扩大了舟山渔场的市场规模。⑥ 早在 1906 年,上海冰鲜鱼市场就变得愈发繁荣,每天前往港口的冰鲜船都在增加。⑦

由于受到渔品腐败的威胁,冰鲜船不得不在到港后立刻卸载它们运送来的冰鲜鱼。因为露天的冰鲜船所具有的脆弱性,连同市场上鱼价的不断波动,导致冰鲜船有时等不及做成一笔买卖。⑧ 如果冰鲜船不能及时将渔获运往市场,或者不能获得一个合适的价格,渔行就无法看到收益。当这一情况发生时,渔行有时会破产,渔船则拿不到渔获的款项。⑨

---

① 林茂椿、吴玉麒:《鄞县渔业之调查》,17,见《浙江区渔业管理局呈》,1931 年 7 月,中央研究院近史所档案馆,17 - 27,135 - 3。
② 欲了解明清时期冰鲜船使用的详细研究,见邱仲麟《冰鲜船与鲜渔行》。
③ 夏士德:《长江之帆船与舢板》,1:126。
④ 赵以忠:《浙江的冰鲜商和渔行栈简析》,66。
⑤ 傅国章:《渔行与冰鲜》,26。
⑥ 赵以忠:《舟山渔业发展史初探》,66。
⑦ 上海博物馆图书资料室:《上海碑刻资料选集》,417。
⑧ 金志铨:《浙江渔业之现在及将来之趋势》,45。
⑨ 《护渔办事处呈》,1931 年 7 月 13 日,中央研究院近史所档案馆,17 - 27,135 - 3。

与此相反,运送装满咸鱼的船只与冰鲜船相比,面对的只是所赚数额的不确定性。[①] 咸鱼比冰鲜鱼保存时间更长久些,但是咸鱼船不能像冰鲜船那样牟取暴利。咸鱼船常常会在冰鲜船离开后前往渔场,以较低的价格购买剩下的鱼。[②]

为了使风险最小化,利润最大化,渔行寻求以最低的价格向渔船购买渔获。渔行时常在称量渔获时通过压秤,并以低于市场价购买渔获的方式达到目的。[③] 渔民在将渔获卖给渔行时并不知晓市场价,以至于渔行可以借此垄断利润。[④] 当渔船获得贷款,渔行扣除相当于宁波金融市场上两倍的佣金,此举是为了将用于贸易的银两转换成服务于中国的货币银元。当计算出渔船付款的金额不足时,渔行就会扣下红利。这些不同形式的压榨带给渔行“六四行”的恶名。因为40%的渔获售价最终归入渔行收益,渔民仅仅获得60%。[⑤] 渔船需要尽快卸载渔获,而与冰鲜船、渔行老板的争吵仅仅会耽误时间。[⑥] 相比冒险而找不到任何买主,按照渔商的低价出售是一个更好的选择。正因如此,卖给渔行是渔民处理渔获的最好方式。

本章小结

纵观整个清朝的历史,中国不断增长的人口,为了寻求新的谋生之

[①] 19世纪和20世纪早期,中国政府当局允许渔民和渔商以优惠的税率直接从生产盐的渔户处购买盐以保存和处理渔获。渔业生产者经常违法贩卖剩余的盐,导致其面临走私的指控。见《岱山镇志》,4.9b-11b;《定海县志》,4.7a-8b;李士豪、屈若骞《中国渔业史》,212-214。

[②] 傅国章:《渔行与冰鲜》,27;郭振民:《嵊泗渔业史话》,169。

[③] 《王基鸿呈》,1931年6月26日,中央研究院近史所档案馆,17-27,135-3.亦见于傅国章:《渔行与冰鲜》,26-27;《舟山渔志》编写组:《舟山渔志》,249-254。

[④] 《华南水产》,36。

[⑤] 《王基鸿呈》,1931年6月26日,中央研究院近史所档案馆,17-27,135-3.在钱庄收取佣金时,将银两兑换成银元是很普遍的现象,见程麟孙《近代中国银行业:创业精神,职业经理,中国银行的发展,1897—1937》,141。

[⑥] 金志铨:《浙江渔业之现在及将来之趋势》,45。

路,于是迁往之前尚未开发过的生态新领域。人们在陆地或是海上的迁移活动带来了重要的环境结果。在舟山群岛,各种形式的移民与中国商业经济的地区整合促进了对海洋资源的需求。从 18 世纪 30 年代到 19 世纪末,从人口密集的浙江和福建沿海迁来的移民将舟山的海洋生态系统与中国的商业经济紧密相连。移民通过经营自己的事业,他们得到了从"公共池塘"渔业资源中获利的机会。商业活动总是跟随着自然的节奏,旅居的渔民和商人在每年的鱼群产卵期蜂拥进入岛屿。舟山的渔业曾是拥有有限本金的小型组织。他们依赖渔行,而渔行连接着渔民组织和更大的市场,给予渔民组织贷款。贷款-债务的关系使经济圈与环境圈同步发展,放贷者允许小规模的渔业经营者在他们手头没有资金的时候依然可以利用有限的贷款捕鱼和卖鱼。[①] 人口增长、移民和商业化使得鱼群转化成经济收益变得更加容易,而渔业经营者也急于利用舟山的海洋资源。但是,规章制度的形式如果不存在,不受抑制的渔场竞争和暴力争端就会威胁渔民。下面一章将转向舟山渔民构想出来处理这些经济和环境连锁反应的制度及其策略。

---

① 马立博(《老虎、稻米、丝绸与淤泥:帝制中国晚期江南的环境与经济》,174)和穆素洁(《中国:糖与社会》)发现了清朝时期中国南方糖产业类似的营销关系。伊懋可的《大象的退却》指出长江下游棉业的平行营销系统。这些例子表明,通过中间商提供借贷的形式,小规模的家庭生产者获得了来自地区经济中心的本金。

第二章 社会组织与渔业规范，1800—1911

随着晚清时期舟山渔场面临的捕捞压力加大，来自浙江和福建不同地区的地方移民组织纷纷确立起渔场的专有权以限制外人涉足。相似的组织策略也存在于中国城市中心的移民社区，这些社区的同乡会要求获得特定的市场交易区，并试图在市场的各交易区内对贸易行为进行管理。通过划分不同交易区内的公共资源，舟山渔场的移民组织将未加抑制的资源竞争引向最小化，将冲突引起的利益损失降至最小化。通过确保和平开发，这些地方形式下的法规防止了代价高昂的暴力发生。地方官员认可并支持这些安排，这是因为 19 世纪末地方官员逐渐依赖同乡会和他们的精英领导人，依赖他们征收税费和维持渔业中心的社会秩序。这些渔业中心通常处在偏远地区。

规制舟山渔业利用的制度与渔业移民社群的宗教仪式密切相关。乡土庙宇里受人膜拜的神灵被认为有能力庇佑渔民的安全，使渔民免于海洋灾害和风险。规章制度也和这些庙宇一样，通过协调渔场的使用，保障渔民在这个混乱无序、无法预知的世界里的集体利益。对于地方精英和官员来说，这些制度的安排将资源竞争引发的社会混乱降到最低。虽然规章制度有效地缓和了冲突，但是它并没有限制对自然资源的过度开发。这些制度的安排，比如渔业社区的宗教仪式，更关心的是促进人类的福利而非保护海洋生物。

渔 帮

　　如同中国社会那些在外务工或从商的人群一样，迁徙到舟山的渔民转向一种以集体合作和互帮互助为核心的同乡关系。就像（Philip Kuhn）孔飞力所主张的观点，不同的同乡会形成一种共生关系，这种关系提高了资源空间的利用率，有益于冲突的最小化。[1] 随着晚清舟山渔业生产的发展，不断加剧的竞争导致了舟山渔场的频繁争端，争端的起因与停泊税、加工卸载的渔获和修理渔网等有关。于是，来自同一个家乡的渔民就形成了以地区为基础的渔帮，并以此维护他们在这些有限环境资源中所拥有的份额。[2]

　　舟山旅居的渔帮依赖的是一个渔业管理的"临时的、半合法的"体系，这是一个垄断捕鱼空间维护准入机制的渔业管理体系。[3] 以地区为基础的渔帮宣称其独家拥有具体渔场和收取停泊税的专有权，并寻求防止他人侵占。举例来说，既有协定规定岱山岛东沙角附近水域，每一个同乡组织的渔船有不同的下锚地点。[4] 最早的移民索要最值得拥有的捕鱼点，再将这些捕鱼点传给下一代。渔船使用浮标装置标示距离岛屿一段距离的水域，渔民使用固定渔网在浅水水域设置桩子以划分标识他们的捕鱼点。据此，渔民可以迅速对违规者采取行动。[5]

　　这个系统依据最能适应特定环境的技术来划分捕鱼片区。20 世纪

---

① 孔飞力：《华人移民的历史生态学取向》。

② 赵以忠：《舟山的渔业公所》，66。

③ 亚瑟·麦克沃伊：《渔民的问题：加利福尼亚渔业的生态和法律，1850—1980》，96，也见于詹姆斯·古德温：《世界渔业的危机：人、问题和政治》，123。

④ 《定海周报》，1934 年 5 月 21 日，2-3；1934 年 6 月 6 日，1-2，亦见于金立：《横街鱼市史话》，171-72。

⑤ 徐诗鹤：《江浙两省之渔业》，1。

20 年代初,一份日本对舟山渔场的调查写道:"依据不同渔具,明确了渔场独有的使用习惯,而且不能违反这些习惯。"[1]同乡关系经常与技术专有权产生交集,因为不同同乡会的渔民将渔船和渔网专门化,形成相似的模式。[2] 在舟山渔场,"官方没有限制网目的尺寸或是使用的工具种类,但是每一个护航队或渔船都有自己特有的节拍。根据地方风俗,根据节拍,护航队或渔船便肯定不会偏离方向"[3]。通过给予渔业领域分配专有权并限制竞争,这种渔场制度减少了不确定性。[4]

地方宗教和资源管理制度

如同 Robert Weller(魏乐博)所主张的那样,中国近代环境的概念中,没有对自然、人和神灵的世界做出重要的区分。自然界、人类社会和神灵的世界被同样一种宇宙能量(气)所充实,他们由此得到活力。[5] 对于舟山的渔民而言,这些神灵中力量最强大的是海龙王,它统治着海洋,海洋里的虾兵蟹将都是它的下属。渔船是否能捕到鱼主要仰赖海龙王的命令。根据舟山地区的民谣,当海龙王命令鱼儿下凡,鱼儿以落入渔夫的渔网而结束生命。这些不走运的鱼之所以会犯错误仅仅是海龙王决定了它们的不幸。就像一首舟山渔歌所写,"只怪侬命苦,得罪龙王数难逃"。[6]

就像神灵对海洋和居住地拥有权力那样,海龙王的手中也握有渔民们的福祉。对于渔民而言,海洋环境充满着危险。如果鱼儿不能在预想的时间和地点到来,渔民的渔网将一直空空如也。由于天气和海浪而引

---

[1]《江浙两省水产事业的调查报告》,17。
[2] 李兆辉:《江苏之渔业概况》,110。
[3] 夏士德:《长江之帆船与舢板》,1:135。
[4] 詹姆斯·艾奇逊:《海洋人类学》,收录于《人类学年评》,281。
[5] 魏乐博:《发现中的自然:海峡两岸的全球化与环境文化》,39-41,84-85,106。
[6] 方长生等:《浙江省民间文学集成》,4。

起的事故是致命的,因此,渔民对海龙王的相关信仰表达了渔民与海洋环境之间的矛盾关系。神灵,如海本身,可以给渔民带来好运,也可以带来厄运。一方面,因为海龙王控制了海洋和所有海洋生物种类,渔民依赖龙王的赐福而谋生。另一方面,渔民又害怕海龙王,因为海龙王有能力带来伤害。当渔船遇上暴风或没有足够的渔获,那是因为海龙王在生气。① 一首 20 世纪早期记载的民谣歌词表达了这种矛盾:

> 天苍苍来海茫茫,疴鱼人得罪海龙王。三月、四月归勿得家。急得白发泪汪汪,求求龙王发善心,救救苦命小二郎。②

如果知道海龙王因何生气,渔民们就会依惯例举行仪式以取悦海龙王。当鱼汛开始,渔民们献上祭品抚慰海龙王,要求避灾和获取丰富的渔获。每一年夏季鱼汛结束时的谢洋节期间,为允诺渔民安全和带来上好的渔获,渔民们就会向海龙王表达他们的敬意。就像旱季时中国农民向海龙王祈雨那样,渔民们会举办一个正式的仪式。当鱼儿不游过来,渔民们为寻求神灵的帮助而献祭。但是,如果鱼儿一直不出现,渔民们就会在龙王庙前架着他们空空如也的渔网以示他们的不满。③

在保护渔民的集体福祉方面,渔业社区与保护渔民的神灵之间存在着非常模糊的关系。诸多神仙中,羊府的寺庙存在于整个浙江宁波北部和舟山群岛上。根据晚清鄞县县志的寺碑文记载,羊府本是唐朝官员羊僎,他 881—885 年担任明州地方长官(宁波行政长官)。在任职期间,羊僎成功地击退了浙江台州南部的强盗入侵,并负责监管了台州县附近作为防御工事的城墙的修筑。到了明朝晚期,碑文声称地方居民将羊僎从一个有才华的官员推崇至一个能够给百姓带来福荫、消除危险、给予灾

---

① 徐波:《舟山方言与东海文化》,241-243。
② 方长生等:《浙江省民间文学集成》,36。
③ 姜彬、金涛:《东海岛屿文化与习俗》,439,443-444。

难慰藉的神灵。[1]

然而不是所有人都是这样理解羊府的。渔民们对有关神灵起源的认知与官方版本有很大的分歧。舟山地区的口头文化记载的神仙不是一个有才华的官员,而是一个姓杨的渔船船长——杨船长倾尽一生在海上挽救了无数人的生命。杨船长死后,玉帝命令他成为管理海洋负责生死的神仙。以后,渔民和其他来自宁波的船员将羊府看作他们的保护神,但是没有将他看作是羊府而是杨夫——两个词发音相似。[2] 羊府的双重身份是渔民的保护神和类似于天后这样的官方称谓,天后也叫妈祖——是舟山和中国东南沿海的船员崇拜的神灵。[3] 与天后非常相似的是,人们附加在羊府身上的意义因为人们的社会地位不同而有不同。文化精英将羊府看作秩序和稳定的象征。对于渔民而言,神灵允诺保护他们的安全,使渔民们免遭海洋环境的危险。

图像5 泗礁岛上港口菜园的天后宫戏台

当渔民们在晚清时迁移到舟山,浙江北部宁波地区的渔民带来了他们的保护神。每一年鱼汛来临时,渔民们聚集在羊府宫,烧香拜佛,祈求好天气和丰盛的渔获。[4] 如同清朝诗歌描述宁波鱼汛开始时所言:

---

[1]《新修鄞县志》13.3a-4a。其他二手资料陈述了晋朝(266—316)鄞县的地方官员将一个荣誉授予寺庙。见王荣国《海洋神灵:中国海神信仰与社会经济》,271。

[2] 王荣国:《海洋神灵:中国海神信仰与社会经济》,271。

[3] 见华琛《神祇标准化:华南沿岸天后地位的提升(960—1960)》。

[4] 公羽、黄志国:《舟山的妈祖庙》,787。

渔船齐到大鸣锣,上水黄鱼网得多。先买肥牲供羊庙,弋阳子弟唱婆娑(五月初所得黄鱼曰上水鱼,羊刺史庙凡出海者,祭之至盛)。①

羊府的灵力来自于神仙有能力让渔区在危险和不可预知的环境中获得福祉和安全。渔民崇拜羊府,并祈求羊府保佑渔民发财。作为神力帮助的回馈,渔船用祭品回报他,用戏剧热情款待他。

除了成为渔民集体祈祷及开展神圣仪式的地点,当地的寺庙还在晚清时期成了提供公共活动的空间,渔业社区在这一空间里颁布规章,用以管理"公共池塘"资源的使用。这些体系中最突出的一个例子是一块 1844 年的石

图像 6　东沙礁的庙宇,岱山岛。图片由作者拍摄

碑,题名《鱼汛禁约》,这块石碑一直伫立在岱山东沙礁渔港的羊府宫。禁约上的规定适用于宁波地区 18 世纪末鱼汛期间聚集在羊府宫的移民。② 记录羊府存在的章程表明它们是代表神灵发布禁令,其内容充满着一种具有公平和神圣权力的意味。

《鱼汛禁约》处理的是岱山渔民一个与技术使用相关的问题。19 世纪中叶,岱山大多数的渔船用张网捕鱼。木桩连接渔网与海床,鱼儿在这里聚集,一个竹架使渔网网口保持张开状。洋流迫使鱼儿冲入网囊,造成渔网扎口,鱼儿被骗入内。每天一到三次,渔民返回,从渔网中收集

---

① 俞福海等重印:《宁波市志外编》,1002。
② 东沙角的羊府宫首先建于 1761 年,之后于光绪年间(1875—1908)修缮,见于《岱山镇志》10.8a。

他们的渔获。^① 通常张网的使用效率非常高，但它们也不是没有问题。首先，激流或恶劣的天气有可能分离渔网与渔船停泊的位置，并将它们冲走；其次，因为渔网连接海床，渔船有时候会与其他渔民的网囊相撞并损毁渔网；最后，某人可能会将无人注意的渔网连同里面的鱼一起拿走。《鱼汛禁约》对此阐明了规章制度，以避免分歧和引发围绕这些问题而产生的争斗。

《鱼汛禁约》规定，为了取悦羊府而举办戏曲表演和宴会，每一艘渔船要支出五百文铜钱，渔民们也乐于如此。《鱼汛禁约》还规定，任何损害他人网囊的渔船必须以一百文铜钱一张网的价格，作为谢钱支付给遭遇损失的船只。如果破损的网囊找回了，肇事的船只需要认领赔偿，从谢钱外支付五十文铜钱给发现网囊的人。规章还要求渔船的主人在渔网失物招领处架设木桩以兹证明。发现渔网的渔民在渔船上岸后，要第一时间将他们的发现报告给社区的其他人，而且不能隐瞒。如果渔民被发现试图隐瞒发现的渔网，则渔网将被要回，谢钱将被充公，触犯禁令者还必须支付一出戏曲表演费用以作罚金。而告发违禁一方的个人可以从额外的六万文铜钱的罚金中获得两万文。遇上大雾天气，渔船可以聚拢它们的渔网，但是不能放下新锚，以避免由于传动装置缠绕在一起而引起冲突或发生渔船间的碰撞。在恶劣的天气下，违反捕鱼禁令的渔船也会被罚以一出戏曲演出的费用。任何不能参加处罚会议而后破坏规则的渔民家属也要接受罚款。最后，如果违规者诉诸武力或拒绝遵守规章中阐明的处罚，官员将会召见并处理他们。

当渔民们在他们的捕捞活动中相互竞争妨碍他人时，《鱼汛禁约》就会处理技术的外部效应问题。^② 若渔民破坏了他人的工具，规章制度通过阐明交易和赔偿体系，竭力消除潜在的问题。若没有这些规定加以约

---

① 姜彬、金涛：《东海岛屿文化与习俗》，232－235。
② 关于技术上的外界因素的讨论，见施拉格《应对公共池塘资源困境的渔业制度》，252－253。

束,渔民们损坏其他人的渔具时,不可抑制的竞争将会导致渔民相互破坏他人渔具并引发大规模的肢体冲突。《鱼汛禁约》也表明 19 世纪中期渔业团体已经有权力执行这些章程,它们仅仅将官方的干预视作最后的诉求。

地方民谣形象地记录了这些处罚。如果渔民抓住了偷窃或是破坏渔网的人,他们就把违禁者拴在缚住渔网的木桩上,等着他淹死。如果违禁者承认冒犯了具有亲戚关系的某位渔民,宗族长辈就会以集会的方式决定适当的处罚。违规方或因小错而接受鞭刑,或因大错而接受死刑。如果违禁者逃脱了,渔民就会做一个稻草人,在将稻草人扔进厕所前,稻草人在违禁者的位置被吊起鞭打。这种象征性的处罚释放出的是一个明确的讯息。当渔民间的冲突发生,一个备受尊敬的地方长老就会进行调解。违规的一方以支付戏曲表演费用的形式作为罚金,从而区分对与错,并为其他人树立了一个很好的榜样。①

总体而言,如果人们是社区的一部分,社区会给他们讨论问题和提出解决问题的机会,那么人们就能够最有效地解决“公共池塘”资源的竞争困境。② 19 世纪晚期的舟山渔场,寺庙社区给予同乡组织一个用来互动的场所,场所中的规则由同乡组织制定,用来协调公共资源的使用。宗教仪式在地方寺庙中的举行也明确了同乡组织是一个集体性实体,有别于其他团体。如同杜赞奇(Prasenjit Duara)对中国北部灌溉区的研究,舟山的寺庙作为协调和控制的工具,对于环境资源的协调而言是十分有必要的。③

寺庙是社交活动和公共集会的场所。本地渔民社群将刻有《鱼汛禁约》的碑文放置于寺庙之中以确保规章制度信息的传播。适用于《鱼汛禁约》的大多数渔民,他们不明白以文字形式出现的规章制度,所以,

---

① 方长生、王道兴:《舟山风俗》,85 - 86;方长生:《舟山民俗文学研究》,61。
② 施拉格:《应对公共池塘资源困境的渔业制度》,251。
③ 杜赞奇:《文化、权力和国家:1900—1942 年的华北农村》,30 - 35。

地方文人精英还不得不在鱼汛到来时对聚集在寺庙里献祭的不识字渔民高声诵读禁令,因此,渔民一再地认识到规章制度的重要性以及违背它的后果。备受尊崇及有能力的地方精英也在团体中扮演领导者的角色,并设法处理寺庙事务、监督祭祀仪式和其他仪式的开展。通过服务于神灵和更大的同乡会群体,这些精英获得的威望提高了他们在渔场里协调争端的能力,就像寺庙里被供奉的神灵一样。因为不同的社区规章对社会团体而言具有不同的意义,所以,对于渔民而言,禁令给予安全,以抵御伴随他们出海而来的灾难和风险。对于精英而言,《鱼汛禁约》的规定可以缓解因公共资源而产生的矛盾,维持着同乡会的秩序和稳定。

渔业公所

具有权力、威望、影响力的寺庙组织精英也担当起渔业公所的领导者。渔业公所是由每个同乡会中的渔民和商人组成的。就像在中国的其他地区一样,在舟山,公所这个词(字面意思是公用办公场所)与会馆这个词可交替使用,指的是同乡和同业组织。[1] 如同清朝时期的其他地区由商人和技工组成的同乡会组织一样,渔业公所则是由特定地区的旅居人士组成。渔业公所的首次记录存在于 1724 年的舟山地区,当时来自定海和镇海的张网渔民在宁波成立了南浦公所。[2] 渔业公所形成的时序与舟山渔场渔民的大量移入几乎同步,它们也为资源的竞争而担负起责任。19 世纪 50 年代之前,渔业公所只有一部分的迁移渔民和商人,但

---

[1] 见顾得曼《家乡、城市和国家:上海的地缘网络与认可(1853—1937)》,41 - 46;彼得·格拉斯:《清初之行会》,施坚雅主编:《中华帝国晚期之城市》;罗威廉《汉口:一个中国城市中商业和社会 1796—1889》;韩书瑞《北京:寺庙与城市生活》,598 - 599。
[2] 《定海县志》,3.3b;赵以忠:《舟山的渔业公所》,67。

是到 19 世纪晚期和 20 世纪早期,他们的数量已极大地增加。①

地方寺庙和地区性的渔业公所存在着大量的重叠现象。各同乡会的渔民在某些寺庙聚集、朝拜。这些庙宇的数量扩张,成为渔业公所组织的总部。② 重叠的地方庙宇和渔业公所并不仅仅是用来互动的空间,它们也被同乡会用于划分地盘。从这个方面来看,清朝时期的整个中国,渔业公所很像是同乡会群体;渔业公所中的所有成员都为特定的地区团体承担责任,向他们自己的保护神和其他神仙致敬,实施祭拜仪式。考虑到这些相似性,渔业公所中具有柱首以上头衔者也都是那些组织和管理寺庙仪式、安排节目和其他集体活动的地方名人。③

就像与他们有联系的寺庙一样,渔业公所组织也为同乡会的移民提供重要的仪式安排服务。由象山渔民组成的太和公所有一块慈善墓地,逝者运回故乡被埋葬之后,亡魂安息于此。公所人员在鱼汛末期的谢洋节期间聚集,为死去的同胞献祭。对于每一个消失在海上的人,渔民在涨潮时都要完成一个仪式,请求海龙王让灵魂回归海岸,然后放入死者的纸扎人偶,再将纸人埋葬入土作为替身。④

如果不举行丧葬仪式,溺死的渔民其灵魂就会以水鬼的形式徘徊在海上。根据民间说法,这些灵魂威胁了其他渔民的安全。"在潮湿的处所为水神所奴役一段时间之后,他们可以通过寻找渔民替身来为自己赎身。因此他们伺机埋伏,将渔民拉入水中,迫使他们为自己赎身。"⑤一块发现于岱山羊府宫前的石碑记载,1887 年,安莱公所的渔户为死去的船

---

① 根据《定海县志》中渔业公所的表格所示,1850 年以前建立了八个渔业公所,1850—1911 年有 35 个,1911—1925 年有 38 个,见《定海县志》,3.3a – 5b。
② 为了在羊府宫表达崇敬之情,从宁波地区迁移而来的渔民和商人来到沈家门渔港聚集。他们也用了永安公所的办事处。沈家门福建帮的八闽公所占据了天后宫以敬献妈祖。1925 年,在购买物业作为其房产前,台州渔业公所也使用了一个岱山的庙宇作为其总部。见《岱山镇志》9.5a;《定海县志》2.13b;《沈家门镇志》编纂领导小组《沈家门镇志》,258。
③ 李世庭:《俗称小考》,809。
④ 张謇:《渔民谢洋》,125 – 27,亦见于舟山市镇文史和学习委员会:《舟山海洋龙文化》,85。
⑤ 高延:《中国宗教体系》,5:525。

员家庭付钱操办仪式以招魂和安葬。根据东门渔港的另一处碑文记载，如果渔户不为招魂提供资金，"地棍"就会抓住机会力劝死去的渔民寡妇"捏情装疯"，从而给她们一个机会打官司。① 调和同乡会之间和边际性反社会性因素（正常人类和非正常人类），为死者招魂加强了集体福祉和社会凝聚力，抵挡了外部势力的威胁。像韩书瑞（Susan Naquin）指出的那样，公共宗教仪式塑造一种共同的归属感，它增强了可供分享的同乡情感。②

在舟山群岛经营渔产加工的商人形成了两个不同帮派。根据同乡的定义，"客帮"由镇海县的商人组成，这些商人在岱山鱼汛时租赁土地，处理渔获。这个帮派的大多数商人夏天到来，冬天返家。当然，其中也有一些人常年居住在岱山岛。"土帮"则由长期居住在岛上的商人组成。18 世纪时，镇海旅居的商人在岛上开办了第一家渔业加工企业，这个帮派以"老渔商"的头衔闻名。长期定居的"土帮"则以"新渔商"为人所知。③ 1796 年，镇海县北乡村的渔户建立了渔商公所。原本，公所成员由采捕和加工渔获的渔户组成。随着清末清晰的劳动分工成形，公所完全由专门加工渔获的商人组成。地区性经营加工企业的数量在这之后也开始大大增加。1887 年，定居在岱山岛的渔民建立了一个新渔商公所。当新公所形成之后，镇海渔商公所就被称作"老渔商公所"。④

---

① 《渔船章程》，见《镇海县志》编纂委员会：《镇海县志》，991。
② 韩书瑞：《北京：寺庙与城市生活》，616，亦见于顾得曼：《家乡、城市和国家：上海的地缘网络与认可（1853—1937）》，91－92，96。
③ 《岱山镇志》，5.2b。
④ 同上书，9.3ab－4b。关于岱山渔品加工企业的讨论，见丁方龙和关宝仁《解放前岱山商业概况》，26。如果渔业公所成员增长太多，公所可能会被分隔成多个组织。1798 年，奉化县通赵村的旅居渔民在岱山建立了义和公所。截至 19 世纪早期，前往岱山打渔的通赵村渔船的数量大量增长。正因如此，1813 年，义和公所分裂，组成一个二级公所，名曰义安公所。在这次分割之后，两个公所合借了一间房屋作为它们共同的总部。直到 1918 年，义和公所和义安公所才建立了独立的总部，每个公所都在东沙角建立了自己的办公室。见《岱山镇志》，9.4b。老渔商公所和新渔商公所共同分享一间租赁的房间，直到 1908 年止。当时，后者最终终止关系，并购买了自己的总部。见《岱山镇志》，9.3b－4a。

每个地区帮派的商人和绅董占据了渔业公所领导者的位置。[1] 公所组织拥有一些总柱,确切的数量根据公所规模的不同而有所不同。渔帮的每一个下属单位选出一到两个柱首,柱首担当代表,联系家乡的精英(负责)处理公所事务。[2] 1810 年代期间,根据岱山镇志(的记载),在东沙礁设立一处公所。他们签派柱首,延请董事。[3] 1915 年,永安公所的章程由鄞县大对船的船主制定,规章规定渔民选出柱首充当机构的管理者。然后,柱首集会,选出一个董事,任命一个司事经理。[4] 精英领导给予渔业公所需要的资金,以担保他们的活动以及与政府官员联络。[5]

渔业公所和地方秩序的维护

在必要的时候,渔业公所调解渔民和渔商在商业交易中引起的争论,仲裁他们之间因价格、质量、尺寸、佣金的不一致而产生的矛盾。[6] 如果纠纷在渔民间爆发,公所的先生公正地解决纠纷,没有人会不满意。如同中国每个经济领域中的同业公会一样,渔业公所行使职责,将贸易成员间因不受约束的竞争所产生的负面结果最小化。

早在康熙年间(1662—1722),定海县令就建议利用渔民的同乡会作为地方政府的监管者和共同责任体系中的基础力量。海军巡逻护送每一艘渔船每夜进出港口,以确保渔轮在鱼汛结束后返回家乡。如果有任

---

[1] 金志铨:《浙江渔业之现在及将来之趋势》,55;李士豪、屈若骞:《中国渔业史》,96;赵以忠:《舟山的渔业公所》,73-74。

[2] 沈光史:《江浙渔业视察报告》,170。

[3]《岱山镇志》20.6b,亦见于赵以忠:《舟山的渔业公所》,67。

[4]《鄞县同乡永安公所勒石碑》,《浙江省水产志》编纂委员会:《浙江省水产志》,1147。

[5] 赵以忠:《舟山的渔业公所》,73-74。

[6]《岱山镇志》20.6b;拓务局:《中南支那方面关于水产情况》,190。至少一个来源表明公所组织设定了开市价,但是,拍卖出价决定了最终价格。见《定海周报》,1934 年 6 月 6 日,1;赵以忠《舟山的渔业公所》,66。

何渔船违反了规则,地方官员将会让整个渔帮连坐受罚。[1] 19 世纪期间,随着清王朝统治下中国社会的衰败,地方精英为了地方安全和税费征收,担负起更大的责任。[2] 清末,舟山地区的渔业公所担负的角色折射出这一更为明显的走向。

随着 1884 年中法战争的爆发,两江总督左宗棠任命永安公所的绅董华子清为浙江渔团的新任董事长。在中法战争之后,这种防御性武装的建立与浙江北部地区乡绅组织的渔团同时兴起。[3] 渔团负责检查渔船,编制保甲制度,发放渔照,收集登记费。渔团规章规定,任何多余的资金都可能被征用作慈善援助,以雇用勇士达到共同防御的目的。然而,与官方意图相左的是,渔业公所和他们的董事为了凌驾于他们的竞争者之上,操纵了这个位置。渔团董事只为本乡渔船资助海防队,却忽视了触犯他人利益的海盗行为。并不意外的是,这些行为遭到了其他地方渔团的抗议,九个月后,渔团解散。

1895 年中日战争后,浙江地方官府恢复了渔团系统,以应对宁波-台州海域一带不断增长的海盗,同时任命丰南公所的领导人刘孝思为董事。然而,由于浙江渔业人口的分散性,许多渔民住在分散的离岛上,使得渔团很难发挥监管和控制的作用。因此 20 世纪早期,渔团局设立了一间特别办事处,办事处代表地方政府从渔船处收集通行费。[4] 这些费用是众多商业税中的一部分,清朝通过收取费用,试图扩大和增加税收以恢复 19 世纪内乱后的帝国实力。在舟山,像中国许多其他地方一样,地方精英被频繁指派去征税。

之前,从渔船处征收的费用是地方政府常规财务账户外杂税中的一种。官员和工作人员根据他们的意愿上报征收渔业税。这些非正式的

---

[1]《定海厅志》,20.40b。
[2] 孔飞力:《中华帝国晚期的叛乱及其敌人》,213。
[3] 冉玫烁:《1865—1911 年浙江省精英的活跃与政治的变迁》,152–153。
[4]《定海县志》,4.7a;李士豪、屈若骞:《中国渔业史》,33–37。

征税时常引起渔民同乡会的抵抗，这些团体依赖有能力有经验的绅董向官方请愿以减少准入费用。来自精英领导者的压力也帮助了许多渔业团体在征税中获得减免。[1] 渔团局的目标是通过减少登记费和消除其他所有非正式征税，从而加强官方对渔船收入的控制。1895 年渔团的规章授予渔业公所领导者以收取税费的职责。[2] 即使在渔团局解散，1917 年渔船登记权移交给浙江外海水上警察部队以后，公所组织还一直持续收取这些费用。[3]

海盗的生态状况和地方安全

追逐鱼汛前来岱山的数千名旅居者鱼龙杂处，其中有些人后来成了海盗，这些海盗经常在东沙角市场横行霸道，掳人钱财。特别是来自台州的大量海盗和渔船。[4] 而浙江南部山区腹地和崎岖的海岸线上散布的岛屿，有些成为土匪强盗理想的藏身之处，"强盗和岛上的渔民袭击频繁进出港口的贸易船只"。[5] 台州的许多"所谓海盗"（其原先生活水平）常常不如渔民，他们的合法营生只持续了几季，接二连三的失败致使他们处于贫困的边缘。[6] 许多台州附近的离岛就成了"海盗村"，海盗村里的农民和渔夫参与周期性的海盗活动。[7]

每年春季鱼汛开始，海盗四处活动，引起了岱山岛民众极大的恐慌。每有海盗到来，谣言四起，就会引发许多渔户逃离小镇。因为岱山岛坐

---

[1] 朱云水：《浙江渔团沿革史》，75 - 76；关于中日战争对浙江的影响，见冉玫烁《中国的精英行动主义与政治转变》，165 - 166。

[2] 李士豪、屈若骞：《中国渔业史》，35。

[3] 同上书，38 - 39；朱云水，《浙江渔团沿革史》，101。

[4]《岱山镇志》，5.7ab。

[5] 大清皇家海关：《中国通商口岸的贸易报告》，台州，上海海关总税务司署，23。

[6] 大清皇家海关：《中国海关十年报告（1902—1911）》，台州，上海海关总税务司署，62。

[7] 小林宗一：《支那の戎克》，42；冉玫烁《1865—1911 年浙江省精英的活跃与政治的变迁》，43，59；朱正元：《浙江沿海图说》，28b。这些海盗时常迫使渔船上缴保护费，以此获得海盗的许可，见李士豪《中国海洋渔业现状及其建设》，203 - 204。

落在远离定海县的地区,所以,地方官员不甚在意这些不法行为。1893
年形势扭转,当岱山岛的海盗变得更多,并开始掠夺当地的村庄,被激怒
的当地人决心寻找海盗,以防事态进一步扩大。当调查到一处住宅时,
恰好碰到一个台州人,他的衣着和随身物品看上去不同寻常。当地群众
怀疑他是一个海盗,于是将其现场处决。之后,他们又杀了其他三位台
州人,摧毁了两处建筑。台州人很快进行了报复,占领三百处地方住宅,
烧毁了宫门山村的五处建筑。

　　事件发生后,岱山岛居民与地方官员共同提交报告,而受了伤的台
州人也要求赔偿。结果,代价高昂的一系列官司继起,牵涉了许多个人,
也包括地方的许多精英。到 1894 年争端彻底结束以前,争端持续的时
间超过一年。[1] 这一事件引起了浙江省驻守岱山岛的地方官员的关注,
他们在鱼汛期间负责调查重要的战略区。军事单位驻守在岱山岛,同时
海军舰船定期往返岛屿附近的水域以对付海盗。[2] 地方当局也为台州渔
民设立了一种共同责任制,由同乡会的领导人抽签任命一名调查员,这
名调查员有权惩罚任何非法行为。[3]

　　事实上,每当环境波动导致异常的渔获不足时,海盗行为就会变得
特别严重。有一首诗生动地描绘了这些看似随机的环境因素在 1906 年
舟山黄鱼汛期引起的社会和经济后果。

　　　　我朝寰海喜升平,水不扬波渔船清。蓬岛周围百八里,一年生
　　　计在洋生。洋生生意出芒种,千墙如织海道壅。小汛停泊大汛行,
　　　石首来时似潮涌,弦后三日大汛来。晓事篙工次第开,为探筒中真
　　　消息。银涛还夹吼声雷。吼声雷动惊渔父,个个眉飞兼色舞。举网
　　　无虑千万金,玉脍银鳞贱如土。我来此地何不辰,绿波万顷少游鳞。
　　　谁言海错如山积,传闻无乃失其真。斯言未毕旁叹息,谓近数年尚

----

① 《岱山镇志》,5.7b - 8a。
② 同上书,5.3b - 4a,20.6ab;朱正元:《浙江省沿海图说》,40a。
③ 《岱山镇志》,20.6b - 7a。

堪忆。丰歉纵有小参差,不似今年大减色。空劳撒网海天愁,乐其乐者忧其忧。长官中夜起巡徼,宛如大敌在当头。当头唤醒明公梦,海国俱防邹鲁。却凭水路壮军威,战舰朦艟资遣送。吁嗟!冰鲜船与大捕船,长袖善舞损百千。只有小舠绝生计,铤而走险实堪怜。谁实为之但尤天。①

舟山的海洋生态系统导致每一年渔获量的波动都非常大。可以利用的资料都无法明确解释 1906 年渔获量为什么突然减少。② 不管起因为何,上述这首诗都表明不期而至的渔获波动导致一些渔民变成了海盗,进而增加了冲突的可能性。在这样的情况下,地方官员召集渔民同乡会的领导者出面以维护地方社会秩序。

移民、军事化和资源竞争

19 世纪后半叶,随着乡绅组织团练对抗太平天国运动以及其他叛乱,中国各地变得日益军事化。③ 在舟山群岛部分地区,军事化和地区渔业公所共同自卫力量的形成,与生态的改变极为相似。随着公共自然资源的价值逐渐增长,以及渔民群体间的竞争日趋激烈,同乡会投入更多的精力以保护他们在渔场的专有权。就像群岛上的许多其他岛屿一样,黄龙岛渔场在 19 世纪 50 年代扩张,渔场的移民来自宁波和镇海。④ 这

---

① 周庆森:《洋生时》,《岱山镇志》20.17b-18a。
② 1906 年没有表现出降水量的减少或产生了长江径流。另一方面,有可能的原因是:渔季歉收是由于这一年疲弱的夏季季风造成的。这些环境条件妨碍了长江流域在中国沿海地区富含营养的径流的分布,这对渔业生产产生了不利的影响。见邱永松、王跃中、陈作志《径流和季风对东中国海渔业生产力变化的驱动作用》,31-32。关于夏季季风变化的指数,见葛全胜、郭熙凤、郑景云、郝志新《1736 年以来长江中下游梅雨变化》,2797;郭其蕴、蔡静宁、邵雪梅、沙万英《1873—2000 年东亚夏季风变化的研究》。
③ 孔飞力:《中华帝国晚期的叛乱及其敌人》。
④ 根据一份资料显示,前往黄龙的第一批渔民是从温州和台州过来的移民,他们仅仅是季节性地在这里捕鱼。19 世纪 50 年代,宁波地区的渔民听说了黄龙渔场之后,他们蜂拥来到岛屿,并很快从浙江南部将原来的旅居者挤走。见姜彬、金涛《东海岛屿文化与习俗》,39。

些团体在岛屿附近的浅水区用张网捕鱼,在岛上架设木桩以稳固设备。由于宁波地区的张网渔民必须面临来自福建和浙江南部季节性捕鱼船只的竞争,于是,争端便频繁发生在浙江黄龙岛的张网渔民与福建渔民之间,指责对方破坏工具和取走无人注意的渔网里的鱼。争论的主因是张网渔民使用的是固定工具,福建渔民使用的是浮标装置,相互之间出现了冲突。20世纪早期张网渔民和他们的精英赞助人为了阻止福建人获得自己的渔获,得到官方的许可,派巡逻舰驻扎在渔场。[1]

1905年夏天,浙江黄龙帮与福建帮之间发生暴力争斗后,福建渔民要求黄龙渔民所在的北洋公所予以赔偿。公所对情势的处理进一步激怒了福建渔民,导致福建渔民袭击公所的董事。黄龙岛施顺兴渔行的老板是宁波的移民,又是黄龙岛首富家族的族长,最后不得不支付了双方的医药费以化解争端。[2] 通过劝和,商人们避免了因为争端而失去收入。这次事件后,张网渔民的公所董事向宁波政府官员请愿,要求在黄龙岛上设立一个地方民团。后与福建和奉化渔民间的不和,促使黄龙岛的治首又形成了另外一个自卫组织,名为"龙刀会",龙刀会之后与地方民团合并替岛上维护秩序。[3]

1907年,渔业公所的巡逻船在介入张网渔民与福建钓鱼船之间的争端时爆发械斗,福建人遭受惨重伤亡。福建船只回到沈家门,将事件报告给八闽会馆。八闽会馆召开了一个会议,三千艘渔船的代表列席会议,决心募集资金与他们的对手打官司。黄龙帮采取了相同的做法,结果导致了一系列的诉讼,经官方介入调解后方才告终。[4]

纠纷之后,黄龙岛上的渔业公所完善了巡逻船只的装备,配备了西

---

[1] 金苟:《黄龙岛历史沿革》,90-91;祝金构:《清末和民国时黄龙岛上守桁船》83。黄龙帮的北洋公所指导刘同蛟,据报道曾经考取过功名,后来是象山县东门港一家丝绸面料批发商店的店主。见祝金构《清末和民国时黄龙岛上守桁船》,22-23。

[2] 金苟:《黄龙岛历史沿革》,31。

[3] 祝金构:《清末和民国时黄龙岛上守桁船》,50-51。

[4] 金苟:《黄龙岛历史沿革》,23-24。

方枪支和防弹钢板。每　个黄龙的张网渔业经营者都支付了每张网三块银元的费用，用以支付向宁波地方政府机关租用在渔场巡逻的渔轮开支。这样的安排一直持续到1921年左右，那时，为争夺切割工具而爆发的冲突有逐渐下降趋势。从20世纪20年代早期开始，渔船形成了乡规民约，乡规民约要求渔船发现破坏渔网的责任人并要求支付赔偿，而不是投资维护巡逻艇。[①]

精英关系网和争端调解：奉化渔民和辛亥革命

当控制舟山渔场的争夺升级成互相竞争的同乡会渔民之间的冲突，渔业公所的精英领导发动了他们的社会关系网，以调解和减小因为这些争端而造成的经济损失。在浙江奉化县的渔团的例子中，围绕资源争夺的地方冲突引起了中国辛亥革命中的一些最著名领导人的注意。在这样的情况下，精英团体成功地编织了他们与渔民之间的同乡关系网，以推动自己的政治议程。

1911年初，为了争夺衢山岛附近的渔场，一场暴力争端发生在奉化县栖凤渔团与宁海县樟树渔团之间。全副武装的奉化渔团自卫队杀害了25名宁海渔民，另有36人受伤，而奉化渔团自卫队未有任何伤亡。旅居渔民离开舟山，在鱼汛后返乡，在这之后不和依然持续。为了向奉化的敌人报复，宁海的渔民在宁海与奉化的边界上布设岗哨，不论年龄和性别，只要是奉化人跨越了这条界线，宁海人就会将来人俘虏。总之，短短几个月，就有57名奉化人被俘。宁海与奉化两地的不和持续发酵，导致渔民最终停止结伴出海。渔业活动的戛然而止不仅引起地方渔民家庭的焦虑，而且也引起定海、奉化和宁海三县地方政府的焦虑，因为他

---

① 金苟：《黄龙岛历史沿革》，83。

们很可能会失去一项重要的税费来源。①

渔业争端很快引起了同盟会成员应梦卿的注意，他在上海参加反清革命活动。② 应梦卿一收到家乡亲朋好友传来的冲突消息，即刻着手设法解决。③

应梦卿出于多种目的积极寻求争端的解决之道。一方面，敌意对两县居民的生计产生了严重的负面影响。另一方面，应梦卿有解决争端的强烈的经济动机。应梦卿的家在莼湖，莼湖是奉化县靠近栖凤港的一个乡镇。应家拥有莼湖德昌杂货店，贩卖制造渔网的苎麻，还有用作渔船保护涂层的桐油、酒精和其他物品。德昌杂货店的生意大都来自栖凤的渔民和渔商，杂货店的收入也与渔业的波动密切相关。因此，应梦卿希望能迅速恢复奉化当地的渔业活动，继续他家商店的生意。④

应梦卿成功地使同盟会领导陈其美关注到奉化与宁海之间的渔业争端。陈其美拍电报给日本归国留学生陈云生和光复会成员孙冠生，他们二人在宁海都具有极大的影响力。陈其美在宁波为陈云生、孙冠生安排了一个会议，告诉他们自己有极重要之事务要与之讨论。而应梦卿和陈其美前往宁波，在那里他们与陈云生、孙冠生会面，还有另一位光复会成员沈昌鑫也在座。众人决定陈云生和孙冠生首先前往宁海，与在争端中伤亡的渔民家庭协商，其他人则前往奉化会见栖凤的渔民。⑤

---

① 应梦卿：《奉化渔民敢死队参加光复杭州》，71。应梦卿的陈述中关于浙江辛亥革命口述史的一部分内容于 1981 年第一次出版。另一部分内容则以另一个版本的形式编辑再版。我引用了之前的版本是为了引用第二版删减的部分。
② 应梦卿加入革命联盟，同时在日本学习。在 1907 年回到中国后，应梦卿以老师的身份服务于上海多个教育机构，最终于 1911 年秋在城市的革命联盟中心总部任职。见《奉化市志》编纂委员会《奉化市志》，881 – 882。
③ 应梦卿：《奉化渔民敢死队参加光复杭州》，71 – 72。
④ 应梦卿：《奉化渔民参加光复杭州敢死队记》，187。
⑤ 应梦卿：《奉化渔民敢死队参加光复杭州》，72。

　　一抵达奉化,应梦卿、陈其美和沈昌鑫即在沈家祠堂会见了地方渔行和沈氏家族的领导人,这些人在整个 20 世纪的栖凤渔业中占据了重要的利益份额。[1] 根据后来应梦卿对会议的回顾,"他们都知道我是当地德昌杂货店的小老板,日本读书回来的,听说是为了调解命案,还约了几位外地的重要人物同来,因此都高兴地应邀参加会议"。陈其美向与会的大约千名当地百姓发表了演讲。当话题转到明确的民族主义言论时,陈其美解释说奉化人和宁海人都是中国同胞,需要团结一致而不是互相残杀。陈其美强烈要求奉化渔民解决自身与宁海帮的争端,并即刻出海以免错过鱼汛。陈其美也指示栖凤渔商募集资金,以赔偿死伤的宁海渔民家庭。渔民们的生意因纠纷而中止,因此他们也盼望尽快恢复渔业。渔商们也表示同意陈其美的提议,于是委派代表前往宁波,与宁海渔团协商。[2]

　　落实了奉化的事宜后,应梦卿与其他同盟会和光复会的成员前往宁海县樟树村,在那里他们与陈云生和孙冠生见面。奉化精英对死难的渔民家属表示悼念,大家同意搁置争端,继续捕鱼。精英们也设法释放奉化被捕的百姓,并计划在宁波举行宁海渔户与奉化帮代表间的会议。在进行了这些安排后,同盟会和光复会成员获得了奉化县和宁海县政府的许可,达成和解。[3] 而地方精英和收取税费的地方政府在终止争端和迅速恢复渔业活动中也分享了利益。

　　宁海和奉化帮的领导者在那以后很快聚集到宁波。在旷日持久的谈判后,奉化帮同意支付抚恤金,每一户死难的宁海渔民家属获得 500 元的抚恤金,另外 100 元给予所有受伤的渔民家庭。这些还款的财务负担由奉化的渔商承担,还款总数共计 15 100 元。最后,死伤的宁海渔民

---

[1] 资料显示甚至在 20 世纪 40 年代早期,所有栖凤渔业组织的指导员都来自沈氏家族。参考 1946 年 8 月的《浙江省奉化县渔业产销合作社志愿表》和 1946 年 10 月《栖凤渔业生产合作社志愿表》。以上均收录于上海市档案馆 Q462 - 117。

[2] 应梦卿:《奉化渔民敢死队参加光复杭州》。

[3] 同上文,73。

家庭集体向宁海、奉化和定海县的官员报告,声称争端已经友好解决,渔民家庭即将继续捕鱼。沈昌鑫将诉讼调解的细节报告给县政府,两县政府都表示满意。随着冲突结束,宁海和奉化的渔船因夏季鱼汛而回到舟山群岛。据应梦卿所言,因为结束争端,他和陈其美收到了来自渔户和商人的许多感谢信。①

1911 年秋,武昌起义之后,同盟会成员利用在调解不和时建立的关系,组成一支由奉化渔民为成员的敢死队参与反清起义。精英们依靠促成渔业争端解决所形成的关系网,获得了地方新兵的忠诚度,组成这股军事力量。在奉化、宁海冲突中帮助解决问题的应梦卿和其他精英,着手招募新兵。应梦卿在上海筹集资金以后,前往宁波,在那里他和沈昌鑫还有同盟会成员陈夏生会面。他们假借征召铁路工人之名,为 155 名栖凤渔民提供每月 16 元的薪水及食物和旅费,并为征兵家庭预付十元的款项。签署协议的渔民告诉家人他们将会以雇佣工人的身份出外工作,以打消家人的顾虑。总之,五天之后,112 名渔民在宁波报到。

应梦卿和其他反清革命人士通过蒸汽船将渔民带往上海,接着将他们转到一列开往杭州的火车。渔民在这次旅途之后,在杭州城的奉化会馆和城中其他旅馆住宿。军事领导人蒋介石、张伯岐和王季高对征兵工作一一进行了检查,新兵们就在沈昌鑫和陈夏生的指挥下被安置下来了。② 为了避免被奉化地方当局发现,应梦卿居住在新学会社,这是上海的一家进步出版社。③ 江北冥,新学会社的创建人之一,恰好也是奉化渔民栖凤会馆的董事。④

---

① 应梦卿:《奉化渔民敢死队参加光复杭州》。

② 同上文,74。

③ 同上文。新学会社是奉化进步精英、学生和中国同盟会互动和联系所在地,他们近来从日本学习归国,花费数年时间领导了辛亥革命。奉化精英周世棠和孙表卿在 20 世纪早期开设书店,出版翻译书籍,致力于外语学习。与新学会社常有往来的大多数精英曾在龙津学堂学习,这里是奉化的新学中心。许多进步学生在龙津学堂学习。新学会社出版了中译版的日本书籍,这使其成为回国参加革命联盟的学生的聚集地。见周世棠和孙表卿《新学会社及其他》。

④《奉化市志》编纂委员会:《奉化市志》,877;《岱山镇志》,5.10b。

尽管同盟会采取了预防措施以躲避清朝当局的注意,但是他们在奉化的活动依然引起了地方官员的怀疑。应梦卿的兄长来到上海告知他,奉化县政府怀疑他招收渔民怀有不可告人的目的,已经来到应家审问过自己。几天后,当政府人员出现在上海新学会社质询应梦卿时,应梦卿声称他雇用渔民在上海-杭州铁路沿线工作。就像应梦卿解释的那样,渔民定期在淡季参与临时性的工作,这使得他们更愿意接受这份工作。"目前不是鱼汛忙季,趁暇出来做临时路工,赚几个工钱,于渔民也是有利的"[①]。

尽管有此掩护,应梦卿的父亲还是很快来到上海,责备儿子给家庭惹来麻烦。奉化的渔民家属听说渔民没有以铁路工人的身份出外工作,而是以革命军的身份在服务。应家现在不得不处理渔民家属提出的要求,让新兵们回家。因为如果任何渔民在战役中死亡或受伤,渔民的家属将会要求他们的精英资助人给予赔偿,就像当时渔民在暴力事件中死亡时他们所做的那样。应梦卿的父亲更直接关心的是,如果清朝官员发现了事情的真相,他们将会以户主的身份惩罚自己。应梦卿说服了自己的父亲,使其相信渔民确实已经在铁路上工作,并让父亲及其家人相信不会有坏事发生。[②]

虽然反清活动在杭州没有遭遇什么抵抗,但是奉化渔民维护舟山渔场片区的经历,使他们成为可以胜任的士兵。渔民敢死队发起了对浙江省政府总部和城市军械库的袭击,袭击没有招致任何死伤。应梦卿宣称,蒋介石目睹渔民们在战役中的表现后,希望招募自己的追随者,让奉化的同乡兄弟进入他个人的军队。蒋介石下达命令的消息引发了恐慌,当消息传到奉化渔民那里,渔民的家属不断纠缠应氏家族,要求让士兵回家。应梦卿的兄长再一次前往上海,说服了应梦卿,让渔民返回奉化。

---

① 应梦卿:《奉化渔民参加光复杭州敢死队记》,190。
② 应梦卿:《奉化渔民敢死队参加光复杭州》,74-75。

应梦卿成功地说服蒋介石让渔民们复员。由于大多数渔民不喜欢军队的纪律和缺乏自由的生活,所以他们迫不及待地离开了军队。[①]

奉化渔民在辛亥革命中的参与,成为精英团体为实现自己的政治目的,借助地缘关系成功利用同乡渔民的一个例子。借用已结成的关系,借助曾经调解过渔业争端,开明精英们过去成功地利用地方防卫势力参与并保护对有限资源的索取,现在,他们为了军事行动成功地动员从家乡过来的渔民参与。

本章小结

清朝时期,随着人类对舟山渔场的捕捞施以更多压力,同乡组织设计了社会制度以调和"公共池塘"资源的利用,并将暴力冲突的代价最小化。同乡会限制了渔业领地的准入,宣称其对渔业领地拥有事实上的专有权,并协调内部产生的争端。互相渗透的宗教活动和规章制度的地方性模式,给予渔民以安全保障,使渔民免遭危险——危险正是他们的贸易特点。守护神保佑渔民免遭海洋环境的危害和应对不可预测性,规章管理和渔场的使用避免了混乱和不确定性。地方庙宇利用其空间来发挥互动的功能,而地方庙宇也是一个划界地,用来区分特定同乡会与其他同乡会的关系。通过重现集体团结,提升共同价值观,合法化同乡会领导者的权力和威望,祭祀活动使得社会制度更加高效地运行。

同时,同乡组织依靠自卫队保护自身的生态片区也引发了严重的冲突和不安定。随着每一个同乡组织准备雇用武力保护自身的生态片区,对有限资源的竞争能够轻易升级为暴力行为。当不同的同乡会之间产生不和,地方政府频繁干预,进行调解。但是,即使共同防卫让步于相互

---

① 应梦卿:《奉化渔民敢死队参加光复杭州》,75。

间的暴力,官员依然依赖地方渔业公所的精英领导人去执行和维护协议,以保证安全和防止混乱加剧。每个实例都表明,社会制度协调了"公共池塘"资源的利用,它也充当了一种工具,定义了财富的分配和权力的使用。[1] 通过实施规则和管理舟山渔场,地方精英获得了来自海洋环境方面的利润。19 世纪初,渔业公所组织也给予了官员一个向渔业经营者收集财务收入的渠道。渔业公所领导人在收税和维护社会秩序方面所举行的仪式,获得了官方对地方安排的渔场使用管理的支持。[2] 地方官员和精英们在解决争端方面拥有共同的利益,因为为了资源而引发暴力冲突所造成的损失会损害商业利润和官府税收。

其实地方渔场纠纷与濮德培(Peter Perdue)和萧邦齐(Keith Schoppa)在中国调查水利系统时听闻的争斗相比,其自身并没有那么难以解决。水利系统中存有大量的大规模的协调问题,包括整个中国地区也都如此。这使得有力地保护公共水资源,使之免受私人侵占的官方行动变得很有必要。同时,官方介入的目标不同于那些管理舟山渔场的规章制度。濮德培和萧邦齐详述了为保证湖泊的长期维护和防止未来的洪水灾害,清朝官员开展了反对非法堤坝修建和建造圩垸的活动。[3] 相比之下,清朝时期,同乡组织做到了将暴力争端最小化和保护短期利益,借用规章制度协调舟山渔场提高了对自然资源的获取。一点也不令人惊讶的是,继续开发渔场要远比阻挡开发渔场容易得多。

通过分配利用稀缺自然资源的机会,通过限制渔场的争端,维护利润,管理舟山渔场的规章制度增进了人类的福祉。舟山群岛的渔民成功克服了可能导致的问题——渔船相互冲撞干扰彼此,或者渔场资源未能有效分配。但是,非官方的安排完全没有限制破坏环境的工具,也没有

---

[1] 加里·利贝卡普在《产权契约》第 116 页中强调了这一点。

[2] 曼素恩在《地方商人和中国官僚,1750—1950》第 12—13 页中使用的这一术语是来源于马克斯·韦伯的作品,作品中暗指了公共服务(如收税)是由商业社会代表政府去执行任务的。

[3] 濮德培:《湖之帝国:中国历史中的人类和水资源》,123 - 125。

将渔获量维持在可持续的增长水平上。然而,需要指出的是,在这一方面,中国舟山渔场的渔民并不是特例。海洋环境的不可预测性使他们很难将人类对渔业活动的影响与自然发生的鱼群丰度的波动变化加以区分。因此,全世界渔业社区所设想的制度安排典型地证明了解决"公共池塘"资源的冲突比避免过度开发"公共池塘"资源更为有效。①

---

① 关于这一议题的一个比较研究,见施拉格《应对公共池塘资源困境的渔业制度》。

第三章 开发海洋：扩张与改革，1904—1929

在清代促进舟山群岛渔业发展的那些生态动力，一直延续到民国时期(1911—1949)，甚至还获得了更大的发展。连锁的经济变化和环境变化加大了人类对海洋产品的需求。20世纪初，经济一体化和区域市场体系推动了对舟山渔业生态更有效的开发。随着舟山渔场的海洋环境与沿海市场越来越密切的联系，不断扩张的信贷网络也把流动的渔业经营者与来自繁荣的区域经济中心的资本连接起来。小规模的渔业经营者利用这些金融联系来更加密集地开发渔业资源，由此加深了对有限资源的竞争。从这个方面来看，舟山渔业的扩张与20世纪一二十年代上海、宁波和其他城市中心的发展息息相关，因为它们加大了对水产品的需求。

舟山渔场从19世纪持续发展到20世纪早期，而在这个时期也出现了一些对人类与海洋环境关系的新的理解方式。从清末开始，具有改革头脑的精英们支持那些管理中国渔场的新方式，并以此来从开发海洋资源中获利。这些新方式与地方渔帮开发海洋资源的安排迥然不同。精英们的主动行为反映了近代中国国家的更高目标——利用科学的力量从自然中获取最大限度的产品。这一独特的近代科学理念是基于这样的信念,即环境是无限延展的,如果使用适当的方法,人类就不用"向自然乞求帮助",反而能够随意地要求自然和改造自然。[1] 相关的政策出台,受到了现代科学的启示和现代技术的支持,目的是为了促进理性的自然开发和推动经济发展。[2] 这些目标集中体现了 20 世纪的中国和世界上其他国家都在追求的全球范围的近代性方案。

发轫于清朝末年的改革活动也造就了一批受过外国教育的中国渔业专家,他们后来受雇于中华民国政府。根据这些技术专家的观点,现代科学和技术可以实现产量最大化,满足市场对鱼类资源日益增长的需求,同时可以避免过度开发。中国渔业专家将近海水域不断下降的渔获量看作渔民的低效与年复一年在相同渔场过度捕捞的一个标志。为了弥补这一问题,渔业专家要求通过调查来寻找尚未开发的渔场,并提升水产养殖来维持产量的增加。同乡会分配进入有限资源的份额,近代技术专家则相信通过官方的介入,扩大可用的资源基地,必然可以无限量地增加产量。为此,近代中国政府努力改变同乡会雇用下的机构和组织,其被同乡会用来维护他们从舟山海洋环境中获利的分成。渔业专家要求用政府控制的渔业协会来取代地方渔业公所,以此为机制,来贯彻管理资源利用的那些新的规定和惯例。民国最初的几年间,资金的不足和国家有限的行政能力使得渔业管理机关无法来执行这些计划,但是他们的遗产将会有长久的影响力。

20 世纪早期舟山捕鱼业

从清朝到民国,人口扩张、内迁和舟山渔业的商业化,这些模式几乎不曾间断,持续进行。遗憾的是,我们找不到 19 世纪舟山群岛人口的精

---

[1] 劳伦斯·施奈德:《20 世纪中国的生物学与革命》,3。

[2] 这一环境管理的视野也渗透进中国近代政府水资源管理和林业政策。见戴维·艾伦·佩兹《工程国家:民国时期(1927—1937)的淮河治理及国家建设》,28,36,119,122;伊兰娜·宋斯特《建立福建的森林之国:中国的森林政策和植树造林,1911—1937》,454,462,469。

确统计数据。1900 年,定海县(该行政单位包含大多数的岛屿)登记的人口,达到 78 271 户和 344 890 人。定海县的人口在整个 20 世纪早期不断增加,到 1931 年达到 87 753 户和 383 739 人。[1] 涌入的人口包括大量的浙江和福建沿海渔民,他们在岛上长期定居来从事渔业生产。[2]

然而,这些数据不能完全反映出这些年所发生的改变。20 世纪,舟山渔场拥有大量的旅居人口。鱼类到来,渔民就聚集到岛上,鱼汛结束,渔民返回家乡。正如 20 世纪 20 年代出版的《岱山镇志》所言,近来,大多数岱山渔场的利益损失了,因为大多数的渔民从外乡迁来,几乎没有当地人参与捕鱼。当地人用流网船捕鱼,春末到夏季采捕鲏鱼,秋冬和早春采捕适量的蟹和鲽鱼。然而,这些当地渔民数量与一年仅逗留一段时间的大批渔民相比还是相形见绌。每年的渔民人口周期与鱼群到群岛的生殖周期相重合。5 月初到 6 月末,属于大黄鱼流入高峰期,随着台州、宁波和奉化、象山两县沿海地区,以及舟山群岛的其他岛屿的旅居渔民和商人涌入,岱山的两个主要渔港人口增加到两万以上。[3]

20 世纪早期,岱山岛的主要渔港东沙角表现出了男性旅居人口的特点。“每次鱼汛,船帆和桅杆林立。妓院和赌馆为了利用这种需要,纷纷开张,而流动摊贩也借机赚取薄利”。鱼汛期间,东沙角的贸易繁荣,岱山的另一主要集镇高亭的商铺生意,大多要依赖旅居的渔民。[4]

---

① 《定海县志》编纂委员会:《定海县志》,108。1920 年之前几年间的人口数据可以在《定海县志》中找到,1.18 - 21a。如所有中国人口数据一样,这些数据并不准确,但是它们传递了 20 世纪早期舟山群岛人口增长的整体趋势。

② 陈木森等:《岱山姓氏谈》,170 - 71;赵以忠:《舟山渔业发展史初探》,108;《舟山渔志》编写组:《舟山渔志》,16。

③ 同上书,5.1b,3b;小林宗一:《支那の戎克》,217;拓务局:《中南支那方面关于水产情况》,190。岱山长久居民的主要工作是销往其他地区的渔产品加工和出口的海盐生产,农业不占据地方收入的主要部分,因为岱山几乎没有可以耕种的土地。为了储备大多数的粮食,岛屿依赖进口。见《岱山镇志》,5.1ab,16.34b;小林宗一:《支那の戎克》,215。

④ 同上书,18.2;丁方龙、关宝仁:《蓬莱十景谈》,25;黄均铭:《岱山渔业历史特点探讨》,120;黄均铭等:《岱山渔行栈浅说》,36 - 37;金立:《横街鱼市史话》,172 - 173。

经济整合的动力

20 世纪早期的经济发展趋势将舟山的海洋生态系统与主要城市消费中心的需求紧密结合起来,促进了舟山捕鱼业的扩张,但对自然环境平添了更多的压力。由于第一次世界大战暂时消除了来自欧洲的竞争,20 世纪 10—20 年代中期,中国近代经济领域经历了一次发展高潮。[1] 这次繁荣有助于舟山渔业经营者的获利。上海与长江下游和东南沿海地区的其他城市中心的经济一体化给予了小规模生产者从鱼群中获取更多利益的可能,提高了他们开发海洋环境的能力。扩张的信贷网络扮演了生态变化背后的驱动力,这可能使本金不足的渔业经营者加速对资源的攫取。长江下游和东南沿海这两大区域的沿海边缘地带是许多迁移到舟山群岛的渔民的家乡。大区域的核心地区是提高渔民生计的主要贸易之地。每年大黄鱼出没的春汛时节,客船带来了大量携带货物的旅居商人,他们来自宁波、温州、象山、奉化和其他内陆地区。客船抵达时装载了大量的民生物资,离开时则装满了渔品。[2] 民国时期,舟山群岛的渔港与商业中心,如上海、宁波、海门、温州和福州之间轮船招商局的出现,将群岛纳入内陆发展的城市市场网络中。[3] 舟山渔场的发展依赖这些消费中心对渔品需求的增长;反过来,这些消费中心的形成与民国时期长江三角洲和东南沿海经济的发展息息相关。[4]

20 世纪的最初 30 年,为舟山捕鱼业提供资金的金融网络也与长江下游的主要经济中心联系得格外紧密。宁波或上海还有舟山渔港的钱庄和办事处充当了渔民、冰鲜船船主、渔业中间商和批发商之间所有商

---

① 见罗友枝《战前中国经济增长》,第一章。

② 徐彬:《蓬莱航渡数南浦》,154 - 155。

③《定海县志》,5.34a;张仁钰:《辛亥革命以来的定海商业演变简史》,36;曼素恩:《1900—1936 年间宁波地区的妇女劳动》,250。

④ 罗友枝:《战前中国经济增长》。

业贸易的金融中介机构。[1] 随着商业化渔业生产的扩张,舟山群岛上钱庄的数量从 1908 年的 1 间增长到 1932 年的 30 多间。[2]

当资金不足的渔业经营者急需资金时,这些金融机构为它们提供贷款。随着带鱼鱼汛开始,对贷款的需求在 1 月初达到高峰。如同舟山其他具有重要商业价值的鱼类品种一样,春季和初夏,带鱼从深层的近海水域洄游到靠近群岛的沿海产卵区。不过,主要的带鱼鱼汛开始于每年冬天,鱼群从嵊泗列岛洄游到浙江南部沿海以外水域的时候。[3] 就像一名评论家在 20 世纪 30 年代观察的那样,鱼汛带来了巨大的资金需求。带鱼鱼汛开始时,所有的渔船都需要现金,渔商努力为他们具名承保。鱼汛结束时,所有渔船的船主都要偿清债务,所以他们必须付清渔民的薪水(和诸如此类的情况)。因此,这一时期带来了财务混乱的情况。一些人转而求助于高利贷,因为缺钱而官司横生。对于渔行而言,这一时期发放贷款是必不可少的。[4]

渔民以贷款的形式从渔行那里获得不少资金。因为大多数的渔行自己几乎没有多少本金储备,他们依赖钱庄获取所需贷款,以便与渔船进行借贷交易。[5] 坐落在温州坎门港口的怡康钱庄,其主要股东之一是一家渔行,它主要放贷给需要修补船只和购买新渔具的渔民。每年夏汛,钱庄经理前往沈家门港口,他们在那里开设临时办事处,负责收回向渔业经营者发放贷款的还款,并将还款汇回原籍。[6]

---

[1]《华南水产》,36,39;东亚同文会:《支那省别全志》,14:556。

[2]《浙江省水产志》编纂委员会:《浙江省水产志》,897。1920 年,沈家门仅有一间钱庄,但是截至 1932 年有 18 家钱庄做生意。见《沈家门镇志》编纂领导小组:《沈家门镇志》,362。岱山的第一家钱庄于 1927 年开设,另外四家 20 年代末开放。见屠恒艇《民国时期岱山金融业概况》,14。

[3]《浙江省水产志》编纂委员会:《浙江省水产志》,60 - 61,120。

[4] 拓务局:《中南支那方面关于水产情况》,260。

[5] 东亚同文会:《支那省别全志》,14:36;赵以忠:《舟山的冰鲜商和渔行简析》,72。概括性地讨论清朝宁波地区钱庄的增长,见曼素恩《上海宁波帮之金融势力》。

[6] 郭缉中:《坎门三钱庄》,45 - 47。

岱山岛上的钱庄所使用的许多本金来自储蓄存款,它们被用来购买汛期开始后的渔获,再运至上海、杭州和绍兴等地。岱山和其他港口的钱庄使用这些钱为渔行和渔品加工厂提供信贷,他们再转贷给渔船。[1]同样的,宁波的钱庄在汛期前往沈家门,为渔业经营者提供急需的贷款。沈家门和其他港口的钱庄根据宁波的金融市场设定利率,依据银价波动,利润从5%—10%不等。[2] 这些金融关系反映了舟山与上海、宁波和长江下游其他经济中心的一体化发展。19世纪末和20世纪初,渔业中心,诸如沈家门、岱山和嵊泗列岛的当铺也是欣欣向荣,成为信贷的又一来源。[3] 当铺的生意与鱼汛期一致,春汛和冬汛开始前有些渔民典当物品,到秋天再赎回它们。[4]

在舟山渔场,商业一体化模式借助金融机构这一渠道,帮助核心经济区获得位于它们外围的自然资源。[5] 一份日本人对舟山渔场的调查总结了20世纪20年代中期海洋渔区与销售中心(像宁波、上海这样)间的金融关系。内容如下:

> 在海岸线一带建立渔村的渔民大体上都是(过着)半农半渔(的生活)。渔民们忍受着贫困,他们大多数的本金都来自于城市里的渔商……本金是作为预付渔获物的垫款或利上滚利的贷款发放的(事实上渔商没有提供太多现金,而是主要放贷日杂用品),这样,获得渔获物的机会就捏在了渔商的手里。他们永久地控制渔民,利上滚利,并且几乎没有为渔民的生计留下富余。因此,渔民总是缺乏

---

[1] 屠恒艇:《民国时期岱山金融业概况》,14-15。

[2] 《中国通商银行关于查账报告及欠款存收岱山兑换处并人事外调辞职加薪保证等与定海办事处往来文书》,1934年3月17日,上海市档案馆281-1-545。亦见于《沈家门镇志》编纂领导小组:《沈家门镇志》,362。

[3] 盛观熙:《近代舟山的典当业》,19。岱山的第一间典当铺在光绪年间(1875—1908)开业,但是1918—1929年间,又有六间典当铺开始做生意。见屠恒艇《民国时期岱山金融业概况》,13。

[4] 盛观熙:《近代舟山的典当业》,20。

[5] 地区的不平等来自高度发达地区本金的集中,它们从海洋边际地区榨取资源和劳动力。见Prattis,"Modernization and Modes of Prodaction in the North Atlantic."

足够的本金，他们的居住地一直在边缘地带。①

在这份有关渔区与经济中心之间关系的研究报告中，被忽略的分析是金融关系对自然环境的冲击。在舟山的渔业产业中，经济中心的借贷渗透到将自然资源转变成商品的营销关系中。渔商扮演了连接沿海渔村的劳工与经济中心的投资本金之间的角色，这使得加大开采鱼群成为可能。舟山渔场与长江下游城市中心（中国经济最发达的大区域）之间的联系，使得这些金融关系对生态所产生的影响特别明显。在中国次发达地区，因为人口密度、商业活动和本金投资的程度不高，所以金融机构在环境变化中没有成为如此重要的因素。

20世纪早期，随着信贷变得更易获得，舟山地区的渔行通过扩大它们的商业运作，提供贷款给更多的渔船，以便投资获利。举例而言，岱山钱庄从宁波更大的钱庄借走了多数的本金。岱山钱庄使用这笔本金作为贷款借给渔行和渔业加工企业，由后者再贷款给渔民。② 一方面，扩张的信贷网络给予本金不足的商业企业一个更有效兑现自然资源的机会；另一方面，对于信贷的依赖迫使渔业经营者捕捞越来越多的鱼，以偿清欠债。这样的金融关系推动了渔业的发展，但也加大了对海洋生态的压力。

冲突和调解

就像理查德・C. 霍夫曼（Richard C. Hoffmann）所指出的那样，对有限的资源或逐渐减少的资源提出更高要求时常会引发对控制权的争夺。③ 随着外来人口和经济一体化对20世纪初的舟山群岛施加了更多压力，激烈的竞争在同乡会之间引发了紧张和不安。20世纪20年代末，

---

① 《华南水产》，39。
② 屠恒艇：《民国时期岱山金融业概况》，14 - 16。
③ 理查德・C. 霍夫曼《中世纪欧洲经济的发展和水生态系统》，652。

观察家指出在嵊泗列岛附近的水域,"捕鱼权由习惯确定"。虽然嵊泗列岛的政治管辖权属于江苏省,但是大多数的移民均来自浙江和福建,只有少数在海岸附近捕鱼的渔船来自崇明三角洲。每个地方团体都要求得到领海捕鱼的专有权,他们威胁说,不如此将以暴力报复。"根据习惯,江苏中部和北部渔民不可以接近长江入海口的南部"。对这一习惯的漠视时常导致血腥的家族斗争和对非法入境船只的被破坏。①

随着舟山渔场竞争的加剧,许多渔业公所组织了渔团,以维护自身的权利。渔业公所用从渔民那里收集来的费用支付和支持共同防御组织所需。就像永安公所 1915 年的规章所定,"在江浙交界处,实盗贼之薮渊,历年来由本帮渔户,出资自办护船,已历数十年"。② 这些精英领导的准军事组织因为护渔和抵抗海盗而合法化,同时,他们也为同乡组织保护其生态片区不受竞争者侵犯而提供了一种途径。③

中国的东南沿海一带,一直以来海盗与捕鱼业之间的区别都很微妙。渔民偶尔参与海盗活动,海盗有时也会盯上渔民和他们的渔获。④一份 20 世纪 30 年代早期的请愿书中写道,人和公所和沈家门的一些其他渔业组织要求地方政府帮助他们解决猛撞他们的渔船,偷窃他们的渔网,像海盗一样将它们据为己有的"非法渔民"问题。⑤ 对于渔民而言,竞争对手的渔船与海盗之间的唯一不同在于:前者在鱼类没有被捕捞前就将它们截获,而后者则是从渔网里将已捕获的鱼儿取走。所以,打击海盗的维权行为与渔业公所维护渔场生态片区的努力有共同之处。

民国时期,随着有关公共资源竞争的加剧,地方精英继续为渔场的

---

① 《江苏渔业》,836。
② 《鄞县同乡永安公所勒石碑》,《浙江省水产志》编纂委员会:《浙江省水产志》,1148。整个民国时期,海盗直接隐藏在长涂山以东、泗礁山和花鸟山以北的岱山,掠夺来往船只和海运。见小林宗一《支那の戎克》,40。
③ 穆素洁:《中国:糖与社会——农民、技术和世界市场》,319,322。
④ 安乐博:《"浮沤著水":中华帝国晚期南方的海盗与水手世界》,13-14,82,97;松浦章:《中国的海贼》,8-9。
⑤ 《定海周报》,1934 年 10 月 14 日,3;1934 年 10 月 16 日,2。

武力争端担负起调解的主要责任。奉化的桐照村和象山县的东门村之间存在长期的紧张关系，夏秋两季双方都在岱山附近水域用锚张网捕鱼。清朝末年，两地的渔帮参与了武力冲突，争斗中奉化渔民"胜出"。19世纪90年代，两地的渔帮达成一致，将横街这个东沙角港口鱼市，划分成两个独立的势力范围。从那时起，无论何时，一旦有渔民进入对方的势力范围，就会遭到野蛮殴打。每当冲突爆发，象山渔民所在的太和公所和奉化渔帮所在的义安公所、义和公所就将处理这种情况，地方官员则不会卷入其中。①

尽管渔业公所努力维持秩序，奉化与象山两方渔帮之间的不和还是在1921年间再次爆发。在一次赌博引发的争端中，来自象山县的一个有武装的渔民杀死了来自奉化的一名渔民。该事件在报告地方官后，奉化一方的渔民开始大量囤积武器。对手则挖战壕、建堡垒，以对抗奉化方面。小战役的流弹继而使旁观者受伤，东沙角港口的商店被迫关门，东沙角商人的生意也因为争端而蒙受损失。他们召开紧急理事会，极力主张两派放弃对抗。商人们也向地方官上诉要求停止冲突。第二天，警察局长和地方军事要塞的司令与奉化和象山两方的渔业公所领导人会晤，达成停战协议。

冲突爆发后，奉化县的著名士绅庄嵩甫来到岱山岛，他担任奉化渔民所属的栖凤公所理事，协助谈判。② 之前，庄嵩甫与栖凤公所的理事江

---

① 《岱山镇志》，5. 8ab。

② 庄景仲（庄嵩甫）：《求我山人年谱》，4b，7a. 庄嵩甫（1860—1940）在1890年通过了县试，和江北冥一起成为龙津学堂的舍监。江北冥也帮助平息了大众对庄嵩甫允许一些木制神像被毁的愤慨，而毁坏神像的目的是在奉化的一所寺庙建立另一所学校。1905年，庄嵩甫接手管理新学会社，并于1908年加入中国同盟会。1911年辛亥革命以后，庄嵩甫以财政司长的身份服务于浙江军政府，担任盐政局长、浙江省议会议员。除了江北冥，庄嵩甫也与应梦卿私交甚笃，1920年他与应梦卿在浙江临安县建立临安安北造林场。在奉化和鄞县，庄嵩甫也与永丰公所领导人张申之合作制定水利计划。见毛翼虎《庄嵩甫的一生》；王惟敏《回忆庄嵩甫先生》；庄景仲（庄嵩甫）《求我山人年谱》，8b - 9a；《奉化市志》编纂委员会《奉化市志》，876 - 877。

北冥密切合作,在奉化设立教育机构,还在上海经营一家以改革为导向的出版社。尽管庄嵩甫现身协助谈判,渔帮间的会谈依然不欢而散,双方开始为决战做准备。后来,地方警察和军队出面,呼吁县级官员前往岱山加以处理。某日激战之后,定海县的地方官员张寅到达方才解决了冲突。①

地方官员介入之后,地方精英还要负责制定和解方案。为了一劳永逸地解决敌对状态,奉化县和象山县渔业公所的领导人制定协议,要求坚决放弃武力仇隙。在渔业公所领导人签署协议后,官员批准了这一协议。岱山的宗教团体在其中再一次起到了将规则付诸实践的功用。1923 年,协议被发布在东沙角财神殿的石碑上,其条款阐明了解决渔业区域争端的规章制度。渔业公所有权处理大部分争端,但是如果分歧不可调和,公所可以求助于政府官员。

协议要求:双方渔船只能驻舶在自己一方的锚泊区,禁止进入其他水域。如果发生分歧,渔民应将事件报告给自己一方的公所组织以解决问题,公所理事有权惩罚参与争斗的渔民。渔业公所的领导人还要着手阻止船员在岸上的酒馆、茶馆或其他地方制造骚乱。参与这些事件的渔民将被移交给自己一方的渔业公所。如有必要,公所还会将他们送交官员以示惩戒。如果超过三人聚众闹事,地方民兵组织和警察可以使用武力驱散任何一方渔帮。② 如果更多的争斗发生,地方官将会惩罚冲突的参与者,同时,处罚玩忽职守的公所的“行户渔首”。每一间公所任命一名巡查,在汛期跟踪驻扎在岱山的海洋巡逻船只并汇报非法活动。如果他们试图通过指控对手而展开报复,地方官将惩罚渔民连带他们所在的

---

① 《岱山镇志》5.9a - 10a。
② 协议也禁止渔民将武器带到岱山。公所领导人将被发现秘密藏有武器的渔民移交给地方当局。为了保护他们的安全,直到鱼汛结束渔民返家,任何持牌拥有枪械的渔民都不得不将牌照交给自己的同乡公所。见《岱山镇志》,5.10b - 12a。

公所领导人。[①] 从清末到民国初期,对有限资源的竞争有愈演愈烈之势,但解决争端的模式一直在延续。尽管 20 世纪前 20 年里动荡的政局冲击了中国,但依赖民间精英进行管理,以完成共同的目标——防止暴力争端中的利益损失,这一模式始终未变。

张謇和近代渔业管理的开端

20 世纪的前十年里,日本迅速地成为在中国颇具影响力的现代化典范和西方影响在华的过滤器。在渔业产业也是如此。随着舟山渔业在 20 世纪前 30 年的发展,以获取资源为目的的竞争加剧。具有改革意识的中国官员依据源自欧美的现代化视角下的科学渔业发展观来制定规划,以期改革中国的渔业。借助日本,中国的改革派受到全球性环境论述的影响,不过这些西方知识和技术经过了日本的重塑来适应其在 19 世纪晚期出现的日本式的现代性观念。明治时代(1868—1912),日本渔业专家对他们从外国老师那里学习来的以及在欧美访问期间观察到的水产养殖、渔品处理和加工技术表现出极大的兴趣。日本明治时期,这些渔业管理的模式——如同科学农业那样——被塑造成绝对的现代和进步。[②] 在 20 世纪的第一个十年间,这些现代化主义的环境举措开始对中国产生深远影响。

19 世纪末,中国的渔业生产也许和中国的传统行业一起平稳增长。但是,这些改革派已经认识到中国的渔业产业在面对外部竞争时存在的脆弱性,似乎需要重大变革。清朝的最后十年里,中央政府探索改革,即人们熟知的新政,其所采取的最后一搏,灵感来自西方和日本的模式,以此支撑日渐式微的权威。作为新政的一部分,身为官员和企业家的张謇

[①] 调查者指控偏袒或者掩盖本地渔民海侵行为的人,被控方将会被单位开除。如果公所领导人不能惩罚他们的同胞,地方政府当局就威胁要采取行动控告公所领导人。见《岱山镇志》,5.11b)。

[②] 布雷特·雷·沃克:《明治现代性、科学农业和日本北海道狼的灭绝》。

根据日本渔业产业提供的蓝图，最早发出了中国渔业现代化的号召。

张謇 1930 年出访日本，在那里他目睹了日本渔业和航运业在 19 世纪末取得的进步，之后他便率先倡导在中国实施渔业改革。[1] 在给商部的一份咨文中，张謇就一个国家渔业的发展和海上力量作了一个直观的对照：

> 海权渔界相为表里。海权在国，渔界在民。不明渔界，不足定海权。不伸海权，不足保渔界。互相维系，各国皆然。中国向无渔政，形势涣散。洋面渔船所到地段或散见于海国图志等书，已不及英国海军官方图册记载之详。至于海权之说，士大夫多不能究言其故。际此，海禁大开，五洲交汇，各国日以扩张海权为事。若不及早自图，必致渔界因含忍而被侵。海权因退让而日蹙。[2]

根据张謇的观点，巩固国家的外部边界，需要扩张和加强捕鱼权。无法实现上述要求，就会导致国家的海洋边疆在面对外部威胁时脆弱不堪。中国一直缺乏对自身捕鱼权益维护的关注，这也是它不能抵御 19 世纪中期以来外国进犯的原因。控制海洋渔场是保护中国主权和提升国家财富和国家实力的主要方法。正因为如此，张謇要求采取强硬的措施阻止外部势力"侵犯我国的海洋主权，从渔业中掠夺我国人民的财富"。[3]

为防止将渔场拱手送给外国，张謇提议：可仿照福建和广州的类似企业，在浙江和江苏建立一家渔业公司。通过购买一艘蒸汽船，让其巡逻渔场，以防止外侵，同时，公司将引进近代捕鱼技术。可是，由于私人

---

① 包华德：《中华民国人物传记辞典》，1，35；郭振民：《嵊泗渔业史话》，42；《上海渔业志》编纂委员会：《上海渔业志》，545。关于讨论庄嵩甫在江苏南通，他自己老家的近代化计划，见柯丽莎《从棉纺织厂到商业帝国：1895—1949 年间区域企业在中国的出现》；邵勤：《文化现代化：南通模式，1890—1930》。

② 张謇：《商部头等顾问官张咨呈本部筹议沿海各省渔业办法文》，《东方杂志》，1906 年 3 月，20。

③ 《商部头等顾问张殿撰謇咨呈两江总督魏议创南洋渔业公司文》，《东方杂志》，1904 年 1 卷 9 期，147。

资本并不是唾手可得,张謇只能从政府方面获得五千银两的贷款,从山东港口青岛的一家倒闭的德国渔轮公司购买了一艘蒸汽机船(之后重新命名为"福海")。1905 年,江浙渔业公司在上海成立,张謇担任经理。①渔业公司的蒸汽拖网渔船在公海上与外国渔轮竞争,同时,普通渔船则在舟山附近的近海水域捕鱼。因为这两种渔船在完全不同的区域捕鱼,所以,人们普遍相信,机械化船只不会对小规模作业的渔民造成损失。江浙渔业公司的规章规定:

> 向来抛钉大捕张网船捕鱼之处均在海岛附近。渔轮避礁绝不相犯。溜网船所在渔轮亦让开地位绝不侵占。其余各船向来网地销路一切照常。并无侵扰。②

将外国渔船阻挡在远离中国的近海渔场,客观上保护了中国渔民的利益。同时,江浙渔业公司的蒸汽拖网渔船通过开辟公海上的渔场,也扩大了中国的渔业领域。③

作为江浙渔业公司的一部分,张謇提倡建立渔会,并在中国沿海省份设立其分支机构。渔业民兵组织和保甲组织更改它们的名号,组成了新的组织。张謇期望从"能够服众的元老"中选拔领导者,编纂登记每个区域的渔业人口。渔会不时委派蒸汽拖网渔船检查本地渔会分会。如同张謇在陈述中所言,"如无分会,则港汊分歧,岛屿林立,渔民散处数十百家不等。不清户口,不能稽查,即不能保护。不能保护,则民无所依,团体亦无由而立"。④ 江浙渔业公司的蒸汽拖网渔船将会保护加入渔会抵抗海盗的船只。为此,船只配备了洋枪、洋炮和刀剑。享受到这一保

---

① 《商部头等顾问张殿撰謇咨呈两江总督魏议创南洋渔业公司文》,《东方杂志》,1904 年 1 卷 9 期,146 - 149。

② 《江浙渔业公司简明章程》,《东方杂志》,1904 年 1 卷 12 期,148。

③ 《商部头等顾问张殿撰謇咨呈两江总督魏议创南洋渔业公司文》,《东方杂志》,1904 年 1 卷 9 期,148。

④ 《商部头等顾问官张咨呈本部筹议沿海各省渔业办法文》,《东方杂志》,1906 年 3 卷 2 期,24。

护的渔民自然会感激渔会,也就"不受外人之勾引"。①

　　同时,张謇期望渔会通过向上海鱼市征收关税来实现舟山渔场的商业化,从而获得更大份额的利润。过去,许多冰鲜船从舟山渔场将鲜鱼运往上海,从城中涉外的中国商人手里购买法国旗帜。这个方案使其有可能逃避支付离境税和关税,还可避免收费员的压榨。为了替清政府控制税收的流失,江浙渔会对冰鲜船征收税费,这一税费低于冰鲜船向商人购买外国国旗所交费用。收集这些税费的责任交给了上海的渔行,每个渔帮的柱首为了给江浙渔业公司做参考,给每一艘冰鲜船都做了一个号码登记单,并负责惩罚那些试图逃税而被抓的人。②

　　在一段时期内,即使江浙渔业公司从未获利,渔会的收入也足以使其持续运作。但是,截至20世纪20年代,不间断的财务损失导致了渔业公司的解散。公司歇业后,渔会接管了蒸汽机船"福海",利用"福海"保护冰鲜船,免遭海盗荼毒。每次鱼汛,渔会的巡逻船驶向舟山群岛一带的海域,保护渔民的财产和商业贸易中的冰鲜船。结果,渔会的蒸汽机船成为舟山渔场海上集市的核心力量。③敦和公所由上海的冰鲜渔商和宁波、台州的冰鲜船公所组成,每年黄鱼和带鱼洄游时,它们雇用水警队作为护卫,台州公所理事葛醴泉负责监管这些共同防卫活动。④从晚清到民国,舟山地区的渔业公所牢牢掌控了税收和地方自卫力量。

---

①《商部头等顾问张殿撰謇咨呈两江总督魏议创南洋渔业公司文》,《东方杂志》,1904年1卷9期,149。

② 关于收取一元或两元年费取决于渔船的尺寸。渔船加入渔会,会从江浙渔业公司收到一面登记的旗帜。见《江浙渔业公司渔会章程》,《东方杂志》,1904年3月;《商部头等顾问官张咨呈本部筹议沿海各省渔业办法文》,《东方杂志》,1906年3月,22。亦见于舟山市档案馆,《"申报"舟山史料汇编》,51-52。关于商人寻求避免缴付离境税和方法的历史,见曼素恩《地方商人和中国官僚,1750—1950》,第六至七章。对于上海本土组织在收取离境税中的角色,见顾得曼《家乡、城市和国家:上海的地缘网络与认可(1853—1937)》,147-157。

③《申报》,1926年7月6日,15;亦见于李士豪、屈若搴:《中国渔业史》,42,154-56。

④ 黄振世:《旧上海的渔史》,221。

民国早期的现代渔业管理

张謇关于中国渔业现代化的计划包括了仿效北美、西欧特别是日本,建立渔业研究机构。[①] 这种现代渔业研究学科关注如何有效利用水生动物和植物。在早期的渔业研究教科书中,有一本是 1911 年从日文翻译成中文出版的。该书解释说虽然人们目前尚未能开发出所有的自然资源,但它们都具有潜在的用途。如果任何资源被丢弃,不是因为它们没有用途,而是因为研究使用它们的技术还不够纯熟。为了能有效利用海洋资源,人们需要学习多种领域的知识,如动物学、植物学、物理学、化学、地理学、海洋学和经济学。[②]

为了传播这些科技知识,张謇在其筹建江浙渔业公司的计划里,提出要在吴淞公司总部设立一所渔业学校。[③] 1912 年,在张謇的支持下,东京渔业研究所研究生张镠开办了江苏省渔业学校。[④] 接下来的 20 年间,在中国沿海诸省,也开办了其他的一些渔业学校和研究中心。整个民国时期,几乎所有在这些教育机构供职的渔业专家都曾在日本受过专门教育。一则 20 世纪 20 年代的新闻报道说,这个国家渔业学校的绝大多数教师都在日本东京渔业研究所留过学或是在日本参与过观测和研究。依靠这一训练,中国的第一批渔业专家将思考人类与海洋环境之间互动的新方法介绍到中国来。

在中国渔业专家的眼里,中国渔业产业的最大问题是产量不能追上

---

① 《商部头等顾问张殿撰謇咨呈两江总督魏议创南洋渔业公司文》,《东方杂志》,1904 年 9 月,112。

② 顾明生译:《水产学新编》,1-2。

③ 《商部头等顾问官张咨呈本部筹议沿海各省渔业办法文》,《东方杂志》,1906 年 3 月,26-27。

④ 张镠出生于江苏嘉定县,在他前往日本学习以前,张镠与其父曾在金华、义乌等地的学院学习。见《上海渔业志》编纂委员会《上海渔业志》,546-547。1916 年,浙江省政府在临海县开办了另一所渔业学校,该校之后在 1927 年迁移至定海。见李士豪、屈若搴《中国渔业史》,131,134-135。

不断飙升的国内需求。19世纪末和20世纪初,中国海产品的进口超过了出口,而进口海产主要来自日本,[①]当然,比较中国的进口和出口数据时,忽略了中国国内市场对渔产的巨大消费量。上海,是当时中国最大的渔品消费中心,它的国内渔品销量在20世纪10—30年代期间极大地超过了外国进口的渔业产品。[②] 然而,这一经济成果没有被列入中国渔业专家的民族主义说辞之中。在一篇1918年刊载在江苏省渔业学校期刊上的文章中,张镠解释说,中国的渔业产业近年来虽然取得了长足的进步,但仍然处于萌芽阶段,国家依然极大地依赖进口。简而言之,中国要求渔品数量的增长以天计算,然而外国在对中国渔业产品出口数量上的增长,导致中国的利权外溢。

渔业专家认为,解决中国渔业产业落后状况的方法在于依靠现代科学和技术。就像20世纪20年代早期的一位渔业专家所做的扼要陈述,"必须要用科学方法来解决渔业问题"。具体来说,科学方法意味着改进渔具,改善加工和储备的水平,推动水产养殖业。为了将这些新方法教给渔民,中国政府需要开设由"科学专家"支持的渔业研究站。[③] 中国渔业专家关于开设这些传习所的想法受到了日本的启发。日本明治时期,渔业研究和教学机构通过传播改进的工具和加工方法,推动了日本的渔业发展。[④] 当然,这些日本渔业学校恰好也就是中国渔业专家接受教育的地方。

在舟山群岛开办渔业技术传习所的努力,开始于李士襄。他是江苏崇明县人,1907—1911年留学东京渔业研究所。[⑤] 1918年,中央政

---

① 李士豪:《中国海洋渔业现状及其建设》,4-6;李士豪、屈若搴:《中国渔业史》,170-177。

② 刘桐山、徐季搏:《中国沿海渔业与渔民生活》,93,95;黄振世:《旧上海的渔史》,229。

③ 王棠:《对于整顿中国渔业之管见》,《申报本埠增刊》,1924年6月22日,3。

④ 见二野瓶德夫《日本渔业近代史》,105-111。

⑤ 李士襄返回中国后向中央政府农林部建议有关渔业的事务,要求在江苏省立渔业学校设立管理职位。见《上海渔业志》编纂委员会《上海渔业志》,547;《浙江省水产志》编纂委员会,《浙江省水产志》,1008-9。关于定海渔业培训机构,见《舟山渔志》编写组《舟山渔志》,335-336。

府委派李士襄在舟山群岛开办定海渔业技术传习所。① 遗憾的是,因为缺少合适的资金,李士襄改革舟山渔业的早期努力在失望中画上句号。②

翌年,中央政府委派王文泰——另一名来自江苏,曾在日本接受教育的渔业专家,在江苏北部的海州港开设一所渔业技术传习所。如同定海渔业技术传习所一样,资金的不足束缚了王文泰的努力。③ 虽然如此,王文泰在为海州渔业技术传习所所编一书的概要中阐明了中国渔业专家是如何理解人类与海洋环境之间的互动关系的。王文泰在海州海洋渔场的一份早期报告中揭示了在人类开发的压力下海洋资源呈现出的诸多特点。像王文泰解释的那样,渔民年复一年在同一近海渔场捕捞,导致了地方性的渔业资源的枯竭。文章写道:

> 沿海所产鱼类,近年产额日少,且其体量亦日形瘦小。查东海、灌云两县沿海各地,在前二十年各种贝类,如蚶子、干贝、蛏子、海螺等物,产额亦颇不少,盖因滥取过度,今日约已灭种,沙滩礁石等处,仅遗存无数贝壳,供后人之纪念而已。此实因渔民为水产物来游,于沿岸竞求滋生之时,肆行滥捕,不知在海面发展渔场范围。循是以往,其结果恐沿海洄游鱼类不至绝迹而不已,何胜叹惜。④

由于中国渔民相对因循守旧和愚昧无知,王文泰宣称,中国的渔业尚在半开化时代,这是其不能充分利用自然馈赠的丰富资源的原因。为

---

① 1914 年,中央政府农商部首先指导浙江省政府为渔业技术传习所的创立做准备。见舟山市档案馆《申报舟山史料汇编》,149。
② 传习所在说服渔民前往总部参与学习中经历了一段困难的时光。传习所鼓励使用许多新式渔具,如棉花纤维制成的渔网,但这种渔网并不如渔民的传统技术那么有效。见同上书,159,161-162,167。根据《定海县志》,能够参加定海渔业技术传习所讲座的渔民数量仅被限制在 20 个。见《定海县志》5.7a-8a;李士豪、屈若骞《中国渔业史》,25,101。
③ 李士豪、屈若骞:《中国渔业史》,25。关于王文泰的传记信息见《中华民国水产学会会报(1934)》,上海市档案馆 Y4-1-225,会员录,112。
④《王文泰陈送海州渔业计划书呈稿》,1920 年 2 月 16 日,中国第二历史档案馆:《中华民国史档案资料汇编》,卷 1,3;682。

了扭转这种情势,渔业研究机构不得不通过开放新的渔场来帮助渔民。同时,水产养殖的创新手段将会补充不断下降的近海鱼群。如果没有积极的措施以确保海洋资源的丰沛,"只授以新式渔具、渔法,恐渔民益事滥捕,求利反损"。[①]

王文泰和中国其他一些渔业专家意识到过度捕捞会使特定渔场的渔业资源走向枯竭,甚至会导致某些物种的灭绝。然而,这种意识跟另外一种信念共存,即认为现代科学和技术能够使自然资源获得最有效的开发,及持久地扩大生产。达到这一目标需要规章制度来禁止使用那些捕捞鱼秧、妨碍鱼群繁衍的捕鱼方法和捕捞工具。一本 1919 年出版的渔业研究教科书写道,"水产之物,虽孳乳甚繁,生生不已。然欲图发达,维持永远,则不可无人工之保护,以助天然之繁殖"。[②] 随着水产养殖业的发展,现代技术也使得在那些目前无法生养鱼类的海域养鱼成为可能。[③] 但如果采取措施保护鱼类的繁殖,它们就会永不枯竭,自然的丰富资源就可以永续利用。

渔业专家也强调科学研究对识别新渔场,并为船只指明鱼群最丰饶之处的重要性。政府机关需要引进新技术,使渔民能够定位、开发多产渔场。人们相信,这些调查将减缓过度捕捞的压力,给予鱼群休渔的机会。[④] 这种逻辑认识又一次来自于中国渔业专家,他们熟谙日本捕鱼业发展,在留学期间获得了这种逻辑(知识)。明治时代,日本渔业计划克服了渔业生产中认知停滞的矛盾,这一矛盾是由近海水域过度集中捕捞引起的。为了扭转这一认知,日本明治政府成功地扩大了渔场的海域范

---

① 《王文泰陈送海州渔业计划书呈稿》,1920 年 2 月 16 日,中国第二历史档案馆:《中华民国史档案资料汇编》,卷 1,3:682 – 683。

② 关鹏万:《水产学大意》,49。亦见于顾明生译:《水产学新编》,1,12。

③ 顾明生译:《水产学新编》,1。这一观点并不普遍。因为中国充足的盐水渔业资源和不发达的渔船,导致许多渔业专家坚持水产养殖业不是非常重要。见周监殷、鱼华仙《中等水产学》,82。

④ 顾明生译:《水产学新编》,22 – 23;张柱尊:《发展浙江水产教育办法意见书》,3。

围,鼓励更有效地利用技术。[1] 为达到这　目标,19 世纪 90 年代,日本政府制定法律,专为能赴公海水域捕鱼的船只提供财金激励。[2] 同样,中国渔业专家相信中国需要学习日本的例子,采取行动克服近海渔场产量持续下降的趋势。[3] 中国政府听从了这些建议,在 1914 年制定了《公海渔业奖励条例》。[4] 然而,与日本明治政府相比,中国政府实际上并没有实施这些渔业发展措施。因为奖励金为数甚微,几乎没有多少能够分发给赴公海捕鱼的船只,所以政策没有起到实际的效用。[5]

合理调整渔业组织

对像王文泰这样的中国的渔业专家而言,传播利用海洋资源最有效方法的相关知识,需要转变渔民的社会组织。据王文泰估计,海州分散的渔民彼此间没有进行交流或分享信息,缺乏合适的同乡组织。渔民受制于老式的工具,又没有办法对工具实施改进。然而,王文泰相信浙江的情形有所不同,因为那里的渔业公所已对渔民有规训能力:"浙江省渔业公所在它们的贸易中完全纠正了不合理行为。如果渔民在面对其他渔民和他们的资本主的时候表现出品行不端,渔业公所可以不经过官府审判而对他们加以惩罚。渔业公所甚至可以判处其死刑,渔民则平静地接受这一惩处。"虽然如此,与日本殖民当局在其占领的山东和东北领地的渔业组合相比,浙江渔业公所的表现则相形见绌。王文泰解释说日本渔业组织"其性质与我国渔业公所相同,独其法则美备,事业范围既较我为广,所收效果自更远大"。[6] 如果中国政府鼓励渔民组建类似日本人设

---

[1] 二野瓶德夫:《日本渔业近代史》,58,60 - 61,93 - 97,102;冈本信男:《近代渔业发展史》,257。

[2] 冈本信男:《近代渔业发展史》,111 - 112。

[3] 张柱尊:《发展浙江水产教育办法意见书》,4。

[4] 原始条例由中国第二历史档案馆重印:《中华民国史档案资料汇编》,卷 1,3:576。

[5] 李士豪、屈若骞:《中国渔业史》,19。

[6] 《王文泰陈送海州渔业计划书呈稿》,1920 年 2 月 16 日,中国第二历史档案馆:《中华民国史档案资料汇编》,卷 1,3:686。

立的工会,渔民最终能够加强互利,发展产业。因此,地方官需要为以上新渔业组织的成立提供指导,同时绅董要自下而上地拥护建立新渔业组织。①

王文泰在1922年提交给中央政府的一份讨论日本在青岛渔业活动的报告中,为这些渔业组织绘制了一张发展蓝图。第一次世界大战爆发后,日本夺取了德国在青岛的租赁权。1916年日本人执行规章,要求所有渔业经营者到城市的军事指挥系统登记注册。日本还要求所有渔民加入渔业组合,渔业组合的任务是改革和发展渔业产业,保护鱼类繁殖,修正合作成员有害的贸易行为,加强互惠互利。② 除了利用更高效的工具和加工技术为渔船提供奖励以外,渔业组合给予渔业经营者获得借贷和可负担债务的机会。渔业组合与一家日本人运作的鱼市联合,垄断了港口的卖鱼权。③ 这样,不管供应的物资如何出现季节性的波动,在需求高峰期,机械化冷藏设备可使市场储存和售卖渔品成为可能。如王文泰指出的那样,在需求旺季时,这些安排不仅稳定了物价,而且保障了信贷,扩大了销售渠道,促进了生产者与商人之间的金融交易。④ 这样,日本人的做法简化了自然、生产者与市场的关系,将鱼类产品转换成商品。得益于这些销售安排,促进了产量的增加,这些营销安排在与我国各地区渔行系统相比较时,其间高下立判。⑤

截至20世纪20年代,青岛因为上述举措成为日本在中国北部沿海

---

① 《王文泰陈送海州渔业计划书呈稿》,1920年2月16日,中国第二历史档案馆:《中华民国史档案资料汇编》,卷1,3:686。

② 《海州渔业技术传习所为报送青岛渔业调查报告书呈稿》,1922年4月7日,中国第二历史档案馆:《中华民国史档案资料汇编》,卷1,3:705。

③ 同上文,695,701-707。亦见于《王文泰密报日人经营青岛渔业有碍我国海权渔利及接收时设施节略稿》,1922年5月25日。收录同上书,716-717。

④ 《王文泰密报日人经营青岛渔业有碍我国海权渔利及接收时设施节略稿》,1922年5月25日,中国第二历史档案馆:《中华民国史档案资料汇编》,卷1,3:716-717。

⑤ 《王文泰陈送海州渔业计划书呈稿》,1920年2月16日,中国第二历史档案馆:《中华民国史档案资料汇编》,卷1,3:721。

的渤海和黄海捕鱼活动的中心。以青岛为基地的日本船只在中国北部
市场投售了许多从这些海域中捕获的鱼。[①] 王文泰宣称日本人通过压低
价格和封杀国内的渔业生产者,以竞争的方式扼杀了中国捕鱼业。根据
王文泰的观点,日本拖网渔船在黄海上的过度捕捞,减少了中国捕鱼船
的渔获量。[②] 1912 年,日本政府限制中国蒸汽拖网渔船进入西经 130 度
水域之内,大致位于东海和黄海海域,[③]日本机械化渔船则开始大量地到
黄海捕鱼。(这些政策和 20 世纪 20 年代日本在中国沿海渔业活动的影
响将在第四章进行分析)

　　面对日本的竞争引发的经济困难,王文泰宣称,许多贫困的渔民变
成了海盗,给中国捕鱼事业的发展增添了更多的障碍。王文泰指出,同
样重要的是,日本控制青岛渔场,剥夺了中国政府税收的利润来源。[④] 另
外,外国对中国沿海渔场的入侵是对国家主权的直接威胁:

> 据日人在该地经营八年,日将有碍我国海权、渔利,及其官厅所
> 行政策,无一非摧残我渔业,剥削我渔民,吸我血汗,供彼发展,利用
> 海岛扰乱海面,其影响所及,不仅限于青岛。[⑤]

　　为抵御这一威胁,王文泰呼吁中央政府实施与日本政府业已施行的
类似政策。王文泰也极力主张中央政府采取措施收回青岛渔场,以巩固

[①]《海州渔业技术传习所为报送青岛渔业调查报告书呈稿》,1922 年 4 月 7 日,中国第二历史档
案馆:《中华民国史档案资料汇编》,卷 1,3:704 - 706。亦见于李士豪、屈若搴:《中国渔业
史》,199 - 200。
[②]《王文泰密报日人经营青岛渔业有碍我国海权渔利及接收时设施节略稿》,1922 年 5 月 25
日,中国第二历史档案馆:《中华民国史档案资料汇编》,卷 1,3:716。
[③] 真道重明:《二战后中国东海和黄海的日本拖网渔船的统计账户》,2 - 3。
[④]《海州渔业技术传习所为报送青岛渔业调查报告书呈稿》,1922 年 4 月 7 日,中国第二历史档
案馆:《中华民国史档案资料汇编》,卷 1,3:692;《王文泰密报日人经营青岛渔业有碍我国海
权渔利及接收时设施节略稿》,1922 年 5 月 25 日,中国第二历史档案馆:《中华民国史档案资
料汇编》,卷 1,3:715。
[⑤]《王文泰密报日人经营青岛渔业有碍我国海权渔利及接收时设施节略稿》,1922 年 5 月 25
日,中国第二历史档案馆:《中华民国史档案资料汇编》,卷 1,3:715。

中国渔民在黄海的捕鱼权,重获税收来源。[1]

中国其他渔业专家纷纷仿效王文泰,将推动渔业机构的改革和营销的安排作为重振中国渔业事业的第一步。1918 年,中国政府设立定海渔业技术传习所,宣称其设所宗旨是,仿效外国的同行,搜集有关贷款和营销协会的信息。[2] 为振兴中国捕鱼事业,1921 年,农商部公布了一份详尽的议程,计划设立营销机构,收取费用以资助教育、救济渔民;同业组织也将会提高渔民的共同利益。[3] 该计划的动力有几个来源。日本对青岛渔业的重组扮演了推动中国渔业发展的外部刺激的角色。[4] 渔业改革的其他动力来自渔业专家,如王文泰、李士襄,他们极力要求中国政府实施他们的渔业发展计划。[5] 1924 年,农商部着手调查沿海地区,以便为现代渔港建设找到合适的地址。这些港口配套了与中央集权相应的营销设备、运输工具和制冷设备。[6] 孙中山曾把相似的观点写进《建国方略之二物质建设(实业计划)》之中,要求建设中国沿海的现代渔港,包括在舟山群岛的长涂山建现代渔港。[7]

精简营销系统与提升渔业组织紧密相关。国营鱼市通过设立渔行,以渔民合作社的形式提供借贷给生产者,便利了金融交易。[8] 渔民合作

---

[1]《王文泰密报日人经营青岛渔业有碍我国海权渔利及接收时设施节略稿》,1922 年 5 月 25 日,中国第二历史档案馆:《中华民国史档案资料汇编》,卷 1,3:720 - 725。

[2] 舟山市档案馆,《"申报"舟山史料汇编》,161。

[3] 这一大纲也包括重组渔业指导所的重组条款,其分配了 23 000 元用于海州渔业技术传习所使用的拖网渔船的建设。农商部也计划派出学生前往欧洲和北美,以弥补渔业改革所需技术专长的短缺。见《申报》,1921 年 7 月 14 日,11。

[4] 海军部近来也宣布渴望中国渔业进行改革,并表达了它想要派出渔轮巡逻渔场和收集渔业税的愿望。在遭受了海盗的袭击后,在温州和台州的渔船要求海军的保护,这些计划应声出台。农商部表示反对,它们陈述中国渔业的改革和它产生的收益皆属于其管辖权内,见《申报》,1921 年 7 月 14 日,II;海军部渔业税的其他条款,见《申报》,1921 年 8 月 31 日,11。

[5]《申报》,1921 年 7 月 14 日,11。

[6]《申报》,1924 年 3 月 3 日,15。

[7] 孙中山:《建国方略》,155 - 159。对于讨论孙中山的实业计划,见柯伟林《中国工程化:中国政府发展的雏形》,138 - 139。

[8] 金志铨:《鱼市场之建设》,108 亦见于胡潜泰:《浙江水产之我见》,9 - 10。

社也会组织借贷、购买和营销合作，以便给予生产者低利率贷款和可负担的物资，减少生产成本，为渔民的渔获提供更高的价格。[①] 渔民合作社从各方面来看都很像农业合作社，许多改革者期待着与农业合作社相仿的渔民合作社能够解决民国时期中国的农村经济问题。[②]

1927 年以后，中国的渔业政策中始终渗透着这些目标。当时的国民党正执掌政权，肩负维护中国主权和建设强大国民经济的双重任务。金焰，一名来自浙江、曾在日本受训的渔业专家，在完善 20 世纪 30 年代早期浙江的渔场的提案中着重强调渔业组织的整顿。[③] 在他的水产捕捞业计划中，金焰提出要优先发展渔民合作社。

> 旧有渔业失败之主要原因，在渔民无共同之组织，无可靠之资本，处处受渔行渔商之剥削，使渔民之生计，日处困境；故目前第一步之计划，应先从事整理，改善渔民一切旧有之恶习惯，组织渔民合作社。[④]

一旦这些新的渔民合作社就绪，渔行和渔商就将不再具有垄断鱼市的权利，所有的经济交易都将变得自由且独立。研究者需要调查新的渔场，告知那些不明鱼群活动的蒙昧无知的渔民有关渔场的位置。[⑤] 金焰承认，甚至是资源最丰富的渔场，较多的渔获量也有减少的可能。但金焰很自信的是，只要扩张到全新的更多产的渔场，以及开展水产捕捞业的研究，就可以无限地维持产量的增长。[⑥]

在参考了孙中山的"实业计划"之后，金焰号召建设长涂山的国营市

[①] 王棠：《对于整顿中国渔业之管见》，《申报本埠增刊》，1924 年 6 月 22 日，3。

[②] 见陈意新《国民党解决农村社会经济问题的方法：中国的农村合作运动，1918—1949》。

[③] 金焰（1901—1979）出生于临海县，1920 年毕业于浙江省立甲种水产学校。第二年，他在北海道帝国大学水产部学习，1925 年毕业。在 1928 年作为研究者返回日本东京帝国大学水产研究实验室之前，他执教于浙江省立甲种水产学校和江苏省渔业学校。见《浙江省水产志》编纂委员会《浙江省水产志》，1015。

[④][⑤] 金焰华：《浙江水产建设问题之检讨》，3。

[⑥] 同上书，5 - 6。

场和浙江沿海的其他八个近代渔港。这些市场将会以"大渔行"的形式运作,配套机械化冷藏设备和其他最新设施。① 金焜要求地方政府替代渔商的角色,创立合作银行,为渔民提供低利率贷款。②

利用这些新组织和新技术,可以开放和利用自然资源,帮助渔民致富。这些所谓的新组织和它们的社会化将会为分散的渔民提供系统化的组织……所谓的新技术是科学的。科学就应该被用来改进老式捕鱼技术和加工方法,捕捞水产的方法应该被用来合理化生产。

通过增加渔业产量而获得财富的新渠道将会使社会秩序稳定,加强国家力量对抗外敌入侵。③ 通过渔业组织的改革和现代科学的应用,国家干预将使海洋资源的利用更有效、更多产。

对于中国的渔业专家而言,他们期望通过消除浪费,合理开发海洋环境,从而达到释放自然潜能的目的。他们这一发展主义者的视角来源于一个信念,即集中化的科学管理能够从有限的资源中开发出无限的产能。渔业专家相信如果实施市场开发,以一连串的措施扩大整个资源基地,通过发展水产捕捞业和开放新渔场,他们的计划能够使海洋无限地多产。毋庸置疑,这些现代主义的目标根本不同于以排他主义和以地区为基础的渔帮所依赖的社会制度,而后者是渔帮用来维护其在有限公共资源中的份额的。

民国时期的渔业立法,1922—1929

中国渔业专家推进的改革计划要求建立新制度来管理渔业资源的使用,同时建立新的机构来负责落实新的规章制度。整个 20 世纪 20 年代,近代中国都在探索鼓励渔民形成组织,以便实施互助,与渔商打交

---

① 金焜华:《浙江水产建设问题之检讨》,7-8。
② 同上文,11。
③ 同上文,12。

道，让他们回归正道，使已经成立的同业组织依照法律，服从官方监督。这一目标的实现需要建立由国家主导的渔业组织，这也是受到日本成功先例的启示。这些努力肇始于 1922 年的《渔业暂行章程》和 1923 年的《渔会暂行章程实行细则》。[①] 1929 年，以这些早期的法案为基础，国民政府颁布了《渔会法》。[②] 与国民政府的其他经济法规一样，渔会法反映了其促进和控制经济事业，同时加强国家政权的渴望。[③]

渔会法详述了设立集体组织的指导方针，方针致力于完善和发展中国的渔场。法律要求各县设立一个渔会，在距离总会四十里以外的"繁荣渔区"还可以设立分会。渔会鼓励渔民采用更有效的技术，并为合作社提供借贷、生产和营销。法律也使渔会负有调解捕鱼争端的责任。新组织也因此接管了之前由渔帮所在的同乡渔业公所执行的任务。

除了承诺要发展中国的渔业事业，渔会在控制程度上也不同于渔业公所，因为国家可以控制渔会。渔会法要求渔会在成立后即刻在地方和中央政府登记。所有在渔会法实施前成立的捕鱼组织，都必须在六个月内重组和登记。法律也要求渔会每年提交有关领导人员、会员、财务和其他事务的信息报告给政府。渔会因此被迫做出类似的渔业生产和处理渔业争端的报告。根据渔会法，国家有权检查所有组织的活动和财务事务。官员可以施加命令，可以实施制裁，这对于渔会的监督是有必要的，官员可以废除任何被认为有违法律或有害于公众利益的决议。[④] 因为这些条款，中国政府可以利用渔会作为其管理中国渔业的一个机构，并为产业发展实施计划。

20 世纪 20 年代，通过编纂有关捕鱼权的正式法律，中央政府进一步维护其自身权力，管理中国的渔业。这部法律源于 1926 年的渔业条例

---

① 中国第二历史档案馆：《中华民国史档案资料汇编》，卷 1，3，2：725 – 732，743 – 745，750 – 753。
② 同上书，卷 5，1，7：642 – 647。
③④ 柯伟林：《中国的非股份制：20 世纪中国的公司法与商业公司》，44。

和渔业法,它们在 1929 年和渔会法一起付诸实施。[1] 立法的启示直接来源于日本在 1901 年公布的国家渔业法。[2] 根据 1929 年国民政府的渔业法,任何人寻求进入中国领海的渔场,都必须获得地方官的许可和登记,地方官再将信息提交给地方和中央政府。只有中国公民才被授予在国家领海范围内捕鱼的权利。立法支持任何在法律颁布以前便已存在的基于契约或地方风俗之上的捕鱼权。然而,中央政府在决定捕鱼权上享有最终权威。当政府认为有必要保护海洋动物和植物的繁殖时,渔业法授权政府机关禁止任何渔业活动。而且,所有有关捕鱼权的争端都必须通过官方裁决处理。这些争端中,如果对政府处理有异议,必须通过适当的行政上诉程序。[3] 渔业法至少在书面上使中央政府成为对中国海洋资源的使用决策的最终仲裁。

通过对渔业管理实施控制,渔业法和渔会法使中国政府有鼓励渔民更为合理使用海洋环境的可能,由此还可以增加渔业产量。正因为这些法律的存在,每当渔场使用的机制被认为是经济发展的障碍时,中国政府就会宣称其有权对其加以改造。原则上,这些立法取代了过去管理海洋资源的规则和惯习。

但是事实上,中国的渔业立法没有从根本上改变自清朝以来就存在于舟山群岛的制度规定。甚至在国民政府定都南京的十年(1927—1937)间加强自身的实力后,它依然缺少强制执行渔业法的相关条款,即国家对渔场使用的管理和官方对捕鱼权的登记。中国政府也无法将渔业组织转化为其执行渔业发展政策的机制。相反,渔民的同乡公所基本保持不变,地方官员没有办法强制他们遵守渔会法。

的确,大多数的渔业公所罔顾渔业立法,到 20 世纪 30 年代依然持

---

[1] 中国第二历史档案馆:《中华民国史档案资料汇编》,卷 3,2:745 - 750。

[2] 关于日本明治时期的渔业立法,见 David Luke Howell, *Capitalism from Within Economy, Society, and the State in a Japanese Fishery*, 97 - 100;二野瓶德夫《明治渔业扩张史》,第四章。

[3] 中国第二历史档案馆:《中华民国立法史》,593 - 594。

续履行职责。至迟于 1934 年,靖和和南定渔业公所向定海县政府请愿,报告他们按照旧有的规章制度,选拔渔会的柱首和理事。① 极少数的同乡公所宣称他们已经重新改组为渔会,但是只是走走形式而已。② 甚至在更名改姓之后,渔会的领导权依然掌握在前渔业公所理事的手里。以台州渔业公所理事葛醴泉为例,他在 1923 年临海渔会成立后,依然负责处理渔会的事务。③

台州温岭县渔会的领导层最能说明渔业公所与渔会之间的联系。温岭县渔会成立于 1923 年,但是翌年,一场与县政府收取捕鱼登记费的争端导致了它的解体,直到 1929 年该组织才正式恢复。④ 渔会重新改组后,温岭县渔会的总理事是刘伯瑜,他之前一直担任浙江多个县的警察局局长和江苏省松江县保安大队长。20 世纪 30 年代早期,刘伯瑜是温岭县当地治安民团组织的理事和渔行的经理。⑤ 一位名叫陈仲秀的商人,是温岭松门商会的领导人,也是理事之一。⑥ 而温岭县渔会的实际控制权在包珩手里,因为他管理季节性往返舟山的台州渔民同乡公所,所以他比刘伯瑜和陈仲秀更了解渔业事业。⑦ 晚清时期,原籍温岭的包珩从宁波警察学校毕业,因为他在船只失事中抢救了一批荷兰船员,因而在台州收获了美名。清政府在褒奖了这段英雄事迹后,给予包珩一个职位,担任石浦绿标营部队的副旅长。除了他的官方荣誉头衔之外,包珩还参与了冰鲜船生意,这成了包珩后来参与渔业产业的一个重大的金融

---

① 《定海周报》,1934 年 11 月 1 日,2。

② 姚咏平:《改进浙江大黄鱼渔业及制造业之意见》,13 - 14。

③ 王甯适:《浙江沿海各县鱼盐概况》,17。

④ 《温岭县续志稿》编纂委员会:《温岭县续志稿》。登记费的争论其产生是因为临时渔会条例的执行允许县政府向渔船和渔商收税。见《申报》,1926 年 8 月 12 日,9。

⑤ 《温岭县续志稿》编纂委员会:《温岭县续志稿》37;亦见于《温岭渔会名册》,中央研究院近史所档案馆,1936 年,17 - 27,125 - 1。

⑥ 《温岭县续志稿》编纂委员会,《温岭县续志稿》317。陈仲秀,1897 年出生于松门,毕业于浙江省师范学校。民国早期,陈仲秀在其家乡宣传普及教育的改革,为地方治水项目和指导地方民兵部队做出贡献。见《温岭渔会名册》,中央研究院近史所档案馆,1936 年,17 - 27,125 - 1。

⑦ 王甯适:《浙江沿海各县鱼盐概况》,21。

资本。随着 1911 年清王朝的覆灭,包珩辞去军职,前往宁波,在那里他成立了台州公所。在长期担任公所理事期间,他作为台州渔民的代表跟地方官打交道。[①] 1923 年成立的鄞县渔会的领导层也很明显地体现出渔会与同乡公所的联系。该渔会的一个理事是原永安公所理事史仁航。渔会监事忻文焕,也在一些渔业公所担任领导职务。[②]

因为政府推行的规章制度没有明显地改变同乡组织,所以通过政界关系,渔业公所的领导者获得了很多的社会资本。例如张申之,他担任由鄞县冰鲜船组成的永丰公所的理事,在 1901 年的科举中获得举人的头衔。1907 年,张申之被选为浙江省议员。1911 年辛亥革命后,张申之负责宁波临时军政府的财政工作,后来他成为民国国会议员。1927 年,张申之短暂充当过浙江海关的税务司。在担任这些职务的同时,他还以鄞县水利局局长的身份抽空监督宁波地区的水利工程。[③]

20 世纪 20 年代和 30 年代,官方立法没有明显地改变由同乡会转变而来的集体组织。总之,不同名称下的渔会其本质都是渔业公所。正因为如此,并不让人意外的是,如同国家立法中阐明的那样,渔会没有采取措施改变信贷和营销系统。和民国时期许多典型的管理社会组织的政府所做的努力一样,地方精英服从官方的法定命名,更改了自己的头衔,但是在行使实际职责时则极力抵制国家强制带来的变化。

本章小结

20 世纪前 30 年间,随着舟山群岛捕鱼事业的持续扩张,中国渔业专

---

① 包珩,通常被称作他的号"卓人",他是旅甬台州公所的经理,也是皋亭南定公所和嵊山浙台渔业公所的理事。见《温岭渔会名册》,中央研究院近史所档案馆,1936 年,17 - 27,125 - 1;《温岭县续志稿》编纂委员会《温岭县续志稿》277;赵以忠《舟山的渔业公所》,68。

② 《浙江鄞县渔会》,中央研究院近史所档案馆,1932—1934,17 - 27,127 - 2;赵以忠:《舟山的渔业公所》,70。

③ 张申之(1877—1952)亦名"传保"。关于他的传记信息,见浙江省《鄞县志》编纂委员会《鄞县志》;浙江省政协文史资料委员会《浙江近现代人物录》,179 - 180。

家始终配合中国近代政府努力重建社会与海洋环境间的新的互动关系。面对资源是有限的这一事实,以地区为基础的渔帮,通过建立渔区准入机制和解决暴力争端,周密地制定了一套社会制度以保护己方在海洋环境中取得的利益。这些制度安排在地方层面面临着不断增多的对有限资源的竞争,但他们却没有为阻止过度捕捞做过任何努力。20 世纪10—20 年代,服务于近代中国政府的渔业专家提出人类与自然关系间的不同设想。他们的发展计划表达了坚定不移的信念,即科学与政府间的联手将会使环境开发最为合理和有效。就像专家们相信的那样,现代科学和专业技术能够调和生产最大化与防止过度开发之间的矛盾。他们的设想来源于这样一个信念,即集中规划可以操控自然,进而增加产量和无限利用资源。

　　中国渔业专家的观点与 19 世纪末和 20 世纪初主导美国和其他西方国家的现代环境管理模式相似,其核心内容是——有效地、有节制地使用资源。该模式的拥护者认为中央当局应当聘请接受过科学培训的专家,利用这些科学家们的知识,确立一个客观、公正、全面的环境事务局面。[1] 凯文·弗罗里(Kevin Frawley)注意到,这种环境管理模式使得"由试图利用科学和经济原则有效利用资源的那些专家所设计和管理公共政策"成为必然。发展主义的目标贯穿于 20 世纪初期的这种对待自然环境的取向,虽然这些目标有时候要求限制自然资源的利用,但那仅仅是为了确保自然资源能在未来被开发。[2] 如亚瑟·麦克沃伊(Arthur McEvoy)指出的那样,在渔业这一领域里,这种对自然与社会关系的理

---

[1] 克雷顿·R. 考普斯:《效率,公平,美学:美国环保的主题变化》,234;关于 20 世纪早期澳大利亚合理利用功利主义者的影响,见 kevin Frawley, *Evolving Visions: Environmental Management and Nature Conservation In Australian Environmental History: Essays and Cases*, 66.

[2] kevin Frawley, *Evolving Visions: Environmental Management and Nature Conservation In Australian Environmental History: Essays and Cases*, 67;克雷顿·R. 考普斯:《效率,公平,美学:美国环保的主题变化》,234。

解得出了"政府和它的科学顾问能够代替之前文明粗心所造成毁坏"的观点。[①] 民国时期的渔业专家跟这种发展主义的观点一致,他们的信念是,专家介入就可以将废物最有效利用,就可以使资源无限多产。他们之间的相似性其实并不难以解释。日本自明治时代,就已经采取了欧美国家的科学渔业管理模式,在一个世代之后,这些环境的论述从日本传到了中国。

跟其他地方一样,在 20 世纪的中国,通过技术和专业知识来提升资源的有效利用,这股动力也是现代化工程的主要组成部分。[②] 然而,尽管中国渔业专家强调在追求长期公众利益中应该公正地应用科技知识,但是他们不得不努力为自己的计划争取经费。对预算的关注,使得他们跟 20 世纪早期所有的中国政府机构一样,陷入对税收的操控政治之中。

因此,对于资金的需求,和合理有效地开发环境这一共识一起主导了民国渔业政策的制定。由于没有其他可靠的财政来源,渔业管理机构的经费主要依靠渔业经营者的税收。除了要更有效地利用渔业资源,渔业开发政策也为缺乏经费的政府机构促成了更多的税收和更多的财政支持。一方面,民国渔业管理者承诺,通过更为便捷地管理海洋资源来消除收入波动的主要因素,并依靠统一规划和提供稳定的产量来实现丰产;另一方面,在收入的分配和控制方面则引发了巨大的不满和争论。[③]

总之,在 20 世纪 10—20 年代,中国渔业专家提出的开发主义的倡议并没有收到实际效果。民国时期的中国政府缺乏资金和行政能力,无法将专家们倡议的具有深远影响的改革付诸实践,结果,关于国家

---

① 亚瑟·麦克沃伊:《渔民的问题:加利福尼亚渔业的生态和法律,1850—1980》,108。
② 保罗·R.约瑟夫:《政治制度下的资源:技术、环境和政府》,5-6,197-198。
③ 这一发展思想是斯科特对近代欧洲科学林业分析的怀旧,但是斯科特在不同社会领域和政府的鲜明反对没有与中国的实践形成一致。见詹姆斯·C.斯科特《国家的视角:那些试图改善人类的项目是如何失败的》,21。

主导的渔业开发计划是否能够在防止资源枯竭的同时,增加对有限资源的获取,这一问题根本就没有触及。尽管渔业专家们渴望改变社会与自然之间的互动方式,但是他们的计划仍然受到了极大的限制。仅靠国家立法,无法代替由渔民同乡组织制定的协调舟山渔场使用的地方安排。尽管中国的渔业专家们从未质疑过他们的信念——现代科技能够克服人类过度捕捞对海洋环境产生的影响,他们的计划依然处于蓝图阶段。

第四章　中日渔权纠纷，1924—1931

　　海洋渔场的地理范围不取决于政治意义上国与国之间既有的相互遵守的边界，这是因为许多鱼群具有远距离洄游的属性，它们往往径直穿过多国疆界。正因为如此，如果渔场上出现国际性争端乃是司空见惯的。20世纪20年代和30年代，中国近海海域和中国东海更广阔的海洋环境出现生态变化，其趋同性导致了中日两国在舟山黄鱼渔场发生捕捞争端。日本大型的拖网渔船并不理会中国民间渔业团体所拥有的捕鱼领地专有权。特别是，拥有现代捕鱼技术的日本船只可以在捕鱼方面轻而易举地超过没有机械设备的中国对手，这样一来，中国方面的渔获量锐减。日本的"侵渔"行为致使中国民间渔业团体的内部协议在调节舟山渔场的使用方面无法产生作用，而这些协议原本依赖于以地域为基础的渔业组织。

　　为了应对来自日本捕鱼船的压力，舟山一带的渔业经营者请求中国政府支持他们的呼吁，占据渔场，将日本船只逐出该地海域。中日两国渔业争端发生在20世纪20年代晚期到30年代早期中日关系日趋紧张的背景下，在中国，自信的民族主义遭到了日本帝国的挑衅，而国际法普遍原则又具有相对的局限性，日本则利用外交和军事的双重力量对中国施压以帮助本国的渔业,这就使得中国很难阻止日本大型捕鱼船入侵舟山海域。已经形成的鱼群日渐减少的趋势若发展起来,则会导致渔业资源走向枯竭。此外,跨国生态纠纷使得控制海洋资源的国内斗争变得更加明显。为了从舟山捕鱼业中获得更多份额的税收,中国的省级政府和中央政府利用中日渔业的纠纷进行操控。20世纪20年代和30年代早期,中国的一批政府机构宣称拥有管理和多倍收取舟山渔场税收的权力,于是,防止暴力竞争渔业资源的问题解决起来就愈加困难了。

近代中国银行和舟山捕鱼业

20世纪二三十年代期间,上海和其他中心城市不间断的经济一体化进程对舟山一带的海洋环境提出了更高的要求。近代西方模式影响下诞生的中国银行将总部设在上海,参与发放贷款给舟山的渔行,托起了晚清时期出现的特殊的地缘经济(区域财政集团化)。舟山近代银行支行的出现与内战时期整个中国各地金融机构的发展相似。中国通商银行首先于1922年在沈家门开设了第一家分支机构,其后,其他银行相继仿效,迅速成立。截至20世纪30年代早期,中国银行、农工银行、中国实业银行以及其他近代银行在沈家门、定海、东沙角和嵊山等港口设立了办事处,以满足鱼汛期间借贷的需求。[1] 这些近代金融机构的出现有助于推动渔业产量的增长,满足中心城市日益增长的市场需求。

当信贷市场发展到巅峰,中国商业银行岱山办事处为了获得稳定的大黄鱼供应,将鱼汛期间放款的额度从每月三万至四万元提高到六万至

---

[1]《中国实业银行宁波办事处为设岱山之沪行函》,1933年4月18日,上海市档案馆,Q276-1-613。亦见于《舟山渔志》编写组:《舟山渔志》,22。1934年5月,中国银行定海支行和中国商业银行在岱山东沙角港口开办办事处,《定海周报》,1934年5月21日,23;1932年6月6日,1-2;屠恒艇:《民国时期岱山金融业概况》,15-16。

七万元,大多数的贷款流入渔行和渔品加工企业。[①] 根据一份 1935 年中国实业银行沈家门办事处的报告,沈家门是一个发展中的渔港,虽然它年年都在成长,但是所有的过剩资本都被渔行用来扩张生意,因此可用的本金极为稀少。吸引本金非常困难,在缺少可用现金的情况下,渔行往往通过钱庄和近代银行在舟山群岛的分支机构发放的贷款,向渔船购买渔获。[②]

　　渔行能够经常从钱庄获取无担保贷款,凭借的是渔行的信誉。[③] 可是,要从现代银行获得贷款需要担保物。渔行除了供应给渔船的大米、大麻和渔网外,几乎没有其他物资可作为担保物。沈家门多数的现代银行分行就让渔行用这些物资作为担保,同时还需要一个担保人来担保借贷人的信誉。如果渔行拖欠一笔贷款,担保人也要为银行的损失承担责任。贷款周期通常持续两到六个月,月利率一般在 0.8%—1%。中国实业银行的一份报告称,大多数渔行能够负担得起债务,当捕鱼活动处于淡季时,渔行拿出渔网作为担保,在春天黄鱼洄游的时候再赎回渔网。[④]
20 世纪二三十年代,一些著名的渔业公所理事的背景可以反映出近代银行在舟山捕鱼业中日益增长的影响力。刘寄亭,既是中国银行沈家门和定海办事处主任,又是 20 世纪 30 年代沈家门鱼栈公所的理事。[⑤] 中国商业银行定海办事处创始理事张晓耕,投资了一些与渔业相关的其他工

① 屠恒艇:《民国时期岱山金融业概况》,14-16;王宗培:《中国沿海之渔民经济》,134-136。
② 《中国通商银行关于查账报告及欠款存收岱山兑换处并人事外调辞职加薪保证等与定海办事处往来文书》,1934 年 3 月 17 日,上海市档案馆,281-1-545。亦见于《沈家门镇志》编纂领导小组:《沈家门镇志》,362。
③ 对于中国商人拿出贷款用于安全的消极态度,见程麟孙《近代中国银行业:创业精神,职业经理,中国银行的发展,1897—1937》。
④ 《中国实业银行上海分行联行沈家门办事处关于营业经过及方针报告及裁撤等事宜来函》,1935 年 3 月 9 日,3 月 15 日,4 月 11 日,5 月 3 日,上海市档案馆,Q276-1-614。
⑤ 刘寄亭(1890—1942)是沈家门人。他年轻时在钱庄担任雇员,是中国银行沈家门和定海办事处主任。见舟山市博物馆《舟山历史名人谱》,146-147;《舟山市志》编纂委员会《舟山市志》,798。

商企业,他同时也是沈家门鱼栈公所的理事。[1] 鄞县渔会理事曹朝岳,也是宁波实业银行沈家门分行的商业部主席和永安公所的柱首。[2]

渔业扩张的生态维度

舟山地区的经济一体化于 20 世纪 20—30 年代出现,在渔业上表现为产量的大幅增加。根据可以获得的最佳估算,1920 年舟山渔场的总产量约 60 000 吨;1936 年增加到 93 000 吨。[3] 然而,由于缺少可以信赖的定量数据,导致很难评估渔获量的增长带来了怎样的生态影响。

在人类开发的条件下,许多渔场中个头大的鱼最先落网。持续的捕捞造成鱼群的平均体长减小,这是因为它们没有长大成熟的机会。而且,持续地滥捕幼鱼也会妨碍鱼群的繁殖。这些影响甚至发生在非机械化捕捞渔场,比如舟山渔场。进入 20 世纪,(捕捞船只)由以风为动力的帆船组成。从 20 世纪 20—30 年代,渔民使用有很细筛目的张网,捕获了大量的幼鱼和鱼卵。[4] 发育成熟的大黄鱼被认为是美味佳肴,但是不足岁和体长不足的鱼则不会被食用。渔民将小鱼晒干,这些为人所知的黄鱼干在浙江以"梅子"的名称出现,渔民将它们作为肥料出售给温州和福建的农民。[5] 渔场此举有利于满足中国日益增长的农业人口对肥料的巨大需求,以弥补土壤养分的流失,反过来又促成渔场对幼鱼的开发。[6]

---

[1] 张晓耕(1889—1939),定海展茅村张氏家族成员,孩提时代迁居沈家门。在日本学习了一段时间的法律,于 1925 年建立了商业银行定海支行。同年,张晓耕以银行行长的身份请辞,同时被选为定海县议会领导人。张晓耕也管理过一些与渔业相关的商业公司。这些公司包括 20 世纪 30 年代成立于上海的永安制冷公司和交易猪血用来保存渔网的宁波公司。见舟山市博物馆《舟山历史名人谱》,133 - 134。

[2]《浙江鄞县渔会,1932—1934》,台湾近代史研究所,17 - 27,127 - 2;赵以忠:《舟山的渔业公所》,70。

[3] 见《舟山渔志》编写组《舟山渔志》,109 - 110。

[4] 林书颜等:《浙江张网影响鱼类繁殖之研究》。

[5] 同上书,27;姚咏平:《改进浙江大黄鱼渔业及制造业之意见》,16。

[6] 如史凡拉在《中国的过去,中国的未来:能源、食物和环境》中所展示的,直到 20 世纪 70 年代以前,人工肥料都没有在中国广泛应用。

一份 20 世纪 20 年代的日本报道指出,"舟山群岛海域适合鱼类产卵,所以尺寸在三或四英寸内的幼鱼数量全年都很富足"。[1] 市场上幼鱼比成鱼的售价低很多,导致渔民不得不加大渔获量,以收回他们的人力和资本开支,这就对鱼群的成长造成了更大的压力。[2] 因此,可能因为捕获了太多的小鱼,这一趋势导致了鱼群的衰竭。[3]

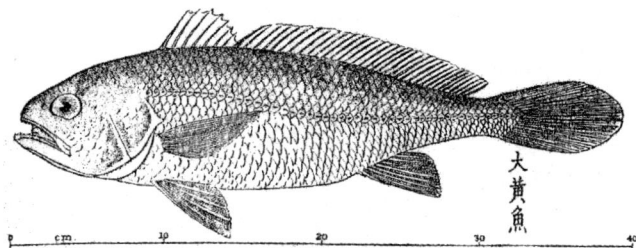

图像 7 大黄鱼。资料来源:Read, common food fishes of Shanghai

20 世纪一二十年代,渔船为搜寻新渔场以维持或提高它们的捕获量,冒险出海到更远的地方。就像 1927 年民国时期《象山县志》记载的那样:"那些在近海撒网的人只能捕到很少的鱼;所以他们必须前往远洋和深海。"[4]同样的,根据 20 世纪 30 年代《台州府志》记载,"初渔户往来近海,后渐推广镇、定、奉、象各地健者或北走崇明南距瓯闽"。[5]

民国时期,逐渐扩张到更远渔场的趋势是很明显的,但是证据不能支持我们判定这一趋势的形成是人为还是非人为因素。至少同时期的一个文字记录将渔民向更远渔场运动的变化归因为近年来地区渔业的扩张。20 世纪 20 年代《岱山镇志》解释:

---

[1]《江浙两省水产事业的调查报告》,30。

[2] 林书颜等:《浙江张网影响鱼类繁殖之研究》,26。

[3] Edwin S. Iversen, *Living Marine Resources:Their Utilization and Management*,247;Simon Jennings, Michael J. Kaiser and John D. Reynolds, *Marine Fisheries Ecology*,145.

[4]《民国象山县志》,13.28b。

[5]《台州府志》,61.63a。

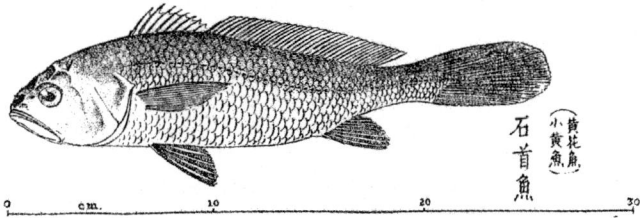

图像 8　小黄鱼。资料来源：Read, common food fishes of Shanghai

前此三四十年鱼汛期间,石首鱼乘潮而来,均在近岛。其时,船只未多,捕法亦拙,而采捕较易。近则捕船加多且大,器具较佳。而鱼避深海。[1]

根据这个观点,自 19 世纪晚期以来,为了争夺有限的近海鱼群而加剧的竞争,迫使渔船为获取更高产量和更多利润而前往更远的地方出海。然而,一个不能排除的可能性是鱼群的丰富程度和分布的变化还应对着"自然"环境的变动,比如天气条件、水温变化或是洋流的改变。[2] 可以确定的是,借用 W. 杰弗里·博尔斯特(W. Jeffrey Bolster)的话来说,"生态系统不能产生收获者渴求的数量",导致主观认知上鱼类数量的短缺,因而推动着渔业经营者积极地去寻找新的鱼群。[3] 无法确定的是,究竟是因为人类开发使得近海渔场趋于枯竭,还是因为生态系统中自然发生的变化使其不能满足人类对鱼类的市场需求。但是,无论何种原因,与舟山渔民能够在近海水域捕获的渔获相比,渔民希望获得更多的渔获。

---

[1] 《岱山镇志》,20.9ab。

[2] 中国东南和长江下游地区的降水量在 20 世纪 20 年代经历了相对的下降。长江径流减少的结果有可能已经对鱼群主要的生产力和繁殖产生了负面的影响。见章以本、金乔治《长江流域百年气候变化》,99;S. K. Yang 等《长江年排水量趋势(1865—2004)》,《水利科学》,50,no. 5(2005),828 - 831;张家诚、林之光《中国气候》,297 - 98。

[3] 杰弗里·博尔斯特:《大西洋史:大西洋西北部的海事共同体和海洋生态,1500—1800》。

向嵊泗列岛一带的渔场扩张

截至 20 世纪前十年,重要的渔场已转移到嵊泗列岛附近的海域,该海域也是舟山群岛最北端的海域。不同于附属定海县的舟山群岛其他地方,嵊泗列岛地域在行政上划归江苏省崇明县。至 19 世纪 70 年代,小洋山附近的渔场生产力下降后,浙江北部的渔民随着大黄鱼鱼群追踪到嵊泗列岛海域。① 而在清末和民国早期,只有流网渔船才敢冒险进入江苏沿海的吕泗洋。一个重要的转折点发生在 1917 年,当时渔民们在嵊山和吕泗洋一带发现了小黄鱼和带鱼鱼群。

根据 20 世纪 30 年代的原始资料,江浙渔业公司的蒸汽船"福海"为抵御嵊山附近的海盗在巡洋护渔时发现了此地丰富的黄鱼群,并告知渔民。② 这些之前尚未开发的资源吸引了渔船进入离舟山最远超过 100 海里的海域。③ 受到新渔场的吸引,来到嵊泗列岛的渔船数量之多在 20 世纪 20 年代期间已经是前所未有。④(见表 4.1)

表 4.1 嵊泗列岛的渔船

岛屿	1899	1934
嵊山	80	268
枸杞	90	354

---

① 姜彬、金涛:《东海岛屿文化与习俗》,95。同样,很难区分究竟是人类机构还是海洋波动的情况导致了这一变化。

②《定海周报》,1934 年 5 月 11 日,1－2;亦见于金寄梓:《浙江台属水产概况》,25。遗憾的是,江浙渔业公司的记录有必要证明这些断言是否准确。

③ 郭振民:《嵊泗渔业史话》,99;金寄梓:《浙江台属水产概况》,4。

④ 程梯云:《江苏外海山岛志》,6;郭振民:《嵊泗渔业史话》,31;金寄梓:《浙江台属水产概况》,24;赵以忠:《舟山渔业法治史初探》,109－10;《舟山渔志》编写组:《舟山渔志》,24－25,5－58,65。

续表

花鸟山	50	222
绿华	30	108
泗礁和马迹山	130	855
小洋山	30	57
总计	410	1864

资料来源:程梯云,《江苏外海山岛志》

很快,一个繁荣的渔业中心在嵊泗列岛拔地而起。20 世纪 30 年代早期是嵊泗渔行的全盛期,以超过十个像样的企业作为开放标志。[1] 和舟山地区的其他地方一样,嵊泗的大多数渔商也是季节性地往返。1932年,嵊山列岛的 18 个渔行,仅有七个常驻那里。外地的渔商在鱼汛结束时回到自己的故乡。[2] 在嵊泗列岛做长期生意的许多渔行,是由其他岛屿,比如靠近浙江主大陆的岱山岛的定居者所建立的。[3]

中国东海的日本机械化渔场

在中国东海的另一边,日本机械化捕鱼业复制了在舟山渔场所能见到的环境趋势,只是其捕捞规模更大。19 世纪末,日本政府成功地开始了一项野心勃勃的现代化项目,意图打破世界帝国主义力量的排名。从 19 世纪 90 年代起,日本依赖兴起的工业力量和军事力量,延伸其对台湾和韩国的威胁,同时也构成了对中国东北和北部其他地区的威胁。日本捕鱼业的发展与其国家工业化和日本帝国在海外的扩张是齐头并进的。

---

[1] 戎天海:《菜园渔行兴衰记》。

[2] 郭振民:《嵊泗渔业史话》,165 - 167。

[3] 20 世纪 30 和 40 年代,七个渔行中至少有四个最大的渔行设在嵊泗,这些渔行是由原本从岱山或沈家门来到嵊泗的商人所经营的。见同上书,170 - 174。

明治后期,日本渔业的现代化是从由西欧引入蒸汽动力捕鱼船开始的。不锈钢船体首先于 1908 年从英国引入日本,这一技术在日本渔业界迅速传播。单拖网渔轮是现代化深海捕鱼船,它使用大型钢板或名为网板的金属板以展开拖网作业。当蒸汽动力船只沿着海床方向拖曳拖网,海水压迫拖网网板的表面,迫使板子向外,并保持网口展开。[①]

最初,蒸汽动力网板拖船在日本领海附近的海域捕鱼,导致传统渔民与机械化船只作业者之间的对峙。后来,通过推动现代化船只进入更远的海域,日本政府解决了国内的渔场争端。1911 年日本政府限制了网板拖船在近海海域内的使用。随着 1912 年这些被限制区域的扩大,日本政府把网板拖船的使用限制在西经 130 度的海域之外。这一立法颁布之后,日本的网板拖船来到中国的东海和黄海,当时主要捕捞鲷鱼。

1923 年,日本政府为了遏制单产量的下滑,将网板拖船的渔照做了数量限制,限制为 70 艘船,且规定所有的船只都得在 200 吨以上,速度可以超过 11 节。然而,这些限制几乎无法抵消不断下降的渔获量,日本船只对主要鱼类,如鲷鱼的关注,导致了鲷鱼的衰竭。1925—1927 年,许多日本船只开始捕捞黄鱼,日本人将黄鱼看作质量稍差的鱼类,主要将其作为加工渔品的原材料。20 世纪 20 年代早期,日本的机械化拖船前往中国沿海附近水域,那里是黄鱼前往产卵的地方。20 世纪 20 年代,日本捕捞鲷鱼和黄鱼的数量变化反映了其目标鱼类的变化(见表 4.2),对于参与远洋渔业和赴他国领海捕鱼的企业,日本政府以给予其补贴的形式,积极鼓励这一做法。[②]

[①] 彼得·肯普:《牛津船舶与海洋手册》,886。
[②] 木部崎修:《东、黄海底层鱼类群落结构及其有效管理》,74-75;冈本信男:《近代渔业发展史》,166-170;真道重明:《二战后中国东海和黄海的日本拖网渔船的统计账户》,2-3;武信由太郎:《日本年鉴》,513。

表 4.2　中国东海和黄海日本拖网渔船的船只数量和
鲷鱼、黄鱼的捕获量,1921—1928,千吨

年份	船只	鲷鱼	黄鱼
1921	48	5.49	5.00
1922	—	4.94	7.06
1923	68	4.11	7.75
1924	—	2.47	8.59
1925	65	1.64	10.19
1926	67	1.58	14.62
1927	65	0.68	16.61
1928	64	0.17	21.32

资料来源:木部崎修:《东、黄海底层鱼类群落结构及其有效管理》,75

　　日本现代化捕鱼船只的另一个部分,是机动拖网渔船,这种船只延续了以往的类似模式,却又不同于网板拖船。网板拖船从外国进口,而拖网渔船是将内燃机引擎与使用传统捕鱼技巧的日本捕鱼船结合起来。这种将外国技术与本国技术相融合的拖网船,与进口的网板拖船相比,需要的本金为少,被日本渔业界广泛接受。20 世纪 20 年代,在采用最早的实验及技术之后,作业中的拖网渔船数量在仅仅两年时间内就达到了200 艘。在与日本海域传统渔民的又一轮争端发生后,日本政府于 1921 年同样限制拖网渔船进入西经 130 度内的海域。[①] 然而,由于日本政府没有颁布法规限制机动拖网渔船的数量,致使拖网渔船的数量在 1926 年猛增至 300 艘,截至 1937 年猛增至 1 000 艘。如同蒸汽拖船一样,机动拖网渔船起初在日本附近海域捕捞鲷鱼和其他高价鱼类。随着这些鱼群数量的下降,日本拖网渔船也开始重点捕捞黄鱼。[②]

---

① 冈本信男:《近代渔业发展史》,178-179。
② 真道重明:《二战后中国东海和黄海的日本拖网渔船的统计账户》,3-4。

20世纪20年代期间,主要的渔获物,如日本机械化捕鱼船捕捞的海鲷数量下降,于是之前鲜少开发的黄鱼成了海鲷的代替品。1921—1929年间,在中国东海和黄海的日本蒸汽拖网渔船捕捞的黄鱼,其总捕获量从20%猛增至30%。1937年,捕捞的黄鱼数量占到了总渔获量的40%。这一趋势反映了伴随着主要鱼群的枯竭,日本渔船的目标性鱼类发生了巨大变化。[①] 其结果,日本渔船前所未有地向舟山群岛最远岛屿旁边的黄鱼渔场靠近。

中日渔场冲突,1925—1927

20世纪20年代中期以前,日本渔船的活动没有对舟山捕鱼业产生直接影响。1924年版的《定海县志》有注释称:日本向中国出口特别多的青鳝,但是县志指出"青鳝在定海归杂鱼一类,无专捕之者。所产亦不旺,此缘青鳝多在深水中,非旧法捕捞所能"。[②] 只要日本船只驻泊远洋,中国船只近岸停泊,日本船只与中国船只就不存在竞争。在20世纪20年代中期日本船只开始集中捕捞黄鱼后,中日渔民在舟山渔场的冲突方才出现。日本蒸汽拖船将目光转向新的目标鱼群——黄鱼,黄鱼洄游到浙江和江苏附近的海域,而这片海域正是黄鱼春夏两季的产卵之地。至于中国渔船敢于冒险进入这一海域还只是近期的事,伴随着20世纪早期近海渔场的压力加大方才出现。

中国和日本的近海渔场由于出现了鱼群锐减的趋同性,导致了两国渔民为控制舟山黄鱼渔场而引发了国际争斗。中国舟山的捕鱼利益集团宣称日本捕鱼船只在中国的领海捕鱼,已经侵犯了中国的主权。作为中国的竞争者,日本方面则持不同意见。因此,在20世纪20年代和30年代间,中日捕鱼的辩争围绕国际法中出现划分有争议的领海而展开。

---

① 真道重明:《二战后中国东海和黄海的日本拖网渔船的统计账户》,5-6。
②《定海县志》,5.6ab。

日本船只在 1925 年的春天黄鱼鱼汛期间抵达嵊泗列岛附近的海域。19 世纪中后期,中国与外国势力之间签署的不平等条约使上海成为国际通商口岸,这些帝国主义的特权给予日本拖船在上海享有畅通无阻地卸货和卖鱼的资格。20 世纪 20 年代他们的规模越做越大,外国竞争者的到来引起城市里中国渔商的恐慌。[1] 上海渔商的敦和公所召集了自己的所有会员与上海总商会和海州渔业技术传习所所长王文泰共同召开紧急会议以表达疾呼。[2] 这一疾呼发生在大规模反对外国帝国主义的"五卅"抵制运动前夕,在运动中总商会扮演了重要的角色。[3] 以捕鱼争端为运动特点,相同的民族主义言论充斥于抵制运动之中,但日本船只继续"违背国际法,侵犯中国领海主权"。[4] 上海总商会极力主张中国外交部向日本大使馆抗议,要求江苏省沿海船只给予护卫,巡逻于舟山群岛的渔场,目的是保护中国海上力量和支持捕鱼事业。[5] 上海工商业界对渔业经营者的投资说明了它们渴求政府的保护以抵御外国的竞争。上海总商会常务理事方椒伯,来自一个显贵的镇海商人家庭,他丰富的业务组合包括对渔业经营者的投资。[6] 除了他在总商会的职务之外,方椒伯也是敦和公所的领导人。[7] 1928—1936 年,渔业公所理事张申之也是上海宁波旅沪同乡会主任,因为同乡会,方椒伯与其他许多上海银行界的人物联系甚密。[8]

---

[1] 《收上海总商会电》,1925 年 5 月 8 日,《中日关系史料》,486;《收执政府秘书厅函》,1925 年 5 月 11,《中日关系史料》,490;《收农商部咨》,1925 年 5 月 19 日,《中日关系史料》,492;《海州渔业实验厂厂长呈》,1925 年 4 月 28,《中日关系史料》,493。

[2] 《收江苏省长(郑谦)代电》,1925 年 5 月 16,《中日关系史料》,494。

[3] 葛凯:《制造中国:消费文化与民族国家的创建》。

[4] 《收上海电局徐少卿代电》,1925 年 5 月 15 日,《中日关系史料》,493。

[5] 《收农商部咨》,1925 年 5 月 15 日,《中日关系史料》,492。

[6] 关于镇海方家商业活动,见李坚《上海的宁波人研究(1843—1937)》,74;汪仁泽《旅沪名人方椒伯》,100。

[7] 《国民党中执委关于江浙沪渔业状况函》,1932 年 12 月 24 日,中国第二历史档案馆:《中华民国史档案资料汇编》,卷 5,1,7:656。

[8] 浙江省《鄞县志》编纂委员会:《鄞县志》,2079 - 2080;浙江省政协文史资料委员会:《浙江近现代人物录》,179 - 180。

　　这样的商业利益足以左右中国政府采取外交行动。所以,刚一收到日本捕鱼船入侵嵊泗列岛的消息,中国外交部就向日本大使提出抗议,控告日本船只在中国领海捕鱼,蓄意侵犯中国的渔业和中国的海权。[①]日本的外交代表表示反对,他们抗议说,日本船只仅仅是在面向所有国家渔船的中国领海之外捕鱼。[②]

国际法中有关领海的阐述

　　中日两国对舟山黄鱼渔场的争论与全球范围内有关国际法中领海的争论相类似。当时,大多数国家认可海岸国家的领海主权延伸到海岸以外,但是具体的宽度则一直处于争议之中。自 19 世纪以来,帝国中如英国就坚持三海里的领海范围。这一规则没有被海岸国家一致接受。[③]正因为如此,领海问题的讨论在 1924 年国际联盟(以下简称"国联")组成的国际法法典编纂会议议事日程上成了显要议题。对委员会议事日程的重点做出的反应,显示了与此问题相关的主要不同意见。只有日本和英国坚持认为捕鱼可以越界,所以他们呼吁无条件支持领海主权最多离岸三海里的主张。[④]

　　1930 年 3 月 13 日至 4 月 12 日,国联的首个国际法编纂会议在海牙召开。会议没有采用领海的原先说法,而是制定出一系列草案,分发给

---

① 《发日本芳泽公使(谦吉)函》,1925 年 5 月 20 日,《中日关系史料》,497 – 498。
② 《发农商部公函》,1925 年 6 月 2 日,《中日关系史料》,510;《收江苏交涉署代电》,1926 年 4 月 6 日,《中日关系史料》,563;《发海军,陆军,交通,农商部函》,1926 年 4 月 26 日,《中日关系史料》,565;《发江苏省长(陈陶遗)函》,1926 年 4 月 27 日,《中日关系史料》,566;《发山东省长(张宗昌)函》,1926 年 10 月 21 日,《中日关系史料》,611。
③ 斯堪的纳维亚国家一般坚称四海里,然而其他国家如法国、意大利、俄罗斯、西班牙宣称管辖权范围内的任何距离内都有必要控制捕鱼和走私。见 R. R. Churchhill, A. V. Lowe, *The Law of the Sea*,74,77 – 79。
④ 杰西·S. 李维斯:《领海法的编纂》,491。根据法律学者立作太郎(《战时国际法论》,304 – 305)所言,1871 年,日本首先决定将三海里作为领海界线。20 世纪早期日本不懈地坚持着这一原则,在有关领海法的案件中有明显体现,见杰西·S. 李维斯《领海法的编纂》,260,340 – 341。

各国,以求在未来达成一致。① 因为当前意见不能统一,领海问题在国际法中依然具有含糊之处。与会的大多数国家同意领海可以延伸至三海里以外,但是没有制定规则,也没有规定可以延伸的最宽限度。② 中国和日本在领海事务中有着极相似的地位。日本效仿英联邦支持三海里规则,中国对三海里规则原则上表示同意。③

中国最早关于领海宽度的声明发表于 1921 年 9 月,当时海军部总结中国应该跟随其他国家将中国的领海划分为离岸三海里。④ 20 世纪20 年代的中期,因为与日本有捕鱼争端,故而将这一事务又重新带回到官方讨论之中。1925 年 5 月,中国的国民大会通过了一项决议,要求领海的划分必须达到巩固国力,整顿渔业,抵御外侵的目的。国民大会没有做出决定将中国的领海延伸至三海里以外,但是规则的界定和海事边界的强制执行阻止了日本入侵中国的沿海渔场。⑤ 由于这些措施远远少于浙江渔业组织提出的建议,所以浙江渔业组织极力主张中国政府应要求拥有离岸 100 海里的领海主权。⑥

---

① R. R. Churchill, A. V. Lowe, *The Law of the Sea*, 14 - 15; R. H. Dhokalia, *The Codification of Public International Law*, 124 - 125. 在领海委员会的最后一次会议中,有 20 个国家支持三海里领海,12 个国家辩争支持六海里,四个斯堪的纳维亚国家寻求他们四海里需要的认同。使得事情更为复杂的是,还有许多国家支持邻海以外相邻辖区三海里界线。

② R. R. Churchill, A. V. Lowe, *The Law of the Sea*, 79.

③ 杰西・S. 李维斯:《领海法的编纂》,492 - 493;《第二委员会报告》,254 - 255。

④《发山东省章(张宗昌)函》,1926 年 10 月 21 日,《中日关系史料》,616。1912 年 7 月,海军部原本建议中国将其领海设定为距海岸十海里。但是直到 20 世纪 20 年代,海军部都没有对此采取任何行动。见《发税务处咨》,1918 年 1 月 15 日,《中日关系史料》,6 - 7。

⑤ 发提国务会议案,属于《发至政府秘书处函》,1925 年 5 月 25 日,《中日关系史料》,504。1924 年 7 月,在檀香山太平洋会议上,中国代表叶可梁(后在旧金山担任中国领事)辩争国际法允许海洋国家为了本国人民的使用,在公海维护捕鱼权。然而,他也坚称未受管理的捕鱼会带来太平洋海洋资源的逐渐消耗。因此,他辩争所有与太平洋接壤的国家都应该建立普遍立法,以防止邻近国家捕鱼范围的侵犯。见《发山东省章[张宗昌]函》,1926 年 10 月 21 日,《中日关系史料》,612 - 613。

⑥《申报》,1926 年 4 月 27 日,13。

护渔和财政收入

当中国外交官试图为国际舞台上的中国领海划定疆界的时候,中国的当权者从中日捕鱼争端中看到了谋利的机会。20世纪20年代中期,浙江和江苏相互竞争的军阀势力宣称有实力保护中国渔船,抵御日本入侵。这并非表明他们为中国渔业经营者的利益担心,而是地方军事要员想要通过"保护"渔船,从中收取费用。

1924年江浙战争发生后不久,控制两省军事力量的要员开始对中日间的捕鱼争端插手。[1] 收取渔业税的抗争是地方铁腕人物从中国商业中压榨资金的一个方法,以满足他们军事支出的需要。[2] 浙江方面,浙江海军力量宣称要防止日本渔船的进一步入侵,他们派遣炮舰在江苏沿海渔场巡逻,并在上海设立渔业保卫事务处,用以向渔业经营者征税。[3] 这样的主动行为直接威胁到渔业公所的收入,而渔业公所过去曾经资助共同自卫力量,共同自卫力量则保护了渔业公所从舟山渔场获利的要求。浙江船队的"护渔"动机遭到了永丰和永安公所的反对。永丰和永安公所分别代表鄞县的冰鲜船和大对船。公所反对称:渔业自卫的倡议只是一个借口,目的是为了向捕鱼船收费,补充浙江的财政短缺。所以公所坚持他们自己的自卫力量,不需要外界的保护。[4]

因为不愿意将有利可图的收入来源拱手送给浙江,江苏地方的军事力量也在进行活动,以便控制舟山捕鱼业的税务;而期盼获得资金的中国专家在江苏受雇于研究机构,于是中国专家与江苏当局通力合作。1924年6月,江苏当局委任海州渔业技术传习所所长王文泰建立江苏渔

---

[1] 江浙战争在控制江苏和浙江的两个军阀间进行。浙江军阀彼时也控制着上海。欲详细了解这一争端的故事,见林蔚《从战争到民族主义:中国的转折点(1924—1925)》,第四章。
[2] 同上书,125 - 127。
[3]《申报》,1924 年 7 月 18 日,14;1925 年 4 月 27,14。
[4]《申报》,1924 年 2 月 27 日,3。

业防卫局。① 这家新机构聘请了渔业专家李士襄和侯朝海作为顾问。② 王文泰发布公告,宣布开设渔业防卫局。王文泰指出,由于江苏渔业组织杂乱无章且具有分裂的特性,所以才会出现容许日本拖网渔船毫无阻碍地进入嵊泗列岛的沿海海域的情况。而且,浙江以保护渔民、反抗外侵为借口,对捕鱼船征费,这些策略都必然对捕鱼业产生负面影响。③

据王文泰所言,江苏渔业防卫局要为江苏的渔业经营者创造一个繁荣的未来,不使他们承担额外的财政负担。王文泰宣称江苏的征税不同于浙江海军部队征税的要求,后者以护渔为名,敲诈费用。不过,江苏由于财政限制,使其有必要从渔民和渔商处收集费用,将之用于自卫和复兴。江苏渔业防卫局计划在嵊山建造一个现代渔港,以加强江苏水产捕捞业并提升与外国船只竞争的能力。根据王文泰所言,江苏渔业防卫局也将会鼓励渔民组成一个对官方实行监管的社团,同时颁布措施保护鱼群繁殖。江苏渔业防卫局的分支机构在嵊山其他渔港派遣巡逻船,解决江苏北部与南部渔帮间的争端,并防止日本船舰的入侵。④

王文泰许诺江苏渔业防卫局的巡逻队将会与由渔帮组织的自卫组织合作。事实上,江苏渔业防卫局挑战了江浙渔会费用的收取工作。江浙渔会在 20 世纪 20 年代早期张謇的渔业公司关门后处于渔业公所领导者的控制之下。江苏渔业防卫局成立后,该局意欲接收渔团保护银元的任务,这些银元被用于渔民与渔商间的商业交易。争论认为:江浙渔会的蒸汽拖船被以省级税收的形式购买,江苏省派出它的水警局收回船只,并将船只交给渔业防卫局,此举将会有助于渔业防卫局将其用以保

---

① 《申报》,1924 年 6 月 10 日,14;1924 年 7 月 5,14。

② 《申报》,1925 年 7 月 24 日,11。

③ 《申报》,1924 年 6 月 10 日,;1924 年 7 月 5,14。

④ 根据王文泰的声明,通过登记渔船和编纂海洋渔业中心的人口数据,江苏渔业防卫局能够改善江苏渔业的官方管理。渔业防卫局为了对收入采取更紧的控制,他们坚持对渔团进行重组和消除所有向渔业经营者收集的非官方费用。

护渔民对抗日本人的威胁。[1]

为了获得舟山渔业的收入,军事发展很快使浙江与江苏的争斗戛然而止。1926 年,军阀孙传芳占领上海后,将所有存在的地方渔业管理机构替换成一个新的机构——江浙渔业事务局,[2]渔业专家李士襄被召为技术顾问。为控制渔业税,孙传芳解散了江浙渔会,并进而为了渔业事务局而索要原先江浙渔会的蒸汽拖船。[3] 渔业公所的领导人反对这种单纯为获得渔会收入而采取的举动,须知此项收入每年高达 60 000 元。但是实际上,渔业公所的领导人屈服了。1926 年 8 月,渔业公所领导人聚集在永丰公所上海办事处,并将渔会账本交给江浙渔业事务局。[4] 在接管了渔会的蒸汽拖船后,江浙渔业事务局在每担卖出的鱼上征收 8 元钱的税,或是每艘捕鱼船 30 元。当渔船进入宁波和上海港口,当局也向每艘冰鲜船收取 15 元的税。[5]

国民政府渔业行政机构的演变

截至 1927 年,上海国民政府击败了它在长江下游的军事对手。如同早前的军阀政权那样,国民政府依赖上海和其他经济中心的贸易税种作为其财政收入的主要来源。国民政府一旦开始控制浙江和江苏,他们就会努力加强对渔业税的控制,正如之前孙传芳的做法一样。国民政府接手了孙传芳的江浙渔业事务局,将其置于财政部之下,指派蒸汽船防止外国入侵中国领海。渔业事务局仍然从渔船那里征收关税,同时按鱼价的 5% 向经理人收税。同样,因为国民党政权已决定将土地税的征收

---

[1]《申报》,1925 年 7 月 24 日,11。

[2]《申报》,1926 年 5 月 9 日;1926 年 7 月 11 日,15;1926 年 8 月 1 日,13。

[3]《申报》,1926 年 8 月 2 日,13。

[4]《申报》,1926 年 6 月 10 日,14;1926 年 7 月 6 日,15;1926 年 8 月 11 日,13;1926 年 8 月 14 日,15。

[5] 李士豪、屈若搴:《中国渔业史》,45。

任务交给地方政府,集中控制渔业税的收入亦让于江浙两省。由中央政府享有渔业事务局上缴的 40% 的收入,而江浙两省则瓜分剩余的 60% 的税收。[①] 浙江省政府也说服南京政府改变由渔业事务局供应物资的规定;让省政府拥有给渔船签发许可证和监管民兵组织的权力,并坚决主张这些责任和费用应属于各省地方政府。[②]

其他利益团体也在试图影响国民政府对渔业事务局的重组,以此推动自己的议事日程。渔业公所请求南京政府解散渔业事务局,宣称它的征税对于渔业经营者而言是一个沉重的负担。[③] 渔业专家的专业组织机构——中华民国水产学会,则向中央政府施压,要求让农矿部分享江浙渔业事务局和财政部的管辖权。水产学会成功说服国民政府成立一个由农矿部众多下属成员组成的中央渔业指挥部,这样,渔业专家将会给予的农矿部管理渔业事务局一个回报的机会,为他们的改革措施提供资金。[④] 然而,这些提议最终没有一项被国民政府采纳。

为了从渔业经营者中获得更大份额的利润,各方都在努力影响政府的政策,这一点在 1928 年 8 月举办的江浙渔业建设会议上公开,会议描绘了渔业管理的未来。[⑤] 实业代表和渔业专家借用这一会议,呼吁要求加强中国捕鱼业的力量,抵御日本捕鱼船的竞争。[⑥] 永丰公所的领导张申之要求减少国内渔业税和增加进口渔业税,以保护本国生产者。渔业

---

① 李士豪、屈若搴《中国渔业史话》,45 - 50;亦见于《申报》,1927 年 8 月 8 日,9;1927 年 11 月 20 日,9。

② 《申报》,1928 年 4 月 1 日,8。

③ 《申报》,1927 年 8 月 8 日,9;1927 年 12 月 6 日,15;亦见于李士豪、屈若搴:《中国渔业史》,50 - 51。

④ 《呈农矿部》,1928 年 8 月 18 日,收录于《中华民国水产学会会报》(1934):15 - 16,上海市档案馆,Y4 - 1 - 225。关于渔业研究社团的请愿,包括国民政府新组织的官僚主义的渔业管理机构,见《中华民国水产学会呈国民政府建设委员会及农矿部文》,1927 年 8 月,收录于《中华民国水产学会会报》,14 - 15,上海市档案馆,Y4 - 1 - 225。

⑤ 这次会议集合了国民政府、浙江、江苏和上海市政府的代表,见浙江省建设厅《两年来之浙江建设概况》,4:13。

⑥ 为资助这些项目,连同其他研究和教育机构,渔业专家辩争政府应该取消从渔业税收入中获得的渔业建设费。见《申报》,1928 年 9 月 30 日,16。

专家拥护在上海建立国营营销机构和渔业银行,以贷款给合作者。除此之外,渔业专家和实业代表极力主张中央政府和浙江、江苏两省组成一个渔港设计委员会,以在嵊山建造一个现代化的鱼港,并为孙中山在实业计划中设想的渔业发展制定蓝图。① 面对日本捕鱼船在近海渔场的侵犯,渔业专家和实业代表请求国民政府通过更为有效的开发海洋资源的计划以增加国内生产。

南京十年,1927—1937 中日捕鱼纠纷

1930 年春,国民政府收到浙江和上海渔业经营者代表的一连串的新请愿书,谴责日本拖网渔船的行为——日本方面持续在嵊泗列岛一带捕鱼,并将捕捞的渔货运到上海出售。请愿书指出,日本船舰在中国领海捕鱼,违反了国际法。中国捕鱼利益集团请求国民党政府与日本领事谈判,以保护浙江渔民的生计,同时也结束中国的国耻。② 庄嵩甫,时任国民政府导淮委员会副委员长,发电报给他的奉化同乡蒋介石,要求中央政府介入其中,以保护捕鱼业。

> 嵩近日返里,甬江鱼市,大起恐慌,因日本渔轮,侵入江浙所辖余山浪岗海礁洋面,巨舰大网,竭泽而渔,所以我国渔民,自冬徂春,收入大减。③

伴随着这一请求,庄嵩甫利用了之前为辛亥革命调动过奉化渔民的同乡关系,为渔业经营者谋取帮助。当时,抗议日本捕鱼船的入侵与国民政府参与外交活动,重申中国主权和要求取消 19 世纪的不平等条约

---

① 《申报》,1928 年 10 月 5 日,16;1928 年 10 月 6 日,16。

② 《浙东渔民代表史仁航等代电》,1930 年 5 月 1 日,收录于《浙江省政府咨》,1930 年 11 月 25 日,中央研究院近史所档案馆,17 - 27,6 - 1。

③ 《日本渔轮侵入江浙洋面》,1931 年 4 月 8 日;《庄嵩甫呈》,1931 年 4 月 4 日,中央研究院近史所档案馆,17 - 27,7 - 1。据报告,蒋介石将他的奉化同胞庄嵩甫看作是自己的长辈,所以庄嵩甫可以以直接的态度同蒋介石说话。见毛翼虎《庄嵩甫的一生》,37。

所带来的外国特权——比如治外法权和对税率的控制——等同时发生。对南京政府而言,日本对中国领海的断然入侵是对中国国家主权的不断侵犯。因此,国民政府对于中国捕鱼利益集团的上诉是非常重视的。当外交部向日本外交代表提出抗议时,日本却坚持他们的立场,宣称他们的拖网渔船仅仅是在公海捕鱼,并没有伤害中国渔船。[①] 作为回应,中国的海军部和农矿部派遣人员重新界定国家的三海里领海边界。这样,中国政府相信能够反驳日本领事的他们的船舰仅仅是在公海捕鱼的说辞。[②]

在与日本渔业的竞争中,国民政府在处理时所采取的举措再一次招致中国渔业经营者的不满。特别是上海总商会的抗议非常强烈,总商会的理事黄延芳在上海拥有八家渔行。[③] 总商会提醒南京当局,领海事务导致了海牙会议上仍然悬而未决的分歧。负责划分中国领海的海军部相信根据中国地理上的三海里规则,足够划分海洋主权的界线,但是总商会强调遵守三海里规则不能防止日本入侵中国的渔业领地。因此,总商会极力主张海军部就此深思熟虑。[④] 中国渔业经营者借助呼吁,力劝中国政府利用国际法的模糊性保护他们对近海渔场的所有权。

上海总商会的理由引起了国民政府实业部领导人孔祥熙的共鸣。渔牧司的专家也持坚定立场,反对日本捕鱼船只。1931 年 4 月,孔祥熙参加了上海渔业改进宣传会,会上他就中国渔业事业做了一个演讲,详述了他的提案。孔祥熙的所有提议在以后的长时间内被中国渔业专家所提倡。孔祥熙的提议有:为国内渔业经营者减免税务,包括 25 万元津贴的税款减免,这鼓励了近海捕鱼和官方组织的渔业保护安排;50 万元的税务减免是为了资助中央渔业实验站,以及用于政府干预工作,后者

---

① 《浙东渔民代表史仁航等代电》n. d,中央研究院近史所档案馆。
② 《东方杂志》,1930 年 9 月 10 日,8 - 10;1930 年 2 月 25 日,3 - 5;亦见于董霖:《中国与国际公法》,9。
③ 黄振世:《旧上海的渔史》,249 - 255;李瑊:《上海的宁波人》,369 - 370。
④ 《工商部咨》,1930 年 11 月 25 日,中央研究院近史所档案馆,17 - 27,6 - 1。

意在保护中国渔民抵御日本船只的入侵。①

为了应对来自渔业经营者和他们政界同僚的压力,1931年初,中国国民大会提出主张,将国家的领海延伸至12海里。② 海军部警告国民政府,中国的外交形势需要更加保守的姿态:国际大会设置领海为三海里,中国刚刚进入国际组织,当然不能增加领海至三海里以外。③ 财政部想要设定中国缉私界线至12海里(可以接受的国际惯例),海军部认为这实际是领海范围外的行政权。4月末,按照海军部、外交部、内务部的审议,国民政府设定中国领海界线为三海里,设定邻近的缉私区为12海里。④

然而,很快就清楚的是,简单划分国家的领海并不能限制日本船舰进入舟山群岛附近的渔场。应孔祥熙的要求,外交部要求日本领事禁止所有日本船舰逾越中国海上边界。日本的代办做出回应,指出渔场并不在毗邻长江口的地方,中日船只都在离岸50—100海里处捕鱼,所以,从未有过日本在中国领海的浙江和江苏沿海海域捕鱼的情况。⑤ 确实,之后中国的调查揭示了日本机械化捕鱼船的工具不能被用于少于离岸15海里的水中,这使得他们不可能在离岸三海里的领海内捕鱼。⑥

---

① 渔业专家和江苏国民党部组织安排的事件唤起了改革和发展江苏渔业的支持,见《水产学报》1,no.1[1931]:122-123。亦见于李士豪、屈若搴:《中国渔业史》,88-90。关于孔祥熙试图获得官方财政支持以资助中国实业发展的计划,见 Donald A. Jordan, *Chinese Boycotts Versvs Japanese Bombs: The Failure of China's Revolutionary Diplomacy*, 1931-1932, 5, 57-59,69,331。

② 《行政院指令》,1931年2月27日;《行政院训令》,1931年2月18日;《规定领海界限草案》,1931年4月,收录于《重划我国领海界限及缉私问题全案抄》,台湾国史馆,127-1393。与中国领海相关的文件副本亦见于台湾国史馆,062-838。

③ 《行政院训令》,1931年4月28日,台湾国史馆,127-1393。亦见于《水产学报》,1,no.1(1931):127。

④ 《行政院训令》,1931年4月28日,台湾国史馆,127-1393。

⑤ 《日代办原函译文》,1931年2月17日,中央研究院近史所档案馆,17-27,6-1。

⑥ 《以中国海港为根据地之日本拖网船从事远洋渔业之现状》,中央研究院近史所档案馆,17-27,7-1。关于后来中国报道证实这一竞争的相关情况,见《护渔办事处呈》,1934年11月22日,中央研究院近史所档案馆,17-27,6-1。

事实是,随着沿岸渔场的鱼群利润的减少,中国船民早已将目光投向了三海里界线以外的水域,以寻求更加多产的渔场。当日本捕鱼船开始与中国船只为中国沿海的黄鱼竞争时,中国的渔业经营者则通过宣传日本人进入中国领海,侵犯了国家主权,因而获得中国政府的支持。事实上,即使是国际海洋法中对领海一词做出最宽松的解释,也不能证明中国领海扩张到包括这些有争议的近海渔场是合理的。

意识到这一困难后,孔祥熙转而求助于一个非直接策略,以阻止日本捕鱼船竞争舟山群岛的海洋资源。1936 年 2 月,在国民大会之前,孔祥熙带来了解决方案,通过防止日本在浙江和江苏沿海的捕鱼活动以保护主权和支持捕鱼业。大会决议清楚地确认,根据国际法,日本渔船不能侵入中国领海:

> 惟渔船捕鱼远在领海之外,若为防止外船侵渔,仅恃划定领海,仍属无济于事。因领海界线学说不一。而普通均以国界最外岛屿低潮水线推出三海里为准。在此近岸范围内,鱼类极少,我国旧式渔船多远在四五十海里至数百海里处捕鱼,亦即任何国船可以入渔之处。①

孔祥熙没有重新界定中国的领海,取而代之的是,他提出了另一个计划,用以限制日本船舰与中国企业竞争的能力。首先,外交部将会知会日本领事,因为中国和日本没有签署正式捕鱼的条约,日本捕鱼船不能进入中国港口。第二,财政部将命令海关官员,禁止任何日本船舰携带渔品进入中国港口,除非是正规的商船,但需支付所需的关税。最后,孔祥熙指出财政部已经颁布规章,禁止 100 吨以下的船只在中日港口间通过,以防走私。这样一来,由于所有在上海捕鱼的日本船只都在最低

---

① 《实业部长孔祥熙提案议》,1931 年 2 月 19 日,中央研究院近史所档案馆,17 - 27,6 - 1;李士豪、屈若骞:《中国渔业史》,206。

吨位以下,海关官员可以凭借这一规章作为命令日本渔船离港的理由。[1]

1931 年 2 月 26 日,第十四届国民大会通过了孔祥熙的决议。[2] 为了进一步保护中国的渔业生产者,同时抵御外国渔业产品的进口,3 月 28 日,国民政府免除了国内所有的渔业税和鱼税。这一政策一旦实施,就像两国关税协定中所规定的那样,中国海关将会对停靠在港口的日本船只征收每斤鱼四元五角的关税,而中国的渔品不在征税之列。[3] 考虑到国民政府对收入的渴望,这一税收的减免对于渔业而言,已是一场巨大的胜利。

国内方面,渔业税和鱼税的免征切断了江浙渔业事务局的主要资金来源。为了应对这一改变,之前接管江浙渔会的渔业公所试图重申他们对渔船收费的权利。公所领导人为了组织自卫护航队,要求国民政府批准收回渔业事务局的蒸汽船。渔业公所指出,渔业事务局不再拥有任何资金支持这些巡航船,但是日本入侵和海盗威胁使其保护工作比以往更为重要,中央政府应允许渔业公所筹集资金,实现自卫活动。中央政府拒绝了这一要求,决定将江浙渔业事务局及其蒸汽船置于实业部(已经取代工商部)的控制之下。从这时起,江浙渔业事务局被更名为江浙渔业管理局。[4]

国际方面,对外国渔船的限制导致了日本外交代表的抗议,他们支持本国的渔船拥有在中国沿海附近渔场捕鱼的权利。虽然中国政府宣称其制定这些关税措施是为了防止走私行为,但是限制并不适用于参与这些非法活动的中国捕鱼船只。因为限制既没有处理在中国珠三角航

---

①《实业部长孔祥熙提案议》,1931 年 2 月 19 日,中央研究院近史所档案馆,17 - 27,6 - 1;李士豪、屈若骞:《中国渔业史》,207 - 208。

②《行政院令》,1931 年 2 月 26 日,中央研究院近史所档案馆,17 - 27,6 - 1。

③ 李士豪、屈若骞:《中国渔业史》,53 - 54,209。

④《国民政府文官处为渔商胡杨氏与行政院往来函》,1931 年 4 月,9—12,收录于中国第二历史档案馆:《中华民国史档案资料汇编》,卷 5,1,7;649 - 652。

行的船只,也没有处理在臭名昭著的走私中心香港和澳门航行的船只,考虑到这些疏漏,就像日本人指出的那样,限制没有达到中国政府所谓的防止走私的目的。

除了质疑国民政府关税措施的合理性,日本外交代表还挑战了中方所说的日本捕鱼舰对中国渔业经营者构成真正威胁的观点。据日方之说,参与这种捕鱼的日本机动拖网渔船,从未被怀疑走私。而且,他们与中国渔民通力合作,共同开发靠近中国的几乎是取之不尽的渔场,以供应中国市场。他们并不想要垄断这些渔场。日本人认为,虽然拥有中国海岸附近的无限渔业资源,但是中国市场的渔品供应已经无法满足日益增长的需要,设限不仅给日本人带来损失,也伤害了中国的渔商和消费者。因为中国自己没有能力完全开发这些"取之不尽"的资源,所以日本船舰也应该拥有开发它们的权利。

而且,就像日本领事提醒外交部的那样,中国的海关政策违反了条约规定,条约规定外国船只可以自由运送货物往来于特定的中国港口。因此,政策制定了非法交易限制,阻止了外国船只将在公海捕捞的鱼带往像上海这样的通商口岸。[1] 特别是日本控制下的青岛和满洲里的关东租借地安东,强烈反对国民政府的政策,这些地方采取的限制政策威胁了日本的渔业经营者。[2]

日本领事的反对也引发了国民政府最高层之间的论战。财政部宋子文质疑限制政策的合理性,此举本意在防止走私,使日本船只无法在邻近公海的中国港口卸货。[3] 经过旷日持久的有关关税税率的磋商之

---

[1]《日本公使馆节略》,1931 年 3 月 13 日,台湾国史馆,172 - 1,3174。亦见于《以中国海港为根据地之日本曳网船从事远洋渔业之现状》,中央研究院近史所档案馆,17 - 27,7 - 1。

[2]《财政部秘咨》,1931 年 4 月 16 日,1931 年 4 月 4 日,1931 年 4 月 24 日,中央研究院近史所档案馆,17 - 27,7 - 1。

[3]《财政部代电》,1931 年 3 月 2 日;《财政部秘咨》,1931 年 4 月 27 日,中央研究院近史所档案馆,17 - 27,7 - 1。

后,1931 年 5 月 30 日,日本同意给予中国关税的自主权。[①] 从财政部的角度看,孔祥熙处理中国与日本间渔业纠纷的做法威胁到了脆弱的贸易协定。而中国与日本之间因东北问题而加剧的摩擦是财政部产生疑虑的又一个原因。[②] 1928 年,日本关东军的军官精心安排了刺杀东北军阀张作霖的活动,反映出关东军对 20 世纪 30 年代早期中国运动的报复,目的在于收回日本原先在这些地区的特权。[③] 随着中日关系日渐紧张,安东和东北其他港口的海关人员明确提出,如果日本为了卸载渔货诉诸武力,海事人员将不能强制执行孔祥熙提出的限制政策。[④]

孔祥熙的实业部和宋子文的财政部在处理与日本的渔业纠纷时不同的表现,源于他们迥异的官僚主义的优先考虑。与孔祥熙渴望借用政府力量支持民族工业相比,宋子文则支持获取更多的税收,以偿清国民政府的外债以及满足军用开支。[⑤] 由于国民政府免除了渔业税和鱼税,将江浙渔业管理局置于实业部之下,而财政部又几乎没有从对日本渔船执行的有争议的限制中获取收益,所以,从财政部的角度看,对于日本渔货进口的限制只会减少财政部从关税中获取的收入。正因为如此,财政部提出推迟执行海关措施,同时寻求中日渔业争端的外交解决方案。负责处理日本领事抗议的外交部支持宋子文的这一谨慎立场。[⑥] 1931 年 5 月,实业部同意推迟对外国捕鱼船只实施的限制。[⑦]

① 1930 年,日本最终同意关税自治,它这么做是基于中国海关收据的 500 万银元将被取消以偿付外债,以及日本进口的某些商品类别将会被征收关税。见入江昭《全球模式中的中国与日本》,56 - 59。日本进口的渔业产品遭遇低关税商品,见李士豪、屈若骞《中国渔业史》,182 - 183。

② 入江昭:《帝国主义之后:对远东新秩序的追求,1921—1931》,289 - 293。

③ 柯博文:《面对日本:1931—1937 年中国的政治与日本帝国主义》,22;入江昭:《全球模式中的中国与日本》,51。

④《财政部代电》,1931 年 4 月 27 日,中央研究院近史所档案馆,17 - 27,7 - 1。

⑤ 关于实业部与财政部之间的派系争斗,见 Donald A. Jordan, *Chinese Boycotts Versus Japanese Bombs: The Failure of China's Revolutionary Diplomacy*, 1931 - 1932,53 - 54。

⑥《外交部咨》,1931 年 4 月 30 日,中央研究院近史所档案馆,17 - 27,7 - 1。

⑦《实业部咨》,1931 年 5 月 6 日,中央研究院近史所档案馆,17 - 27,7 - 1;《六月午前(廿日)十时在外交部开会》,1931 年 6 月 20,台湾国史馆,172 - 1,3174。

因关税限制搁置了,实业部又转而求助于另一种可以确保日本捕鱼船只离开中国港口的方法。实业部要求财政部让海关扣留所有未曾按照渔业法的要求登记注册而获得中国政府许可的外国船只。财政部拒绝实施这些措施,坚称,中国不能强迫外国船只根据国内立法登记注册。① 最终,孔祥熙让步,做出只要日本船舰通过海关,它们就可以进入中国港口的决定。② 至此,除了具有特殊条件的港口,比如安东外,财政部对日本捕鱼船统一实施了关税限制。③

国民政府在经此妥协后,1931 年 8 月末最终实施了它的关税限制。这一做法阻止了日本捕鱼船进入上海港口,④但是未能阻止日本船只在舟山沿海捕捞黄鱼和其他鱼类。许多日本船舰将在浙江和江苏沿海附近捕获的渔获卸载在日本控制下的大连和青岛港口,在那里,中国商人将鲜鱼放入冷藏货柜,再转运上海投售。还有一些日本船舰仅仅借用了中国的旗帜。到了 1932 年初淞沪会战后,日本船舰更容易绕开障碍。在此期间,因为 1931 年"九一八"事变后在中国的日本平民被暴力侵害,日本以武力报复。⑤ 上海战役期间,日本渔轮抓住机会,在上海港口卸载他们的渔获,而且没有受到来自中国海关官员的任何阻碍。⑥ 就像江苏省政府在 1934 年的一份报告中所言,日本捕鱼蒸汽船已经从上海消失,但是他们在中国领海里捕鱼,秘密地倾销,一天也没有停止。⑦ 最终,日本的外交地位和军事优势使中国政府无法限制日本捕鱼船对舟

---

① 《财政部代电》,1931 年 6 月 20 日,1931 年 8 月 7 日,中央研究院近史所档案馆,17 - 27,6 - 2。

② 《渔牧司备忘录》,1931 年 8 月 11 日,中央研究院近史所档案馆,17 - 27,6 - 2。

③ 《渔牧司呈》,1931 年 8 月 3 日,中央研究院近史所档案馆,17 - 27,6 - 2。

④ 《上海市政府咨》,1934 年 12 月 1 日,中央研究院近史所档案馆,17 - 27,6 - 1。亦见于李士豪、屈若骞:《中国渔业史》,109。

⑤ 关于淞沪会战,见柯博文《面对日本:1931—1937 年中国的政治与日本帝国主义》,39 - 50; Donald A. Jordan, *Chinese Boycotts Versus Japanese Bombs: The Failure of China's Revolutionary Diplomacy*, 1931 - 1932,第十八章。

⑥ 《上海市政府咨》,1934 年 12 月 1 日,中央研究院近史所档案馆,17 - 27,6 - 1。

⑦ 《江苏省政府咨》,1934 年 11 月 14 日,中央研究院近史所档案馆,17 - 27,6 - 1。

山渔场的侵入。

环境后果

截至 20 世纪 30 年代,中日双方渔业活动的共同需求导致舟山黄鱼渔场的生产力明显下降。虽然日本拖网渔船是产生这些压力的主要原因,但是中国渔民也是压力的来源之一。花鸟山和佘山岛首次引起关注是在 20 世纪 20 年代,而早在 1934 年,其渔获量就显示出不断衰减的迹象。[①] 1936 年开展的一项调查显示:在舟山黄鱼和其他渔场,中国渔民张网捕捞的鱼群体长已经下降到市场理想的尺寸之下。[②] 为数很少的中国拖网渔船企业于 20 世纪 30 年代在上海设立,它们与日本渔船的竞争结果导致了更大的生态压力,这是因为它们与传统的中国捕鱼船及机械化日本船舰一样在相同的海域捕鱼。[③] 面对日本人持续的竞争,中国渔业经营者在鱼类消失之前也是尽可能地捕捞渔获,丝毫没有考虑到对资源的保护。

20 世纪 30 年代,一个中国渔业专家观察了中国东海黄鱼渔场并指出,过去认为是大型的鱼群现已减少,过去认为是中小体长的鱼现在被看作大鱼。体长的减小对于数量减少而言是其前奏,因此他认为前景也不太乐观。[④] 随着中国东海、黄海渔场的产量下降,日本捕鱼船在 1935 年左右继续开发中国南海的渔场。[⑤] 浙江和江苏的中国渔民缺乏必要的机械化技术前往远洋,于是继续坚持,努力从不断下降的资源中获取更多。

---

① 吴醒亚:《民国二十一年上海市渔轮回顾》,31,33 - 34。
② 林书颜等:《浙江张网影响鱼类繁殖研究》,29 - 44。
③ 曹元炜:《苏省外海旧式渔业志》,9;吴醒亚:《民国二十一年上海市渔轮回顾》,34。1934 年,
　 18 家由中国人管理的渔业企业操控了上海 31 艘拖网渔船,见《上海市年鉴》,17:42 - 44。
④ 张宝树:《中国渔业》,194。
⑤ 冈本信男:《近代渔业发展史》,375 - 376。

然而,一些同时代的人却用不同的措辞解释了这些改变。20 世纪 30 年代早期,中国渔业专家姚咏平将岱山岛不断下降的渔获量归因于海洋环境的不可预测性和渔民的无知。[1]

> 鱼群随潮流而至,潮流又随海洋的状态而变迁。岱山附近的海岸,涨落之态甚大。则潮流早有变迁,鱼群早易路径,自不待言。然我国渔夫,未受教育,焉知此理。一次发现的渔场,历数十百年而不更,无怪渔获量日益少。从事渔业者日益减。[2]

姚咏平的叙述明显地忽视了这样的事实:19 世纪末以来中国渔民已稳步地向远离海岸的水域迁移。姚咏平反而声称甚至在洋流的变化改变鱼群的位置之后,渔民仍然年年关注同样的渔场。渔民的所谓无知和保守证明了专家的介入是必要的。至少在姚咏平看来,如果专家学者帮助渔民发现更多高产的渔场,滥捕滥捞就不再是问题。为了维持产量,国家需要建立渔业实验站调查海洋条件,派遣蒸汽船和飞机以找出鱼群,并向渔民报告它们的地理位置。[3]

然而,通过强调利用技术手段解决鱼群匮乏的问题这一手段忽视了地方纠纷的加剧是源自海洋环境变化的事实。由于鱼群不断锐减下的持续竞争,迫使不同原籍帮派的渔民转而诉诸暴力,以获得他人手中稀少的资源。1934 年的一份报纸刊登了一篇关于岱山渔场的文章,文章指出:近年来,鱼汛期的争端很难避免,只是规模大小的问题。军人、警察、海岸巡逻队员和民兵团在鱼汛期日夜巡逻,防止暴力发生和维护秩序。[4] 1935 年 10 月,当戏曲在一间寺庙上演时,奉化与象山东门帮间的长期敌意爆发了。渔民们拿起为长期对抗而准备的武器,这引起了地方民众的恐慌。警察机关终止了戏曲,命令因害怕而关门的商店重新开

---

① 姚咏平,江苏人,毕业于江苏省立水产学校,之后在日本学习,后在浙江省立水产学校担任指导老师。见《会员录》,《中华民国水产学会会报》[1934],107。

②③ 姚咏平:《岱山水产之调查》,14。

④《定海周报》,1934 年 6 月 6 日,2。

业。地方政府一直期望渔帮或渔业公所的精英领导人去处理地方争端,官员在岱山岛警局召集了每一个渔帮的公所理事,令他们防止进一步的骚乱。[1]

然而,有实例显示,渔业公所很难解决出现在同乡会旗帜下的渔民帮派之间的争端。1936 年 7 月,因为义和公所不能处理奉化县不同帮派渔民间的不和,地方警察机关不得不实施戒严以结束争斗,结果导致一死几伤。[2] 虽然民间渔业团体依赖的规章确保了和平开发舟山渔场,而且曾经抑制了地方斗争,但是,截至 20 世纪 30 年代,对不断减少的"公共池塘"资源的竞争将这些制度安排置于可能失败的境地。

本章小结

从 20 世纪 20 年代中期开始,中国渔民对舟山渔场的持续扩张和日本捕鱼船对中国东海和黄海鱼群的过度开发,都使得他们加入到近海渔场的竞争之中。20 世纪早期,中日双方的捕鱼船通过寻觅,迁移到全新的、未经开发的生态领域,从而克服了鱼群资源耗尽的问题。主要的区别在于,与中国这个对手相比,经济发展、技术进步和帝国主义的扩张本质上赋予了日本生产者在更大的层面上对生态造成严重破坏。

毋庸置疑,高科技船舶与非机械化船只进入更远渔场所产生的冲突是由于近海鱼群数量的下降,即使竞争者来自同一个国家,也不能避免。这一现象解释了日本的传统渔民与日本机械化拖网渔船于 20 世纪早期在日本沿海海域发生纠纷的原因。日本政府通过立法,确保现代技术下的生态负担向他国转移,从而处理了国内纠纷。20 世纪 20 年代,在中国东海海域的高附加值鱼类资源走向枯竭后,日本的机械化船只有将目光

---

[1]《定海周报》,1934 年 10 月 16 日,2。
[2]《定海周报》,1936 年 7 月 2 日,2。

投向舟山海域的黄鱼群。同时,中国渔业经营者利用更大的船只和更好的渔具在远超中国三海里领海以外的海域里探险。中日之间的渔业纠纷反映了中国捕鱼业对近海渔场的依赖程度增加,中国近海渔场遭到日本渔船入侵次数也在增多。

考虑到20世纪20年代晚期和30年代早期以冲突为特征的中日关系,所以,渔业纠纷是通过对抗而不是妥协加以解决并不令人吃惊。20世纪30年代早期,中国国民政府将捕鱼权的问题看作其以更大的决心面对外国威胁、维护中国主权的一个方面。然而,南京政府又不愿意冒着被日本人报复的危险——通过打破国际法中普遍界定的领海,从而达到这一目的。孔祥熙在努力中显示了他巨大的独创性,他借助关税政策绕开了国际限制,意图阻止日本船舰在中国港口卸载渔货。但是,日本政府有能力经由外交压力支持自己的渔业经营者,军事力量的威胁扼杀了中国所有试图将外国拖网渔船驱逐出舟山海域的举动。民国时期,中日间普遍存在的悬殊的实力关系决定了中国不可能由自己的渔船频繁地将日本船舰驱逐出近海海域。在这样的条件下,中国渔民尽可能地争抢渔获,以免渔获落入日本人的网中。

然而,将舟山地区黄鱼群数量的减少归因于日本的入侵仅仅是真相的一部分。完整的真相是:中国政府寻求将日本渔船排除出中国的领海并非出于对鱼类资源的关心,而是中国政府寻求限制外国渔船进入海洋渔场,以确保中国渔业未来发展的可持续性。虽然日本船舰对鱼群提出了更高的要求,但中国政府的渔业机构及其支持者也依然主张更有效地开发海洋环境,增加国内渔业生产的措施,因此,改革的呼声几乎没有得到落实。如果这些开发计划得以实施,国家行为体——包括渴望财政支持的渔业专家——都会获得更多资金来源。所以,加强控制舟山渔场税收的动力只是近代中国政府努力从社会各阶层取得财源而毫不关心环境后果的一个例子。

20世纪20年代期间,为控制舟山渔场的国内竞争,矛盾不仅发生在同乡组织之间,他们寻求维护特别生态片区的专有权;也发生在充满竞争性的官僚机构中,他们寻求从海洋环境的开发中获得更多收入。如同下一章所展示的那样,这些舟山渔场管理中重叠的机构加剧了对立的同乡组织之间的斗争,斗争在 20 世纪 30 年代爆发。

第五章　乌贼网捕笼捕之争

随着日本机械化捕鱼船对黄鱼群施加压力,国内局势的发展进一步动摇了渔业团体的社会管理制度。因为这一制度的存在,曾使因激烈争夺舟山渔场而产生的争斗趋于淡化。从清朝末期开始,渔民的地方团体之间开始对捕鱼区域的专有权做出了明确的划分,同时要求根据渔民团体的使用情况制定规则;当控制稀缺资源的矛盾屈服于争斗的时候,渔业公所的头面人物就会出面干预、调停、维持治安,防止因暴力争端而造成的利益损失。然而,到了20世纪二三十年代早期,由于长期的环境变化,由于社会经济条件的千变万化,原有的制度安排逐渐失去了稳定性。1932—1934年间,来自浙江不同地区、同在舟山海域捕鱼的渔民间积聚已久的矛盾爆发,当地的法规形式完全不能解决这些纠纷。随着暴力升级,来自中央政府和地方政府的专家以一个自以为理性、科学的解决方案加以干预,不料,他们的介入仅仅导致争端升级,这是因为渔业管理者们还要让步于以税收为目的的官僚斗争。

乌贼的生态情况

冬天的乌贼总是在相对深层的海域游弋,但到春天和初夏时则洄游至舟山附近的近岸水域产卵。[1] 尽管这里是乌贼的聚集之地,但是近岸水域对于日本的机械化拖网渔船而言海水过浅,所以,只有挂帆的中国渔船为了乌贼而在这里捕捞。每年春天,乌贼的洄游吸引着宁波的渔民向北前往岛屿附近的渔场。19 世纪 80 年代,一位美国领事在宁波宣称:"一个最重要的、可能最有利可图的地区产业就是螟蜅或是乌贼贸易。"[2]根据这位领事的估计,14 000 艘渔船在鱼汛时期加入进来。在这些渔船中,有 12 000 艘来自宁波及其周边地区,另外 2 000 艘来自沿海的小村庄和舟山的各个岛屿。大约 84 000 个渔民主要来自农民,农民在鱼汛期间因参与捕捞可以获得 8—20 美元的报酬。[3] 20 世纪早期,另一位外国观察家回忆:从 4 月到 6 月,"沈家门和宁波数千艘捕鱼船在黄鱼季'入侵'嵊泗列岛"。当这一短暂时期结束,"旅居渔民和脏乱差的环境一同消失,只有其中的少数渔民留了下来"。[4]

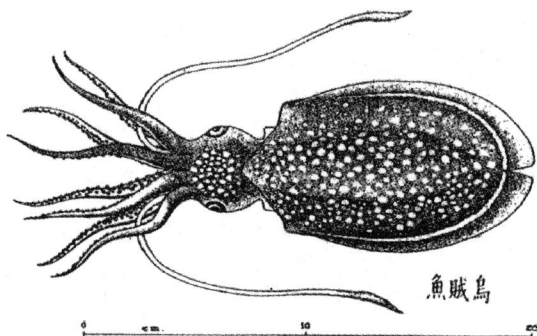

图 9　乌贼鱼。资料来源:Read,common Food fishes of Shanghai

　　和舟山海域捕鱼的其他部门一样,捕捞乌贼群的渔民团体是根据同乡隶属关系和特殊技术对渔业资源区域进行划分的。大多数的拖网渔

---

① 郭振民:《嵊泗渔业史话》,91 - 92;《舟山渔志》编写组:《舟山渔志》,59。
② 托马斯・F. 佩特斯:《宁波的乌贼贸易》,550。
③ 同上书,551。
④ 夏士德:《中国的浮动人口:江海的船民及船只》,24。

民来自鄞县姜山,他们对枸杞山、嵊山、花鸟山和绿华山附近的海域提出了所有权。嵊泗列岛的常住人口通常用照网捕鱼,这是利用了乌贼的趋光性。在这些地方他们能够将渔具嵌入深入海洋的岩礁。而来自镇海县的季节性渔民和来自宁波地区的渔民,已定居在黄龙岛和泗礁岛,他们用张网捕鱼。这两处的海底没有太多的岩石,所以这些同乡组织使用了适合不同环境下的技术生态位。当围绕乌贼的竞争升级成为争斗时,渔业公所就会出面调解,力图化解矛盾,消弭争端,将可能产生的争斗化解至最小。[①]

嵊泗列岛与江苏方面的渔业管理计划

截至 20 世纪 30 年代初期,地方渔业公所与渔业管理机构并立,后者是地方政府在嵊泗列岛建立的。最具影响力的渔业机关的出现针对的是日本不断增加的对中国近海渔场的争夺。这样一来就推动了江苏省贯彻落实改革和开发地方捕鱼业的政策。计划的目的是为了加强江苏省的渔业,反映了当时中国渔业专家长期开发的目标。[②] 江苏省渔业改革项目要求扩大可用的资源基地,为了实现这一目标,他们搜索新渔场,提高新式工具的利用,为赴公海捕鱼的渔船提供奖励,以及开展水产业的研究。江苏渔业管理机构要求通过限制筛目太细的张网,为其他种

图像 10　乌贼鱼干。行政院善后救济总署拍摄,第四箱,1818号,胡佛档案馆

---

① 《定海县志》,5.2a－3a;曹尔炜:《苏省外海旧式渔业志》,2－6。

② 中华民国水产学会的成员建议江苏省政府形成自己的渔业政策,并且参加 1928 年 10 月召开的江苏省农政会议。见《会务经过概况》,2,收录于《中华民国水产学会会报》(1934),上海市档案馆,Y4－1－225。

类的捕捞工具设置标准,从而防止海洋资源浪费和低效利用海洋资源。①

作为渔业改革倡议的一部分,1930年省政府还在嵊山设立了江苏省立渔业试验场。王文泰被委任为指导。张柱尊(另一位曾在日本接受过培训的渔业专家)则负责海洋环境的调查。② 江苏省渔业试验场隶属于渔业指导所,渔业指导所的成立旨在实施地方层面的改进。1931年夏,渔业指导所在嵊山开设,渔业专家王文泰成为其所长。③ 渔业指导所的第一个任务就是负责调查嵊泗列岛的渔民人口,此调查有赖于江苏水警局协助编纂户籍的工作。④ 通过对嵊泗列岛的人口登记,渔业指导所可以使江苏方面从渔业经营者处获得额外的税收收入。

根据国民政府的渔会法,位于嵊泗列岛的渔业指导所,其管理单位与江苏省的崇明县合作,建立由国家批准的渔业组织。1932年1月,指导所的王廉生与崇明县国民党党部主席和崇明县渔会负责人合作,成立崇明县渔会嵊山分会。⑤ 如同民国时期中国政府为控制地方社会做出的许多举动一样,嵊泗列岛的这些渔业管理方面的倡议,也要依赖地方有影响的精英出面支持。杨友才,崇明人,1906年曾被任命为崇明总柱首,以嵊山分会理事的身份出任该职。⑥ 凌鹏程,也是崇明人,曾在其他县的教育机构担任职务,回乡后以渔会分会理事和渔业指导所指导员的身份

---

① 冈野一朗:《支那新政府的水产制作》,15 - 19。
② 全国水产术学机关概况,见《中华民国水产学会会报》(1934):81 - 82,上海市档案馆,Y4 - 1 - 225。亦见于郭振民:《嵊泗渔业史话》,317 - 321。张柱尊,江苏人,毕业于江苏省立水产学校,然后在日本学习,后在浙江省立水产学校担任指导老师。见《会员录》,《中华民国水产学会会报》(1934),107,上海市档案馆,Y4 - 1 - 225。
③ 王廉生是江苏人,他毕业于直隶省立水产学校,20世纪20年代在海州渔业试验场担任技师。见《会员录》,《中华民国水产学会会报》(1934),107,上海市档案馆,Y4 - 1 - 225。
④ 《全国水产术学机关概况》,《中华民国水产学会会报》(1934):84 - 85,上海市档案馆,Y4 -1 - 225。
⑤ 郭振民:《嵊泗渔业史话》,308 - 309。
⑥ 同上书,7。

服务于家乡。①

乌贼笼捕

20世纪30年代早期,舟山地区新的捕鱼技术出现,它对于非官方的规章制度而言是无法预料的挑战。民国时期,最早使用笼捕乌贼的活动源自广东省和福建省,向北延伸至浙江省南部的温州和台州地区。这种捕鱼技术利用了乌贼在水生植物掩蔽下到珊瑚上产卵的习性,而竹制工具极易被乌贼误作水生植物而贸然闯入,结果乌贼被困笼中。

以笼捕乌贼与传统的网捕乌贼的方式相比,有两大优点:一是乌贼笼捕对本金的要求相对低廉,却能带来丰厚的回报。平均而言,渔民使用渔网在一个汛期内可以获得价值80元的乌贼产量,而使用乌贼笼可捕获价值125元的乌贼。② 二是笼捕乌贼与网捕乌贼相比,在恶劣的天气条件下进行作业更为顺利,这可以使在大风和洋流天气中失去渔获的危险性降到最低。对于温州和台州常年务农和春天、初夏在家乡海域采捕乌贼的家庭而言,这些优势使得乌贼笼捕成为有利可图的副业。

使用乌贼笼的渔民数量从1930年开始增多,同一时间舟山群岛一带的温州渔民因为利用这一工具收获了大量的渔获。③ 到1931年,乌贼笼捕甚至掀起了一个更大的浪潮,随着浙江南部的洪水泛滥,许多农民的日常生计被剥夺,于是沿海家庭转而将捕捞乌贼当作一种可以替代的副业。④ 在越来越多使用乌贼笼捕的渔民涌入温州和台州的渔场后,许

---

① 陆养浩:《辟浙省"宁波""奉化""定海"沪同乡会请划嵊泗列岛归浙说》,2。
② 台州乌贼笼捕鱼民的捕获量一般而言比那些从温州前来的乌贼笼捕鱼民的捕获量要高。这是因为台州人垄断了最佳的捕鱼点,并且使用竹编乌贼笼,通过反光吸引乌贼前来。见《中国实业志》,浙江省,第五章第二部分,16－17。
③《舟山群岛之渔场》,12。
④ 浙江省水利局:《浙江省水利局总报告》,1:104－6,126。关于浙江1931年的洪水,见周可宝、卢永龙《二十年浙江省之水灾》。

多人在汛期一开始便租借蒸汽船向北航行,前往江苏南部沿海的嵊泗列岛捕鱼。[①] 来自台州和温州旅居的笼捕渔民在岛上作为暂住人口建造起竹草棚,汛期一结束即刻返乡。[②]

图像 11　乌贼笼。资料来源:李士豪和屈若骞,《中国渔业史》

　　尽管采用乌贼笼在经济上具有优势,然而,这种工具的使用对乌贼群却具有巨大的危害性。因为被捕获之时也是乌贼产卵之时,导致乌贼卵被粘在乌贼笼的两侧。许多渔民将乌贼笼拉出水面后,仅仅野蛮地剥去乌贼卵。这一行为不仅破坏了乌贼卵,而且也阻止了乌贼卵孵化成鱼的机会。因为大量使用乌贼笼这种捕鱼工具,造成乌贼卵根本没有机会成熟,渔民因此面临着乌贼数量减少的威胁。[③] 然而,长期保护乌贼鱼群对于温州和台州移民而言已非题中之意,因为对于这些移民而言,春荒时节从乌贼笼捕中所获利润是一项广受欢迎的额外收入。

　　当然,网捕乌贼对舟山的海洋生态系统也产生了相当大的冲击。如前所述,因为利用张网捕获了大量幼鱼,导致鱼群数量的衰竭。关于大

---

① 姚焕洲:《舟山群岛乌贼生息及网捕与笼捕之得失》,41－42。
② 《江浙沿海之乌贼渔场及渔民生活》,83;姚焕洲:《舟山群岛乌贼生息及网捕与笼捕之得失》,40。
③ 《中国农业百科全书》,第二卷,306－307。

规模捕捉小黄鱼以肥料的形式卖出,20世纪30年代早期的一位渔业专家就曾警告:如果这类状况持续下去,在未来的几十年里,大黄鱼可能"绝迹于海洋"。[①] 所以,没有证据表明:对网捕鱼民制定的法规做出了限制渔获量的规定。[②] 根据1935年嵊泗列岛张网捕鱼的一项调查:

> 是项营业本重利轻,经营已属不易,且因历年相传之恶习,渔夫多自行打桩,渔户不得过关,是以各渔户多亏折,渐趋衰落。[③]

由于没有规则限制捕鱼活动,导致经济活动的回报在不断下降。20世纪30年代中期,嵊泗列岛上张网渔船的数量与19世纪90年代相比,下降了百分之八九十。[④]随着生产率下降、损耗率上升,许多渔民离开这些岛屿的周边海域,前往更为有利可图的渔场使用张网捕鱼。[⑤] 从这一角度出发,乌贼笼捕为不间断的环境变化带来了一个新因素。

渔场管理中出现的是与非

以乌贼笼为工具的渔民不是唯一对乌贼资源带来压力的群体,但是他们在舟山渔场的到来却造成了网捕鱼船渔获量的减少。随着这两种工具的使用者开始寻求特权支持,在争取得到"公共池塘"资源的同时要求限制他们的对手,于是,紧张的局势很快形成。随着对来自温州和台州的渔民敌意的增加,网捕鱼民和他们的地方精英资助人要求政府限制乌贼笼捕。最初的提议来自浙江鄞县的永泰渔业公所,他们告知江苏省政府乌贼笼捕对乌贼繁衍具有不良影响,并恳请其下达禁令。

1930年春,江苏省农矿厅向国民政府实业部请愿,要求依照渔业法

---

① 姚咏平:《改进浙江大黄鱼渔业及制造业之意见》,16。
② 加里·利贝卡普《产权契约》第87页注释说:"大多数的私人团体控制了渔场资源,这一情况属实。"
③④ 曹尔炜:《苏省外海旧式渔业志》,7。
⑤ 郭振民:《嵊泗渔业史话》,117。

禁止笼捕乌贼,这让官方出面禁止破坏鱼群繁殖有了最好的理由。在征得实业部同意之后,江苏方面颁布命令,认定使用这一新式的捕鱼工具属于违法行为。此时的中央政府江浙渔业事务局,虽然仍旧隶属财政部,但同样认可禁令。[①] 1931 年春,永泰公所恳请浙江省建设厅仿效江苏的做法,强迫使用乌贼笼工具的渔民改为渔网。浙江省政府做出回应,同意并颁布命令禁止使用乌贼笼。

江苏和浙江的禁令引起了台州和温州民间渔业团体的不满,他们雇用了一名台州律师,向国民政府提交诉讼,要求与国民政府论辩此案。1931 年夏,在一份提交至实业部的诉愿书中,笼捕鱼民代表一方坚持认为所有的捕鱼活动都会对生存在湖泊的鱼类产卵造成破坏,而且还断言海洋里游动的鱼类,其生存情况完全取决于天气和风力条件,绝不受人类活动的影响。正因如此,乌贼笼一方坚决主张,渔业法对工具进行限制,认为乌贼笼对产卵有害,其实并不符合浙江和江苏沿海渔场的实际情况。还有,江浙两省的省政府和江浙渔业管理局(渔业事务局被移交给实业部后的官方名称)应该推广这个新渔具,作为增加产量和开发中国捕鱼事业的一种方式,而不是限制使用乌贼笼。[②]

这些要求事实上具有某种正当性。鱼类资源,如同所有的自然资源一样,属于复杂和不可预知的环境内的一部分,它们恣意游动,与人类的介入没有明显关系。[③] 在舟山群岛,乌贼洄游的变化极大地取决于环境变动,比如天气和洋流的变化。[④] 通过指出舟山鱼汛的丰歉"极大地依赖于天气因素",1906 年海关贸易的统计报告引起了人们对该现象的关

① 郭振民:《嵊泗渔业史话》,260,《江苏省建设厅厅长何玉书呈》,1932 年 5 月 4 日,中央研究院近史所档案馆,17 - 27,11 - 1。

② 《浙江黄岩渔民代表张乐斋等诉愿书》,1931 年 9 月 2 日,中央研究院近史所档案馆,17 - 27,135 - 6。

③ James M. Acheson, *Capturing the Commons: Devising Institutions to Manage the Marine Lobster Industry*,第 227 页中强调渔业生产的复杂性和不可预测性。

④ 《舟山渔志编写》组:《舟山渔志》,65。

注。① 不同于黄鱼和其他鱼类,海洋水域里的乌贼产量反而与降水量负相关。② 因此,1931年盛行的多雨气候——该年长江沿岸特大洪水泛滥——从而导致了此年乌贼的低渔获量似乎就能说得通了。③

但是,无论其优点为何,温州和台州渔民的雄辩滔滔还是未能说服国民政府实业部,所以实业部拒绝了其诉讼请求。④ 实业部渔业科的水产专家变本加厉,建议政府可以完全不予理会控诉,原因是禁止乌贼笼捕不会与渔业法冲突。⑤

但是,要求维护乌贼笼捕的请愿在社会保障方面获得了积极的回应。温州帮和台州帮的代表宣称,如果改用渔网代替竹笼将会给本地区居民造成严重的财政损失。因为乌贼笼捕使用者已经购买了渔具,他们不可能在鱼汛到来之前转而再去使用渔网。倘若剥夺了台州和温州本地人从乌贼笼捕中获取的收益,可能会使他们沦为海盗。这一推理赢得了浙江有关方面的支持,浙江省命令定海和其他海滨县城可以暂时使用乌贼笼,等到来年才要求渔民改用渔网。⑥ 结果,虽然江苏省和国民政府实业部一直禁止乌贼笼捕,但是,浙江省转变了自身立场,允许台州和温州渔民使用这种工具。

为了避免来自定海县的乌贼笼捕者的反抗,台州地区温岭县渔会理事包珩为网捕者和笼捕者制定了一个暂行和解协议。协议以一种典型的方式为对立的同乡会分别指定岛屿附近的捕鱼领域,以防止争端。在台州和温州渔民努力中止江苏对乌贼笼捕禁令的过程中,渔民们获得了前定海县行政官员张寅的帮助,张寅曾经担任过崇明县兼启东沙田官产

---

① 大清皇家海关:《中国上海海关贸易报告书》,322。
② 邱永松等:《径流和季风对东中国海渔业生产力变化的驱动作用》,31。
③ 关于1931年中国中部地区高降水量的内容,见张家诚、林之光《中国的气候》,290。
④ 限制人们向江浙渔业管理局上诉的法规决定将会终止,关于江苏和浙江决定的申诉书在被提交至中央政府以前,必须通过省一级政府。
⑤《渔业办事处备忘录》,1931年10月6日和15日,中央研究院近史所档案馆,17-27,135-6。
⑥《浙江建设厅呈实业部》,1932年5月4日,中央研究院近史所档案馆,17-27,11-1。

分局局长。

张寅,生于浙江省台州临海县,清末毕业于日本一所警察学校。1910 年代回国后,在家乡浙江以警官的身份就职。由于成功制服了嵊县的一起盗匪暴动,引起了浙江省地方长官屈映光的注意。屈映光也是临海县人,在屈映光的提携下,张寅获得任命,成为温州-台州沙田管理局局长。沙田管理局的任务是在沿海区域因淤积而形成的土地上进行开发并收取土地税。南京国民政府的十年间(1927—1937),控制沙田管理局土地开发的是最顽固不化的土豪劣绅们,他们对国民党控制地方政府的努力造成麻烦。① 这一有利可图的职位使张寅成为台州最富有的人之一。② 而且,张寅在沙田管理部门的角色使得他与温岭县渔会的理事陈仲秀和刘伯瑜有所接触,原因在于他们和张寅都在台州土地管理部门任职。③

和张寅有关系的台州移民与崇明县国民党党部成员之间存在着激烈的竞争关系,国民党党部则是崇明县渔会嵊山分会的组织者。麻烦始于崇明县国民党党部指控张寅在崇明兼启东沙田官产分局贪污腐败。为消除营私舞弊,党部要求江苏省政府取消沙田官产分局,将沙田的管理分配权交予崇明县。反责的结果导致了一连串激烈的诉讼。④ 截至20 世纪 30 年代,崇明县精英与台州精英间收入上的争夺从沙田扩展到为控制舟山捕鱼业的利益之争中。

1932 年春,张寅把在沙田官产分局的业务上磨炼纯熟的技能,妥善运用于向江浙渔业管理局提出申请,要求解除江苏和中央政府颁布的乌

① 孔飞力:《民国时期的地方自治:控制、自治和动员等问题》,295。
②《温岭县续志稿》编纂委员会:《温岭县续志稿》,280。
③《温岭渔会名册》,中央研究院近史所档案馆,17 - 27,125 - 1。
④《新崇明报》,1933 年 1 月 1 日,19;陆养浩:《辟浙省"宁波""奉化""定海"沪同乡会请划嵊泗列岛归浙说》,2;平.《沙田县垦刍言》,9 - 11。关于沙田商业的权力滥用和腐败,见朱福成《江苏沙田之研究》,36081 - 100。

贼笼捕的禁令。[1] 考虑到从其一成立起,财政困难和腐败的问题便已波及渔业管理局,所以对张寅贿赂的质疑无疑伴随着他的请求一同出现。[2] 在这样的劝服驱使下,渔业管理局理事韩有刚签发命令,取消所有有关乌贼笼捕的禁令。韩有刚声称,江浙渔业管理局承担的调查发现,笼捕乌贼对乌贼繁殖没有造成危害。而且,由于乌贼笼捕禁令导致的收入的减少将会迫使台州和温州的移民成为海盗。作为另议方案,韩有刚支持温岭县渔会早前的协议,可以分别划分网捕鱼场和笼捕鱼场。[3]

　　韩有刚的所作所为引起了崇明县渔会嵊山分会的强烈反对,他们发布公告,宣称"渔霸"威胁了渔业管理局。嵊山分会的领导人强烈要求实业部废除命令,解雇韩有刚。[4] 与此同时,一批宁波的杰出精英代表家乡的渔业团体上诉至国民政府。还有庄嵩甫,以宁波旅京同乡会领导人的身份出面,强烈要求中央政府废除渔业管理局发布的声明。[5] 上海宁波同乡会的领导人——银行家虞洽卿,也极力主张政府保护网捕鱼民的利益。而另一方面,上海台州同乡会则游说国民政府允许渔民使用乌贼笼。[6]

　　从一开始,实业部就拒绝渔业管理局对解除乌贼笼捕禁令的请求,因为渔业管理局事前没有与浙江和江苏省政府讨论就颁布了命令。实业部也明确了渔业管理局不能在没有实业部同意的情况下就改变早期对乌贼笼捕的禁令。[7] 但是,尽管实业部已经告诫,渔业管理局依然置若

---

①《新崇明报》,1933 年 1 月 1 日,17;都豪耕:《乌贼捕笼问题的检讨》,10。
②《崇明县渔会嵊山分会代电》,1932 年 4 月 23,中央研究院近史所档案馆,17 - 27,11 - 1;李士豪、屈若骞:《中国渔业史》,54 - 55。
③《江浙区渔业管理局局长韩有刚呈》,1932 年 4 月 1 日,中央研究院近史所档案馆,17 - 27,11 - 1。
④《崇明县渔会嵊山分会代电》,1932 年 4 月 23 日,中央研究院近史所档案馆,17 - 27,11 - 1。
⑤《宁波旅京同乡会呈》,1932 年 5 月 3 日,中央研究院近史所档案馆,17 - 27,11 - 1。
⑥《宁波旅沪同乡会代电》,1932 年 5 月 16 日,中央研究院近史所档案馆,17 - 27,11 - 1;《旅沪台州六邑同乡会代电》1932 年 6 月 13 日,中央研究院近代史研究所档案馆,17 - 27,11 - 2。
⑦《实业部指令》,1932 年 4 月 23 日,中央研究院近史所档案馆,17 - 27,11 - 2。

阗闻,没有撤销命令。江苏省实业厅厅长何玉书援引江苏省立渔业实验场对乌贼笼损害乌贼群的报告,提出应继续禁止笼捕乌贼。而且,他指出江浙渔业管理局的命令违反了渔业法中要求江苏渔业管理方面的上诉应直接呈报给江苏省的相关条例。对于何玉书而言,江苏方面有能力管理自身渔场,事实上这也是省级管辖权的问题。每个省份都有不同的地形和风俗,政府的政策不得不以各地人民立体经营方式为标准。江苏嵊泗列岛的渔民先前一直使用渔网,反对笼捕乌贼,认为对乌贼繁殖有害。因此,江苏的乌贼笼禁令必须被维护,所有温州和台州去往江苏的渔民需要通过使用渔网或完全放弃捕鱼来遵守法律。①

对于国民政府的渔业专家而言,有关乌贼笼捕的争端是保护自然资源的问题,是事关未来中国水产业发展的问题。这一当务之急反映了增加生产的目标,为达成这一目标,可以借助消除浪费和提高有效开发来解决。实业部在处理乌贼事务方面主要依据的是渔牧司领导人李士襄的建议。根据李士襄的观点,保护乌贼群对于增强中国渔货与外国产品的竞争力是有必要的。中国每年从日本进口大量乌贼鱼干,这使得保护鱼群、为国内制造乌贼干而提供原材料成为必须。② 李士襄坚称,因为笼捕乌贼损害了乌贼产卵,所以必须依据渔业法加以禁止。在李士襄说明的基础之上,实业部命令渔业管理局支持江苏的禁令,重新颁布法令,撤销之前允许使用乌贼笼的公告。③

虽然实业部的决定支持了江苏,但它丝毫没有改变浙江对乌贼笼捕的宽松立场。浙江不再禁止这种渔具,所以,江浙渔业管理局命令的撤销对浙江的政策没有造成影响。1932年5月初,浙江省建设厅命令所有沿海县城按照渔业管理局的计划,在网捕乌贼与笼捕乌贼两派间划分出

① 见何玉书向实业部呈送的两份请愿书,时间是1932年4月30日,中央研究院近史所档案馆,17-27,11-1。
②《李士襄备忘录》,1932年5月9日,中央研究院近史所档案馆,17-27,11-1。
③《实业部令》,1932年5月13日,中央研究院近史所档案馆,17-27,11-1。

捕鱼范围,实业部此举不过是命令浙江省继续调查,以确定乌贼笼是否在它的海域范围内使乌贼群衰竭。① 这样,纵横交错的行政管辖导致了前后政策的矛盾和不连贯,同时也增加了暴力争夺资源的可能性。

为鱼而战

即使在实业部废除了江浙渔业管理局的命令后,以乌贼笼为捕鱼工具的台州渔民和他们背后的精英资助人依然有办法进入江苏省崇明县嵊泗列岛的近海渔场。1932 年 4 月,台州渔商公所理事葛醴泉未能获得官方许可组成新的渔业公所,该渔业公所的创办宗旨是保护乌贼鱼汛时期聚集在嵊泗列岛的温州和台州乌贼笼捕鱼民的利益。② 在挫折面前,葛醴泉不屈不挠,联合了张寅在沙田官产分局的一名官员陈乐圃及其子陈享逵,进而贿赂了浙江外海水警厅分队,请他们保护进入江苏海域的笼捕鱼民。③ 台州渔帮的行为遭到了江苏渔业指导所和嵊山渔会分会的抵制。④

在此情形之下,网捕鱼民与乌贼笼捕者之间一触即发的紧张点燃了暴力活动。援引一封李士襄写给江苏省立渔业实验场斥责江浙渔业管理局决定取消乌贼笼捕禁令的信,江苏渔业指导所宣布乌贼笼捕的禁令依然有效,并宣谕地方渔民精诚团结,反对"非法入侵"。⑤ 6 月初,花鸟山附近的一次重大争斗导致两个帮派间的冲突达到顶点。几百名全副

---

① 《浙江省建设厅厅长曾养甫呈》,1932 年 5 月 4 日;《实业部指令》,1932 年 5 月 14 日,中央研究院近史所档案馆,17 - 27,11 - 1。

② 《江苏省实业厅呈》,1932 年 4 月 26 日,中央研究院近史所档案馆,17 - 27,120 - 5。

③ 江苏省实业厅训令第 1989 号,1932 年 6 月,附件《渔民莫福昌等呈》,1933 年 2 月 22 日,中央研究院近史所档案馆,17 - 27,11 - 2;陆养浩:《辟浙省"宁波""奉化""定海"沪同乡会请划嵊泗列岛归浙说》,3。关于葛醴泉的公所职位,见中国第二历史档案馆:《中华民国史档案资料汇编》,第五卷,1 - 7,651,656。

④ 《创办私立嵊山渔民小学》,《新崇明报》,1934 年 4 月 4 日,1。

⑤ 《江苏省立渔业试验场附设渔业指导所启示》,1932 年 4 月 29 日,中央研究院近史所档案馆,17 - 27,11 - 2。

武装的网捕鱼民与笼捕鱼民及其支持者在浙江外海水警厅发生冲突。江苏应战,派遣自己的江苏水上警察局分队执行禁令,镇压争端。为逃生计,笼捕鱼民一方登上一艘蒸汽船并迅速前往上海。事后统计,争斗导致至少八人死亡,多人受伤。①

这场争斗对于重新划分江苏和浙江的海岸线范围,进而还明确嵊泗列岛的管辖权起到了助推的作用。在江苏的要求下,1932 年 5 月,实业部和内政部召开了省政府会议,以解决边界事务。渔业专家侯朝海代表江苏出席会议,他明确指出是纠纷推动了这些谈判:浙江温州和台州引起的问题浙江尚不能解决,争端侵犯了江苏的领地。江苏理所当然地要颁布禁令以支持和保护鱼类繁殖,而这些问题导致了捕鱼争端。为防止未来发生新的争端,江浙的省际边界必须重新划分。为了加强行政控制,侯朝海建议让目前处于江苏管辖下的嵊泗列岛成为特区,江苏省将会同中央政府共同管理。

虽然浙江的代表宣称他们在会议中仅仅是被动的参与者,但是他们将此次协商看作是一次提出拥有整个舟山群岛的机会,包括江苏的嵊泗列岛在内。他们认为如果将岛屿置于浙江的控制之下,将会提高地方管理能力和消除更多的捕鱼纠纷。②

由浙江省政府机构聘请的渔业专家在考虑资金问题的同时,也将地域的争议考虑在内。浙江省立水产科职业学校主任金焴强调说,舟山群岛需要一个统一的管理,以便执行渔港开发计划,而该计划正是受到了孙中山先生的实业计划的启迪。然而,通过改变嵊泗列岛的管辖权以统一群岛的要求并不仅仅是为了实现孙中山先生的遗愿。其实,自 20 世纪 20 年代以来,渔业专家就希望指定嵊山作为中国近代渔港的首个选

---

① 《实业部代电》,1932 年 6 月 18 日,中央研究院近史所档案馆,17 - 27,11 - 2;郭振民:《嵊泗渔业史话》,9,261;刘桐山、徐季搏:《中国沿海渔业与渔民生活》,96 - 97。

② 《江苏、浙江两省划分沿海各岛屿界线第一次会议记录》,1932 年 7 月 5 日,中央研究院近史所档案馆,17 - 27,28 - 3。

址,国民政府1933年的四年计划就明确要求建设这一设施。[1] 因此,若能控制嵊泗列岛,浙江省渔业专家将会成为国民政府经济开发计划中的直接受益人。

渔业专家何恢禹代替李士襄参与协商,他解释说,实业部对江浙两省的边界问题没有意见。[2] 然而,如何恢禹解释的那样,舟山群岛有效的渔业管理需要明晰的行政疆界:如果一个岛屿置于两省的共同管辖之下,然后捕鱼范围又必须在浙江外海水警厅和江苏水上警察局间区分开来。当它们行使自身的行政职责时,很容易导致围绕管辖权而产生冲突,所有的纠纷都可能出现。显而易见,何恢禹提及的围绕管辖权而产生的冲突在乌贼纠纷时期就已经出现。如果统一整个群岛,将它置于某个省份的管理之下,将会避免未来发生类似的冲突。

内政部则表达了截然不同的立场,他们主张要根据自然的陆地形成和管理方便,而不是根据渔业管理的需要认定管辖的范围。考虑到这些因素,内政部原则上同意将舟山地区所有群岛置于浙江的管辖之下。但是,内政部也认识到实施这一改变的实际困难。正因如此,内政部希望各省拿出自己的解决方案。[3]

在深思熟虑之后,经由对话产生出一个划分江浙边界的两点计划,即江浙两省把黄龙山置于浙江的管理之下,江苏将保留滩浒和白山岛的控制权。按照内政部敲定行政边界的规定,江浙两省必须进行会晤,并在中央政府解决问题之前对两点计划给予相互认可。[4] 遗憾的是,该提案没能使浙江和江苏中的任何一方满意,因为乌贼的纠纷而造成的边界

---

[1] 屈若骞:《江浙争议中之嵊泗划治问题》,1-2。
[2] 何恢禹,河南人,毕业于东京渔业研究所,之后在实业部和浙江省政府担任技术顾问。见《会员录》,收录于《中华民国水产学会会报》(1934),12,上海市档案馆 Y4-1-225。
[3]《江苏、浙江两省划分沿海各岛屿界线第一次会议记录》,1932年7月5日,中央研究院近史所档案馆,17-27,28-3。
[4]《实业、内政部咨江苏、浙江省政府》,1932年7月11日,中央研究院近史所档案馆,17-27,28-3。

问题一直没有得到解决。① 因此,渔场竞争已从地方层面上敌对的同乡会之间发展到国家层面的官僚主义间的冲突。

乌贼纠纷诉诸法律

随着 1932 年乌贼鱼汛的结束,网捕鱼帮与笼捕鱼帮之间的冲突告一段落,乌贼纠纷转战至法庭。一名沙田官产分局的勘测员起诉崇明县渔会嵊山分会的理事虞祯祥在乌贼纠纷期间伤害了他。崇明县当局对是否逮捕虞祯祥一事犹豫不决,江苏渔业指导所从省政府传出一份指令草案,帮其脱责。因为虞祯祥一直没有归案,张寅和他沙田官产分局的同事拿到了对虞祯祥的逮捕令。来年冬天,他在上海被警察逮捕。但是,台州帮最终也没能如愿,因为嵊山渔会分会及其同盟在崇明县国民党党部争取到了对虞祯祥的释放。②

此时,台州和温州的律师也呈请中央政府行政院,希望针对实业部支持江苏禁止乌贼笼捕的决定上诉。③ 国民政府再一次拒绝了台州和温州帮的异议,因为他们在将案件递交给行政院之前,没有向实业部提出申诉。④ 笼捕乌贼一方的律师不屈不挠,1933 年年初又提出了另一份投诉,起诉李士襄、侯朝海和江苏渔业指导所所长王廉生收受网捕鱼民的贿赂,煽动花鸟山血腥冲突。这一次,投诉竟然到了要求中央政府将渔业专家移交给崇明县接受犯罪指控的地步。⑤ 实业部不接受申诉,实业

---

① 屈若骞:《江浙争议中之嵊泗划治问题》,2。

②《新崇明报》,1932 年 2 月 2 日,2 - 3;1933 年 2 月 21 日,2。

③ 他们宣称,根据渔业法条例的阐述,实业部宣告以江苏的要求为基础的禁令解除无效,因为它亵渎了渔业管理局的行政权威。笼捕鱼民的代表也争辩说实业部的做法违反了中国的刑法,他们拒绝给予笼捕鱼民开展工作的法律权利。见《代理人律师曹霖呈》,1932 年 6 月 14 日,台湾近代史研究所,17 - 27,11 - 2;亦见于郭振民:《嵊泗渔业史话》,262。

④《行政院决定书》,1932 年 6 月 23 日,中央研究院近史所档案馆,17 - 27,11 - 2。

⑤《渔民莫福昌等呈》,1933 年 2 月,中央研究院近史所档案馆,17 - 27,11 - 2。

部解释说对方无法为法院对指控的判决提供任何有力的证据。①

渔业政策科学化

随着敌对的地方派别在法庭上升级了对彼此的指控,同样地,对使用乌贼笼是否合法的争论又再次爆发。地方政府和中央政府对笼捕乌贼的相异立场来源于浙江和江苏渔业研究机构的调查结果——它们给出了捕鱼工具对乌贼群的影响几乎完全不同的结论,而国民政府的渔业立法需要建立在客观科学的调查规则之上。但是,环境系统复杂难测,譬如舟山群岛的渔场,这里几乎难以提供一个明确而清楚的证明标准。江苏的渔业专家发现笼捕乌贼伤害了乌贼产卵,并导致了乌贼鱼种衰竭。浙江省立水产科职业学校则主张,没有数据表明笼捕乌贼比网捕乌贼造成的危害更大。② 为了解决这一认识上的分歧,实业部需要一个结论性的证明,以明确笼捕乌贼对乌贼数量的不良影响。

以此为目标,实业部组织了一个由渔业专家、生物学家、政府官员和渔业团体组成的委员会,专门研究乌贼繁殖问题。③ 实业部将这一项目的责任委派给江浙渔业改进委员会,这是 1933 年 2 月新成立的机构。连同渔业专家和实业部部长陈公博在内,江浙渔业改进委员会包括了优秀的渔业界代表,如永丰公所理事张申之和上海青帮头目杜月笙,后者恰好是上海市冰鲜渔行业同业公会主席。④

---

① 《实业部批》,1933 年 3 月 17 日,中央研究院近史所档案馆,17‐27,12‐1。
② 《浙江省政府咨》,1932 年 8 月 2 日,中央研究院近史所档案馆,17‐27,12‐1。
③ 《实业部呈行政院》,1932 年 12 月 18 日,中央研究院近史所档案馆,17‐27,12‐1。行政院同意这份 3 月初的提案见《行政院训令》,1933 年 3 月 4 日,中央研究院近史所档案馆,17‐27,12‐2。
④ 《实业部令江浙区渔业改进委员会》,1933 年 2 月 24 日,中央研究院近史所档案馆,17‐27,12‐2。渔业改进委员会委员名单可以在《委员名单履历表及实到团体名单》中找到。见1933 年 2 月 15 日,中央研究院近史所档案馆,17‐27,52‐1;李士豪、屈若搴:《中国渔业史》,56。关于杜月笙和他的生意伙伴黄金荣与上海渔业贸易的关系,见布赖恩·马丁《上海青帮》,208‐209。

根据渔业专家侯朝海的观点,实业部组建改进委员会,目的在于统一渔业行业的规则。因为政府不宜再用传统的行政部门来管理舟山群岛的渔场,须知建设现代渔港和筹办市场设备的计划都必须直接服从于中央政府的计划。因此,如侯朝海所解释,实业部组建渔业改进委员会是为了防止管辖权的冲突,解决中央政府与地方当局之间的纠纷,促进必要的内部官员交流,最终成功实施渔业政策。①

新渔业管理机构的运作资金还依赖捕鱼业的收入。渔业改进委员会计划从渔商出售的鱼价中征收 2‰ 的渔业建设费。实业部保证这笔收入除了用于渔业开发计划,不会因为任何目的而使用。建设费将"取之于渔,用之于渔"。② 对于渔业专家而言,从渔业经营者那里征收的建设费用可以弥补自 20 世纪 20 年代以来扼杀其改革努力的财政短缺。

征收渔业建设费的任务落到了上海冰鲜渔行业同业公会秘书长戴雍唐的头上,他被任命为江浙渔业改进委员会组织渔业建设费征收处主任。戴雍唐选用了中国银行沈家门和定海办事处主任刘寄亭,派其前往另一所沈家门收费办事处。③ 一旦新的费用到位,中央政府就会取消向渔业征收的所有非正式杂税。为此,实业部宣称渔业建设费实际将会减轻渔业经营者的税务负担。这一说法未能使渔行信服,他们在上海银行家虞洽卿的领导下组织反对新征税。④ 最终于 1934 年年末,实业部和上海的渔行同意减少建设费至 1 个百分点。征税的收入仅仅负担了渔业改进委员会的开支,这也迫使中央政府放弃了这种榨取收入的方法。⑤

由于先前没有为乌贼繁殖研究留下资金,渔业改进委员会决定给予

---

① 侯朝海:《实业部江浙区渔业改进委员会成立时渔政之设施谈》,32。
② 李士豪、屈若骞:《中国渔业史》,57-58。
③ 黄振世:《旧上海的鱼市》,230。
④ 李士豪、屈若骞:《中国渔业史》,58,61。
⑤ 黄振世:《旧上海的鱼市》,231;李士豪、屈若骞:《中国渔业史》,58-59。

浙江和江苏的渔业学校三百元的补贴,进行合作调查。根据他们的调查结果,实业部可以作出笼捕乌贼是否合理的决策。[1] 江苏省立水产学校、江苏省渔业实验场、江苏渔业指导所和浙江省立渔业学校在 1933 年的夏天联合研究中做了一次无效尝试。从那时起,各省的水产研究机构独立地进行所有调查。

江苏省渔业实验场重申笼捕乌贼对乌贼繁殖不利,如不禁止将会导致乌贼衰竭甚至灭绝。当然,江苏的研究人员也承认渔网也有可能破坏乌贼种群的繁殖,但是他们总结说渔网比乌贼笼造成的损害要小得多,因为它们只是对乌贼卵造成了最低限度的伤害,结网捕鱼因此没有对乌贼群造成直接的威胁。[2]

浙江省立水产试验场同意乌贼的渔获量实际一直在下降。然而,浙江的研究人员强调这一下降是由于过多的网捕和笼捕乌贼活动造成的结果,没有证据证明一种渔具比另一种渔具的危害更大。为了解决鱼群产量不断下降的问题,政府可以消除渔民把乌贼笼里的鱼卵去掉此一有害行为。至于在产卵期最盛的时候,则应限制所有捕鱼活动,同时鼓励对乌贼作人工繁殖研究。[3]

据浙江研究人员所言,乌贼纠纷的起因是由于网捕与笼捕鱼帮间发生了利害冲突,冲突绝对与繁殖问题无关。[4] 笼捕鱼民占据了一部分俘获乌贼的有利地点,此举减少了以前可以垄断最多产捕鱼区的网捕鱼民的渔获量。网捕鱼民反对乌贼笼捕不是出于关心乌贼群的保护,而是因为新的竞争者的到来瓜分了他们的经济利益。[5] 为了避免争论的扩大,浙江的渔业专家建议政府设定一个系统,明确划分捕鱼权。浙江的研究

---

① 《实业部江浙区渔业改进委员会主席委员陈公博呈》,1933 年 10 月 28 日,中央研究院近史所档案馆,17 - 27,12 - 2;都豪耕:《乌贼捕笼问题的检讨》,11。

② 都豪耕:《乌贼捕笼问题的检讨》,11 - 12。

③ 同上书,12;亦见于《浙水产场拟定乌贼渔业取缔办法》,《水产月刊》,3,no. 3 - 4(1936):108 - 110。

④ 《浙水产场拟定乌贼渔业取缔办法》,《水产月刊》,第 3 卷,no. 3 - 4(1936):109。

⑤ 同上文;姚焕洲:《舟山群岛乌贼生息及网捕与笼捕之得失》,53。

人员坚称,如果网捕鱼民和笼捕鱼民拥有独家进入渔场的机会,冲突的缘由将不复存在。而且,政府需要登记所有种类的渔具,收集每年乌贼捕捞的数据。① 这一计划虽然在理论上讲得通,但是浙江的渔业专家们却从未解释过这些计划将如何实施。

20 世纪 20 年代和 30 年代,欧洲和北美的渔业专家参与了关于捕鱼活动对鱼群不良影响的争论。② 因此,批评浙江和江苏的研究人员未能就导致乌贼渔获量不断下降的原因达成一致意见是不公平的。但是,尽管公开声明要追求公正的科学信息,对资金的考量也影响了中国渔业专家研究的优先次序。譬如,浙江省立水产实验场为了终止乌贼群数量下降,提议要求国民政府每年拿出一千元以支持水产养殖业计划。③ 通过成为努力解决乌贼繁殖问题的领导机构,浙江省立研究院尝试从中央政府获得财政支持。④ 为获得预算支持而产生的竞争使官僚机构甚至更难以在笼捕乌贼的影响上达成一致。

由于笼捕乌贼的问题没有得到解决,江苏没有改变对捕鱼工具的禁令。浙江省又拒绝阻止台州和温州的移民违反江苏省的政策,继续在江苏海域使用乌贼笼捕鱼。⑤ 为避免事态更趋复杂,实业部以笼捕乌贼问题属于地方渔业管理的范畴为由,拒绝干预分歧。⑥ 杜月笙不断努力,以仲裁网捕帮与笼捕帮之间的协议,但是,努力均告失败。⑦ 渔帮间的零星

---

① 《浙水产场拟定乌贼渔业取缔办法》,《水产月刊》,第 3 卷,no. 3 - 4(1936):108 - 109。
② 关于捕鱼的不良影响,有一个极好的国际科学界争论的概述,见蒂姆·史密斯《测量渔场:科学有效测定渔业规模,1855—1955》。
③ 姚焕洲:《舟山群岛乌贼生息及网捕与笼捕之得失》,61;浙江省立水产试验场:《嵊山乌贼繁殖实验报告》,31。
④ 关于"领导机构",见奥兰·杨《环境变化的制度维度:配合,互动和规模》,71,127 - 128。
⑤ 《江苏省建设厅呈》,1935 年 2 月 2 日;《护渔办事处呈》,1935 年 4 月 3 日;《浙江省政府呈》,1935 年 4 月 10 日,中央研究院近代史档案馆,17 - 27,12 - 5。
⑥ 《指令本部护渔办事处呈》,1935 年 5 月 24 日,中央研究院近史所档案馆,17 - 27,12 - 5。
⑦ 见《杜月笙备忘录》,1934 年 3 月 13 日;《函复杜月笙先生函稿》,1934 年 3 月 30 日;《台、温笼捕鱼民代表陈善等呈》,1934 年 3 月 12 日;《批台温笼捕鱼民代表陈善等呈》,1934 年 3 月 19 日,中央研究院近史所档案馆,17 - 27,11 - 2。

冲突一直持续到 1937 年中日战争爆发。①

本章小结

　　就最基本的民间层面而言,乌贼纠纷是由捕鱼新技术引起的——用乌贼笼捕乌贼在 20 世纪 30 年代早期激化了舟山群岛的"公共池塘"问题。温州和台州的笼捕鱼民与同是浙江人的网捕鱼民之间竞争有限的资源,结果导致网捕鱼民的经济收益不断下滑。同时,乌贼笼捕对环境的冲击加剧了乌贼种群的生存压力,客观上留给每个渔民的乌贼就更少了。乌贼笼捕的存在使棘手的问题复杂化——不均衡地分配自然资源,导致笼捕鱼民与网捕鱼民在最多产的渔场展开资源争夺战。解决因乌贼笼捕而触发的冲突需要构想新的制度安排,借助新的制度调节舟山渔场的使用。② 而渔帮中的利益集团则宣称只要有权使用这些自然资源,就会产生新的制度安排,用于管理资源。

　　在浙江,自然灾害的破坏导致台州和温州许多家庭难以维持生计,于是他们将目光积极地转向乌贼笼,将之作为一种有利可图的手段,以此补贴家用。显而易见,浙江南部周边地区的新渔民通过乌贼开发获得的短期利润,远比长期保护资源来得丰厚。但是,网捕鱼民也没有以可持续的方式开发海洋资源,因此将网捕鱼民反对乌贼笼捕归结为是出于对乌贼种群的关心,这是说不通的。对于网捕鱼民而言,问题的核心是乌贼笼捕的出现减少了他们从舟山渔场获得的收入。从这个角度出发,损失是由于他们与笼捕鱼民之间的利益争夺造成的,其损失超过了网捕鱼民希望从协议中获取的利益。由于彼此对利益的优先次序产生分歧,导致了双方可以通过合作化解矛盾的方案被排除。因此,舟山敌对的同

---

① 郭振民:《嵊泗渔业史话》,263。
② 规则的改变与分配与使用"公共池塘"资源有关,这也是政治协商固有的结果。加里·利贝卡普在《产权契约》第 4,26 - 28 页中所用的术语为"缔约方"。在他的定义中,这些缔约方是由私人债权人、政治行为者和行政官僚机构组成的。

乡组织就投入精力参与到争抢和反争抢的活动中。

截至 20 世纪 30 年代早期,向渔业经营者收取费用成为庞杂的政府机构重要的利益诉求,而这些政府机构的管辖权尚不明晰。中央政府、省级政府、地方政府都试图通过从舟山渔场获得一份利润,从而最大限度地增加财政收入。向渔帮征收费用从而从中获利的政府机构被网捕鱼民的盟友和支持笼捕乌贼的人弄到分裂,而由此产生的政治分歧则增加了地区帮会间冲突的可能性。另外,浙江和江苏两省的政府将它们的政策主张建立在渔业专家的调查结果之上,而渔业专家对于加强对舟山捕鱼业的控制也饶有兴趣。对于省立渔业机构而言,在乌贼笼捕事宜上以妥协则会削弱他们可要求从舟山渔场管辖权中获得的可观收入。

民国时期,为了科学管理海洋资源,中国政府为渔业立法,试图制定一个合理且能自上而下一以贯之的指导方针,但事实上,因为无法获得政府渔业法要求的明确的科学数据,因而指导方针难产,渔业争端的解决也变得复杂化,连同法律在内,都陷入了过去的困境中——依靠地方社会关系网和政治关系网(复杂的近代中国行政官僚机构)解决渔业纠纷。在官方处理乌贼纠纷的问题上,国民政府对于集权的渴望与其明显有限的行政能力之间出现了一道鸿沟。

20 世纪 30 年代,随着渔业管理的权限从地方一级政府移向中央一级政府,解决舟山渔场冲突的工作变得更为困难。正如增加对鱼群的捕捞会使冲突的可能性增加一样,官僚主义的干预会使资源争端的解决复杂化。同乡会依赖协议解决因有限"公共池塘"资源而产生的竞争已经行不通了,至于政府机构主张的新协议则使得问题更为严重。20 世纪 30 年代网捕鱼民与笼捕鱼民之间无休止的纠纷反映了当时中国的自然、社会和政治间不幸的趋同。

第六章 渔业战争：浙江-江苏边界冲突，1935—1945

海洋环境一直变幻莫测，有时它的波动也会对政治产生影响。20 世纪 30 年代期间，舟山群岛主要渔场的地理位置出现意想不到的改变，导致浙江的渔民集体迁往江苏的嵊泗列岛捕鱼。这一环境变化使得渔业税的征收成为浙江和江苏两地政府争论的焦点，也是赖以收费的渔业公所领导人之间争论的焦点。20 世纪 30 年代晚期，即使日本的军事干预在中国东北和中国北方一触即发之际，国民政府声称控制最牢固的江浙两省之间依然由于近海渔场的问题发生了争执。随着国家机构努力从舟山捕鱼业中获得更多收益，内部的官僚冲突愈演愈烈。在这样的情形下，乌贼纠纷中凸显的鱼群保护的问题倒不再是官方优先考虑的范畴了。国家主导的项目试图通过更加有效地开发海洋资源增加渔业产量和税收，这一情况一直持续，直到 20 世纪 40 年代中日战争全面爆发，舟山地区所有的捕鱼活动基本宣告停止。

江苏商业税

截至 20 世纪 30 年代早期，近海渔场对浙江渔民开放，这使得位于江苏省境内、舟山群岛最北端的嵊泗列岛成为一个迅速发展的渔业中心。从嵊泗列岛渔业经营者缴纳的税收中获得的潜在收入没有逃过江苏官员的眼睛。1935年1月，崇明县营业税征收处，一个隶属于江苏省财政厅的财政机构，开始收取嵊泗列岛的渔商0.5％的临时营业税。[1] 江苏方面估计这一征税能够带来每年几千元的收入。[2]

虽然早在四年前，南京国民政府为了保护本国生产者，为了抵御日本拖网渔船的竞争，免除了所有的渔业税和鱼税，但江苏省财政部门仍然试图证明对渔业经营者收税是合法的，因为该办法是按照渔业经营者的贸易行为加以课税的。以鱼类资源为例，按贸易行为课税不同于对货物课税。正因为如此，江苏官员命令嵊泗列岛的渔行要从所有商业交易中扣留货物价值的0.5％作为临时营业税。[3] 委派渔商包揽税收的办法与江苏允许地方当局代为收取田赋和农业税相类似。[4] 省政府指出向远距离的嵊泗列岛收税有一定的困难，省政府决定从营业税中预留30％的收益作为给渔行收税人员的补偿金。[5]

不久，江苏的临时营业税激起了浙江渔业利益集团的强烈不满。渔业公所和其他组织发了电报给国民政府和浙江省政府的要人，请求他们说服江苏方面停止向嵊泗列岛的渔行收取临时营业税。渔业公所组织宣称征税违反了中央政府免征渔业税和鱼税的政策。[6] 在江苏方面拒绝

---

[1] 商业税源于1934年国民政府第二次经济会议上制定的财政改革，商业税的意图是在省政府的权威领导下，统一县级征收处的收费。通过在省级税收部门和县级机关创造直接的权威，这一财政政策意在增加行政控制权，控制商业利益和加强税收。后者则通过消除地方一级的中间人环节来达到目的。见曼素恩《地方商人和中国官僚，1750—1950》，169。

[2]《崇明县营业税征收处呈财政厅文》，1935年1月；崇明县政府：《江苏省财政厅直属崇明营业税征收处布告》，1935年3月，中央研究院近史所档案馆，17-27，121-4。亦见于郭振民：《嵊泗渔业史话》，291-292；陆养浩：《苏省外海应否征收渔业临时营业税之商榷》。

[3]《崇明县政府训令》，1935年2月；崇明县政府：《江苏省财政厅直属崇明营业税征收处布告》，1935年3月，中央研究院近史所档案馆，17-27，121-4。

[4] 曼素恩：《地方商人和中国官僚，1750—1950》，248，237。崇明营业税征收处宣称省政府的规章制度是为了1934年底渔行的营业税征收（而出台）。见《江苏省财政厅直属崇明营业税征收处布告》，1934年12月，中央研究院近史所档案馆，17-27，121-4。

[5]《崇明县营业税征收处呈财政厅文》，1935年1月，中央研究院近史所档案馆，17-27，121-4。

[6]《浙江商报》，1935年3月25日，3；1935年4月30日，3。

免除临时营业税的请求后,沈家门的渔业组织于 1935 年 5 月 4 日集会,策划了一个应对方案。大批宁波地区的渔业公所领导人和沈家门旅嵊公所、鄞县渔会、鄞东外海渔业合作社、沈家门定沈对渔业公会和沈家门定沈鱼栈公会参加了会议。

这些机构组织宣称因为捕鱼本质上不同于其他商业活动,江苏方面不能在这一行课税。所有旅嵊渔商都被命令拒绝收取临时营业税。嵊山旅嵊公所和沈家门定沈对渔业公会捐了一百元的金额以补偿废除营业税的活动,而每条大对船的主人将因为同样的理由支付五角钱。[①] 渔业组织推举沈家门定沈对渔业公所负责人楼谷人和何之贞 7 月前往崇明县,表达要求废除营业税的诉求。但是,在听取他们的诉求后,崇明县官员以煽动税收对抗为由逮捕了何之贞。[②] 关押 25 天释放后,何之贞迅速向崇明县营业税征收处的人员提出诉讼,指责他们渎职、欺诈,非法收取渔业税。[③] 而拒绝缴纳营业税的渔商也因为抗税遭到崇明当局逮捕,可是他们最终被释放。[④] 为消除税收争端,财政部发布命令,声明向渔民收取营业税违反了中央政府的命令,而向渔商征税并没有违反命令。由于没有权威性的中央政府的干预,争议一直没有减少。崇明营业税征收办事处为临时营业税向渔行施压,尽管如此,由渔业组织支持的渔商依然拒绝缴纳营业税。[⑤]

嵊泗列岛中的行政管理

嵊泗列岛因渔业活动的增加而产生的巨额利润也令崇明县地方政

---

① 人和、靖和以及恒顺公所的领导人都出席了会议。见《定海周报》,1935 年 5 月 5 日,1;1935 年 10 月 22 日,1。
②《定海周报》,1935 年 8 月 21 日,1。
③《定海周报》,1935 年 8 月 25 日,2;1935 年 11 月 7 日,2。
④《定海周报》,1935 年 8 月 31 日,12。
⑤《定海周报》,1936 年 6 月 6 日,3。

府垂涎,其政府决定对繁荣的渔业中心行使行政管辖权。江苏省收取营业税对于崇明县政府努力获取嵊泗渔业税费是不利的。因此,国民党崇明县党部激烈反对临时营业税,请求江苏省政府停止向渔行收取。①

国民党崇明县党部执行委员会于 1932 年 1 月为了尝试对嵊泗渔场实施更多的官僚控制,建议在县政府下面设立一个环岛的区公署。区公署的原本用意就是成为民国地方自治的基层单位,但是,截至 20 世纪 30 年代,区公署成了县政府监管下的行政机构。② 这些县政府下的行政单位实施了人口登记、土地调查和治安监管。更重要的是,区公署要在地方层面负责征税。③

财政的不足使嵊泗列岛建立行政机构的时间拖延了数年。直到 1934 年春,地方管理改革才取得进展。这一时期崇明县委派人员调查当地情况,在嵊山岛设立区公署。5 月,管理嵊泗所有岛屿的崇明第五区正式成立。④ 区公署的领导来自同一个精英团体,这一团体成员是江苏省政府在 20 世纪 30 年代早期为了防范日本渔轮的侵渔活动,而在嵊泗列岛设立的渔业办事处配备的人员。凌鹏程,之前担任崇明县渔会嵊山分会理事和渔业指导所成员,此时以区长的身份接手嵊泗列岛区公署领导权。⑤

崇明精英帮与旅温帮、旅台帮之间的矛盾在乌贼纠纷期间发展到非解决不可的地步,他们之间的矛盾与嵊泗地方政府小集团的矛盾类似。起初,特区管理者的出现挑战了台州人的统治地位,如张寅,当年他与崇明国民党党部为收取沙田的税收及向渔船收费而斗争。从崇明精英的

---

① 郭振民:《嵊泗渔业史话》,292 - 293;陆养浩:《苏省外海应否征收渔业临时营业税之商榷》。
② 理想的情况是,区长由省政府任命,以替代治安官的身份行使职能。见杜赞奇《权力和国家:1900—1942 年的华北农村》,61。
③ 关于民国时期区公署的历史背景信息,见杜赞奇《权力和国家:1900—1942 年的华北农村》,61 - 63,83 - 84;亦见于孔飞力:《地方政府的发展》,350 - 351。
④《新崇明报》,1934 年 4 月 2 日;1934 年 5 月 2 日,2。
⑤ 王曾鲁:《江苏外海财务行政调查》,1。

角度出发，嵊泗列岛的渔场被这些台州移民侵占了。[1] 如某一区官方所言：

> 盖笼网之捕捞乌贼，于学术上研究之结果，笼捕殊不利于乌贼之繁殖，而温台州之人实主笼捕，崇明之县党部暨渔会反对之；临海张寅之长崇启海沙田局，非法婪索择肥自报，渔会之同志又反对之；此崇明人对于嵊山泗礁等岛山民所为正义与公道之主张也……崇明人士又最先主设区，且以具有水产经验而公正之人为区长。[2]

1934 年春，崇明县第五区行政机关开始严格执行江苏的禁令，严禁在嵊山岛和花鸟山附近水域笼捕乌贼。第五区领导人员又解散了崇明台州旅崇同乡会与崇明温州旅崇同乡会，对他们来自浙江南部的对手采取了更多的破坏活动。在嵊山岛旅居的浙江南部精英建立这两个同乡会，是为了将他们的同乡们组织起来。[3] 然而，嵊泗列岛所在的地方政府则试图通过解散这些同乡组织，进而将通过竞争来控制该地区渔业利益的旅居精英驱逐出崇明。

护渔和渔费

20 世纪 30 年代中期，浙江北部的许多地方渔业公所雇用了外海水警厅分队，以协助他们的自卫组织以及向渔船收取保护费。[4] 浙江外海水警厅的负责人同意渔业公所组成护渔队，并向负责这些自卫组织

---

① ②《新崇明报》，1933 年 1 月 1 日，17。
③ 陆养浩：《从渔业观点论嵊泗的分割》，3；亦见于《新崇明报》，1934 年 1 月 17 日；1934 年 5 月 29 日，2。
④《护渔办事处呈》，1934 年 3 月 24 日，中央研究院近史所档案馆，17 - 26，134 - 4；《海州渔业技术传习所春季实业报告书第二册》，1920 年 8 月，中国第二历史档案馆，1038—2071；中国第二历史档案馆：《中华民国史档案资料汇编》，第五卷，1，7，652 - 661。关于民国时期水警的历史，见韩延龙《中国近代警察史》，第二卷，479 - 490，619 - 623。

的公所领导人发放官方名称。① 但是,监管自卫组织的职责事实上仍然掌握在沈家门渔业公所的手中。公所理事陈满生和朱云水租借了一艘蒸汽船以保护渔船。朱云水邀请了浙江外海水警厅某团司令(兼巡官)和 12 名军官常驻在船上,船上悬挂水警旗号。朱云水担任由鄞县渔民组成的人和公所理事,人和公所需要支付外海水警的服务费每月 200 银元。② 人和公所向每艘渔船收取 16 元的费用以支付护渔的开支,这笔钱由沈家门渔商公所收取。福建八闽会馆和许多其他浙江公所组织也向渔船收取保护费。如果这些收费被看作是一个整体,每年的收费总额能达到 50 000 元。③

现在,对于嵊泗第五区的行政人员来说,从浙江的精英手里夺取向渔船收取渔费的权利,是尤为重要的。因为如同江苏省政府那样,次级县同样需要收入以弥补自己的财政短缺,因为第五区的 28 150 元收入仅仅是其开支的 10%。④ 为了增加收入,第五区的管理者计划向隶属于台州和福建的客帮收集公益捐。由于这些渔船的数量随着 20 世纪 20 年代嵊泗渔场的开发而急剧增加,所以,该区估计通过收费可以每年额外带来 4 000 元的收入。⑤

崇明县第五区成形以前,政府在嵊泗列岛的所有收入都是地方当局在需要时强行向渔船摊派的。这些非正式税收在地方政府的固定预算之外,这使得这笔收入很难被监管。⑥ 嵊泗列岛的民团处于士绅的控制之下,士绅担任嵊泗列岛乡保长的角色,并由他们指挥地方民团独家收

---

① 《鄞县东乡永安公所乐施碑》,收录于《浙江省水产志》编纂委员会:《浙江省水产志》,1147。
② 《护渔办事处主任袁良骅呈》,1934 年 3 月 24 日,中央研究院近史所档案馆,17 - 27,135 - 4。
 另外一份关于水警与公所组织在护渔方面的合作的参考文献,见《实业部护渔办事处主任袁良骅呈》,1934 年 10 月 17 日,中央研究院近史所档案馆,17 - 27,35 - 4。
③ 《浙江省未经依法呈准备案各团体抽收陋规一览表》,1934 年 10 月,中央研究院近史所档案馆,17 - 27,35 - 4。
④ 王曾鲁:《江苏外海财务行政调查》,6 - 7。
⑤ 同上书,9。
⑥ 关于摊派征税,见杜赞奇《权力和国家:1900—1942 年的华北农村》,78 - 79。

集这些费用。① 一份由崇明县第五区行政机关所进行的嵊泗列岛的地方财政调查,描述了这些精英在当地社会的影响:"每个岛的柱首都是岛上的领导,现在柱首担任乡村领导。岛上居民和政府官员视他们为士族和乡绅,因此柱首连同官员一道控制乡政府,依靠自身的权力控制一切。"也因此地方政府难以从这些地位稳固的精英手中接管民团组织和地方财政。② 崇明县第五区政府对嵊泗列岛的控制依然脆弱,它没有选择,只有将收税的职责交给这些地方权力的行使人。为了向渔业经营者征税,区政府依赖的还是领导崇明县渔会嵊山分会的精英。1935 年,区政府授权嵊山柱首杨友才任崇明县渔会嵊山分会的理事,和其他柱首一起向渔民的渔船收费。③

宁波渔业警察

如同江苏省政府一样,浙江省政府也在试图宣称拥有舟山渔场因扩张而产生的利源所有权。随着崇明县第五区在 20 世纪 30 年代中期征收了渔业税,浙江省政府也努力加强控制同乡公所对渔船的收费。自 20 世纪 20 年代以来,国民政府授权省政府向渔船征收登记费以及监督自卫组织。为了利用这一潜在的收入,1934 年 6 月,浙江当局委派省第五特区行政督查专员赵次胜前往调查没有按照渔会法的要求在政府登记,由渔业公所代为征收保护费的情况。④ 1932 年,赵次胜在参与镇压中国共产党的"剿匪运动"期间,最初被中国一些地区的国民政府任命为行政

---

① 王曾鲁:《江苏外海财务行政调查》,2-7。即使国民政府做出努力,使得这些保卫团集权化,地方精英在 20 世纪 30 年代依然保有整个江苏地区民团的控制权。见盖斯白《权利和社会:中国江苏省的国民党与地方精英(1924—1937 年)》,232-242。

② 王曾鲁:《江苏外海财务行政调查》,7-8。

③ 郭振民:《嵊泗渔业史话》,293-294。

④《实业部咨》,1934 年 4 月 17 日,中央研究院近史所档案馆,17-27,134-4;《浙江省政府咨》,1934 年 6 月 27 日,中央研究院近史所档案馆,17-27,134-4。赵次胜是奉化县三石村人,见《奉化市志》编纂委员会《奉化市志》,966。

督察专员,负责从县到省一级统治的内务安全。[1]

1935 年 5 月,赵次胜组建了宁波渔业警察局,以行使对舟山渔场收入的行政控制。据赵次胜所言,渔业警察的想法来自奉化地区最著名的同乡。"建立宁波渔业警察局的动机来自蒋介石奉化的桐照和栖凤的救济计划。[2]"然而,可用的资料没有为赵次胜这样的断言提供证明。虽然据称,1911 年辛亥革命中参加战斗的奉化渔民给蒋介石留下了印象。明白无误的是,借助于与蒋介石的联系,渔业警察局平添了权威性和合法性。

宁波渔业警察局将他们的总部设在第五区行政督察专员办公室,赵次胜作为局长接管。国民政府 1931 年制定的《渔业警察规程》授权给这些特别公共安全部队在渔业管理方面极大的权力。根据这些规章,渔业警察维护渔区的安全和秩序,调解捕鱼领域里的争端,阻止外国入侵渔场,执行保护鱼群繁殖的政策。[3] 最初,宁波渔业警察局没有资金,不得不依赖赵次胜从钱庄获得贷款。后来,浙江省政府同意从渔船收取登记费,以补偿宁波渔业警察的开支。[4]

与江苏地方政府一样,浙江地方政府缺少通过行政手段获取这些收入的能力。因此,渔业警察必须取得渔业公所领导人的帮助,代为收取渔船登记费。赵次胜要求中国银行沈家门办事处和定海办事处主任刘寄亭组织一个沈家门管理委员会,为渔业警察的财政担保制定对策。1935 年 4 月,刘寄亭集合了各个同乡会的领导人在沈家门商会共同商讨该任务。[5] 浙江自治筹备委员庄嵩甫也前往沈家门参加会议。[6] 根据会

---

① 孔飞力:《地方政府的发展》,351。

② 《定海周报》,1935 年 12 月 31 日,1。

③ 《渔业警察规程》,1931 年 6 月 27 日,中央研究院近史所档案馆,17 - 27,2 - 3。亦见于韩延龙:《中国近代警察史》,第二卷,659 - 660。

④ 《定海周报》,1935 年 12 月 1 日,1。

⑤ 《定海周报》,1935 年 4 月 17 日,1。

⑥ 《浙江商报》,1935 年 5 月 15 日,5。

议的章程草案,管理委员会由渔业公所和宁波地区其他组织任命的代表组成。管理委员会将每月支付宁波渔业警察局的开支,并检查其账目。委员会也向渔业警察报告公所和其他渔业组织收集的费用,并将信息公之于众。[1]

而后,沈家门渔业警察登记办公室和岱山公安分局向每艘渔船收取3—8元的登记费。作为回报,宁波地区的渔船收到渔业警察发放的旗帜,每个同乡会的渔帮有不同的颜色。渔业公所分发这些旗帜并扣下渔船必须缴纳的费用。[2] 为了提升管理能力和收取舟山渔场税收的工作效率,渔业警察还在沈家门、岱山岛、衢山岛和其他渔业中心设置保甲共同安全体系。地方的控制计划再次依赖渔业公所的精英领导去执行,他们编纂了这些共同安全登记簿。[3]

20世纪30年代中期环境的改变

民国时期,舟山地区的捕鱼船逐渐冒险远离海岸,寻找更加多产的渔场。据1935年《定海周报》的一篇文章报道,沈家门外海和岱山岛附近海域曾经大量出产黄鱼。后来,因为轮船招商局的扩张,黄鱼遭驱赶被引至近海水域。因此,渔场逐渐地转移,远离海岸。不得而知的是,沿海航运是否在渔场向近海水域的转移中扮演了角色,不过,海洋环境所遭受的额外压力可能是造成这种趋势的原因。

这篇文章继续解释说,嵊山岛的捕鱼业扩张仅仅是在江浙渔业公司的蒸汽轮船"福海"在近海水域发现了大量黄鱼群之后开始的,时间在20

---

[1]《定海周报》,1935年5月17日,1。
[2]《实业部护渔办事处主任袁良骍呈》,1935年6月24日,中央研究院近史所档案馆,17 - 27,139 - 1。亦见于《定海周报》,1935年5月5日,1;《浙江商报》,1935年5月4日,3。渔业警察没有为来自温州和台州的船只登记注册,这些渔船为自己的渔业组织缴费。见《定海周报》,1935年12月31日,1。
[3]《浙江商报》,1935年3月8日,3。

世纪 30 年代初,离他们首次发现黄鱼群仅仅过了十多年的时间,嵊山外海渔场已经显示出渔获量下降的迹象。1934 年鱼汛期,大对船在嵊山以东三十多里的海域发现了大量的黄鱼群。[①] 黄鱼渔场位置的突变证明了海洋环境具有复杂和不可预知的特点。[②] 此外,没有办法确定导致这种变化的综合因素,但是这种突变具有重大的经济和政治上的后期效应。随着渔船聚集到了新的近海渔场,原本熙熙攘攘的渔业中心完全沉寂下来,比如长涂山岛。浙江本来打算根据孙中山的实业计划在长涂山岛建造一座现代渔港。1935 年,随着捕鱼中心从北方迁移到远离长涂山岛的海域,另一篇新闻稿忧心忡忡地写道:"渔场的变化将会带来长涂海港渔业的死命。"[③]

渔船满载着渔获从新开发的嵊山近海渔场回到沈家门。沈家门对渔业公会将渔场看作上天赐给捕鱼业未来的恩惠。沈家门对渔业公会租用了一艘轮船以勘测捕鱼领地,绘制地图,散发消息给自己的成员,以便成员们能在下一个鱼汛期间充分利用。[④] 随着更多的渔船进入渔场,1936 年 4 月,沈家门对渔业公会设立临时办事处,以处理鱼汛期嵊山岛的事务。由于担心将办事处设立在其他省份可能会引起混乱,同业公会请求定海县政府给予帮助。同业公会敦请定海县,要求浙江省政府向江苏省政府发送信函,请求崇明县切实保证对其给予保护。[⑤]

当渔民进入远洋捕鱼,宁波渔业警察随之收取登记费。渔船大多来自浙江,但是,它们是在江苏管辖的海域捕鱼。当宁波渔业警察的轮船在 1935 年 11 月到达沈家门时,结识了地方渔业组织的代表团。鱼汛期

---

① 《定海周报》,1934 年 5 月 11 日,1-2。
② 这种转变有可能与强热带季风有关,季风推动了从长江流出的富于营养的微咸水流入东北部。见邱永松等《径流和季风对东中国海渔业生产力变化的驱动作用》,24,31;葛全胜《1736 年以来长江中下游梅雨变化》,2797。
③ 《定海周报》,1935 年 5 月 17 日,1。
④ 《定海周报》,1935 年 5 月 11 日,1-2。
⑤ 《定海周报》,1936 年 4 月 9 日,3。

间，在捕鱼船驶向江苏嵊泗列岛的同时，巡逻船亦尾随着舟山的捕鱼船进入。[①] 鄞县渔会领导人史美蘅以渔业警察管理委员会领导者的身份行事，负责对渔船收费。其他浙江渔帮的领导人，以及福建八闽会馆的理事刘华芳同为管理委员会管理人员。渔业警察在嵊山驻扎的巡逻船向来自浙江的渔船收费，并向他们分发登记旗帜。[②]

省际竞争渔业税

为赚取收入，浙江征募渔业公所领导人的同时，崇明县第五区也在执行竞争计划，他们向季节性地从浙江到江苏嵊泗列岛的迁徙的渔船主收取登记费。江苏方面，以江苏渔船保甲公共安全编纂登记作为指导方针，1935 年行政管理机构要求停泊在嵊泗列岛超过六小时的所有"外来"渔船都要登记，同时必须获得崇明县第五区船舶监察处的海关号簿。通过确保这些渔船在崇明第五区登记，次级县的管理部门就可以向它们收费。崇明县第五区进一步挑战了浙江渔民在同乡会支持下的自卫组织，声称没有江苏地方政府的官方许可，任何护渔队都不能在嵊泗列岛的港口登陆，且任何违反这些规章的船只，都将遭到第五区公共安全组织的惩罚。[③]

浙江和江苏两省竞相宣称其拥有嵊泗列岛的渔业经营者的利益，这也导致了代替地方政府收集这些收入的地方精英之间的紧张关系。在

---

① 《定海周报》，1935 年 11 月 21 日，1；《实业部护渔办事处主任袁良骅呈》，1935 年 6 月 24 日，中央研究院近史所档案馆，17－27，139－1；《浙江商报》，1935 年 5 月 4 日，3。关于史美蘅（亦称作"史锦纯"）见《浙江鄞县渔会职员履历单》，1934 年，中央研究院近史所档案馆，17－27，127－2。

② （剑），《宁波渔警在苏境嵊山勒征渔民旗照费纠纷记》，10；亦见于郭振民：《嵊泗渔业史话》，297－298。

③ 《江苏省各县船户保甲补充办法》；《第五外来船只编查办法》，1935 年 1 月 11 日，中央研究院近史所档案馆，17－27，123－5。关于 20 世纪 30 年代江苏的保甲公共安全体系，见盖斯白《权利和社会：中国江苏省的国民党与地方精英（1924—1937 年）》，185－188。

小洋山岛,崇明县第五区委托当地乡镇栅首张桂芳向旅居的渔船征收费用。1935 年夏,在地方自卫组织司令的帮助下,张桂芳要求对在小洋山岛卸货的福建渔船征收公益捐。除了公益捐,福建渔帮一般还要向小洋山的地方保卫团付钱,张桂芳要求从福建前来的每名渔商上缴 4 元,每个渔行上缴 10 元。

六七月黄鱼鱼汛期间,福建的渔船从沈家门航行至小洋山,福建渔行和他们的八闽会馆也在岛上开店。① 渔商从八闽会馆前往乡公所,抗议张桂芳在崇明县第五区进行新的征税。之后,地方自卫组织司令俘虏了其中一人并拒绝释放,直到福建一方支付了必需的费用。沈家门的福建渔行领导人也是八闽会馆领导人之一的刘华芳,要求国民政府惩罚向渔船非法收取保护费的张桂芳。② 刘华芳在反对第五区的收费上也是心怀鬼胎,因为他作为宁波渔业警察的管理者同样也向渔船收取了登记费用。

江苏与浙江有关渔业税的争端在 1935 年 12 月升级。渔业公所领导人和宁波渔业警察在嵊山岛的一个药房开设登记通讯处。所有起卸或向渔行收费的渔船都必须向通讯处支付规定的登记费。渔民的行为很快引起了崇明县渔会嵊山分会的关注。12 月 19 日,一群因为无法支付登记费而被没收船只的渔民抓住了一名渔警,并把该人员带往位于嵊山天后宫的崇明县第五区区公所和嵊山警察所,接着,第五区行政机关人员围捕了八闽会馆领导人刘华芳和其他一些渔业警察。第五区栅首凌鹏程要求史美蔷也必须前来,但是史美蔷回到渔业警察的轮船上,拒绝上岸接受质询。隔日,渔民报告史美蔷已经躲进嵊山的一家渔行藏身,于是,地方保卫团前往渔行将他逮捕。在抓获史美蔷以后,史美蔷和他的同事被迫带着崇明县第五区人员前往渔行,那里存放着未经发放的

---

① 程梯云:《江苏外海山岛志》,17 - 18。

② 《福建惠安凤尾帮渔民代表刘华芳等呈》,1935 年 7 月 29 日,中央研究院近史所档案馆,17 - 27,35 - 5。

旗帜和他们从渔船上没收的海关号簿。第五区领导人将史美薾移交给
崇明县接受惩罚,在一个月的监禁之后,史美薾最终被释放。[1]

划界争端

由于江苏地方政府要求收取渔费,渔业公所提议给予浙江控制嵊泗
列岛的权力。呼吁改变的动力,正是来自史美薾。1935 年春,史美薾要
求赵次胜向国民政府请愿,将舟山置于浙江的管辖权之下,以统一权力,
防止再起争端。史美薾声称浙江与嵊山的渔民有着密切的关系,将岛屿
继续置于江苏的管理之下与事实不符。于是,以史美薾的提议为基础,
赵次胜拍电报给蒋介石,请求蒋介石下令浙江和江苏修改两省的管辖范
围,将嵊山岛置于浙江省的版图内。[2] 1935 年 6 月,上海的浙江同乡团
体以及宁波和定海的渔业组织联合提出了更多要求,请求蒋介石和内政
部将嵊泗列岛的所有岛屿全部转让浙江。[3]

浙江的同乡会指出,发生在舟山群岛海域的环境变化支持他们的地
域主张。他们的观点是:嵊泗列岛渔业的发展是由于渔场位置的变化以
及浙江渔船进入远离海岸的海域所产生的相应运动所致:

> 近因渔场东移,我浙渔船亦渐次东进。因嵊山之港陬可避风
> 浪,故于是处定居焉,垂及数十年,始有今日之繁殖。[4]

---

① 《崇明县渔会嵊山分会代电》,1935 年 12 月,中央研究院近史所档案馆,17 - 27,128 - 2;《江
苏崇明县渔会等电》,1935 年 1 月 4 日,中央研究院近史所档案馆,17 - 27,138 - 3;《水产月
刊》,第 3 卷,no. 3 - 4(1935):102 - 3;(剑).《宁波渔警在苏境嵊山勒征渔民旗照费纠纷记》,
10. 亦见于《定海周报》,1935 年 12 月 31 日,1;郭振民:《嵊泗渔业史话》,297 - 298。

② 《定海周报》,1935 年 5 月 5 日,1;《浙江商报》,1935 年 5 月 6 日,3;程梯云,《浙赵专员划省归
浙理由之检讨》,1。

③ 这些要求均来自全浙公会和上海的宁波、定海和奉化的同乡组织,见《申报》,1935 年 6 月 15
日;陆养浩《辟浙省"宁波""奉化""定海"沪同乡会请划嵊泗列岛归浙说》,1;亦见于《全浙公
会代电》,1935 年 6 月 25 日,中央研究院近史所档案馆,17 - 27,28 - 3;《宁波旅沪同乡会等
电》,1935 年 12 月 24 日,中央研究院近史所档案馆,17 - 27,28 - 3。

④ 中央研究院近史所档案馆,17 - 27,28 - 3。

在浙江的渔船来到嵊山岛以前,嵊山岛原本只是一块"荒岛"。只有鱼市场形成了之后,嵊山岛才逐渐繁荣,变成海中的一个"小市"。迁移到嵊泗列岛的浙江渔民先驱在率先开发嵊泗列岛方面的行为是值得称颂的。① 到 20 世纪 30 年代中期,在嵊泗列岛水域聚集的大量渔船仍然来自浙江。另外,嵊泗的信贷和货币市场集中在宁波和定海的钱庄。根据上述种种主张,可以证明嵊泗列岛是随着嵊泗列岛与浙江关系的不断发展而发展起来的。

请愿中故意忽略了几年前宁波和台州帮在乌贼纠纷时爆发出的敌对状态,要求改变嵊泗列岛的行政管辖权,强调其已享有来自浙江方面的认同。请愿信中特别强调岛上的宁波人已同化了一小部分来自台州的岛屿人口,当地的风俗和语言已经完全"宁波化"。浙江帮还宣称岛上仅有的江苏人只是一些官方人员,浙江人从未与他们联姻。② 史美蕙在给蒋介石的另一封请愿信中也指出地区方言的差异,以此证明他的断言——岛屿属于浙江而不是江苏。

嵊山和崇明县的方言完全不同。一个是浙江口音,一个是江苏口音,区别明显。"橘生淮南则为橘,生于淮北则为枳,地气使然"。事实就是如此。嵊泗列岛原本属于浙江地区,虽然它们被划分给江苏已经很多年了,然而,当地人的语言还没有江苏化。由此可见,自然的鸿沟造成了它们的区别。

因为嵊泗列岛的居民和崇明县本地人说着不同的方言,所以,只有将岛屿划给浙江管理才是顺理成章的。否则,官员和当地民众的"风俗和民情"将不会和谐,两个帮派间不会相互联系。考虑到这一不可调和的鸿沟,如果继续由江苏政府管理将会导致持续的相互冲突。③

---

① 《浙江商报》,1935 年 5 月 6 日,3;程梯云:《浙赵专员划省归浙理由之检讨》,1。
② 《申报》,1935 年 6 月 15 日,15;陆养浩:《辟浙省"宁波""奉化""定海"沪同乡会请划嵊泗列岛归浙说》,1。
③ 《定海周报》,1936 年 2 月 15 日,2。

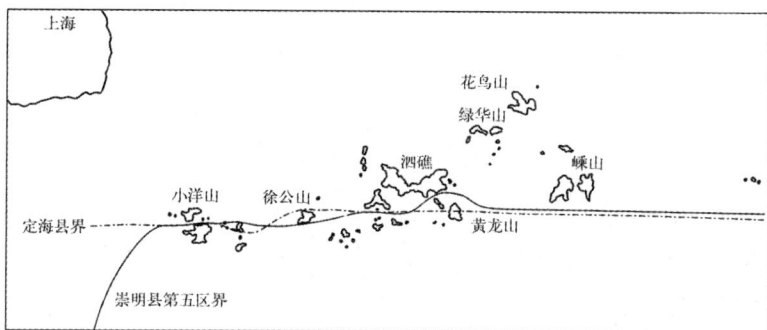

地图 2　嵊泗列岛存有争议的边界地区

　　浙江帮还强调行政管辖权已不再符合社会现实和政治现状。嵊泗列岛虽然行政上隶属江苏,但实际上是浙江的社会团体和官员在维护着嵊泗列岛的法律和秩序。浙江的渔业组织和定海的巡逻船组成的护渔队在鱼汛期间为防止海盗行为定期在嵊泗列岛海域附近聚集,而崇明县对这些事情视而不见。因为嵊泗列岛远离崇明县政府所在地,江苏当局对嵊泗列岛实际上没有产生任何影响。就崇明县管理岛屿而言,它做得十分糟糕。地方治安组织和第五区的财务账户不公开,纳税人不能商议这些内容。更糟糕的是,江苏营业税征收处征收的改头换面的渔业税,对渔民而言,是难以忍受的负担。现在,嵊山岛已经超越沈家门,成为舟山群岛著名的渔港,浙江帮坚持认为需要一个好的政府为未来的发展制订计划。[1]

　　国民党崇明县党部、崇明县第五区和江苏省渔政机关强烈反对浙江为控制岛屿的扩张而做的努力。这一抵制赢得了江苏要人的支持,如上海青帮的老大杜月笙,他支持江苏对嵊泗列岛拥有管辖权。[2] 为了支持要人们的主张,崇明县第五区淡化了浙江本地人对嵊泗渔场开发的作

---

[1]《申报》,1935 年 6 月 15 日,15;陆养浩:《辟浙省"宁波""奉化""定海"沪同乡会请划嵊泗列岛归浙说》,7。

[2]《韩国钧等电》,1936 年 1 月 31 日;《杜镛等代电》,1936 年 3 月 26 日,中央研究院近史所档案馆,17 - 27,138 - 3。

用。他们反而将岛屿上渔业发达归功于非人类因素而产生的环境波动，"渔场转向繁荣和渔场移至东部都应属自然趋势，绝对与管辖权无关"。① 即使嵊泗列岛的大多渔民都来自浙江，但是上海如今是嵊泗渔业产品最重要的市场，而且上海已经取代宁波成为产业经济的中心。

江苏的渔业专家认为，该省一直致力于开发嵊泗列岛渔场，在面对外国竞争中走在前列。江苏省立水产学校校长张毓骎回顾了江苏省政府为嵊泗渔场的行政管辖权回归江浙渔业公司所做的贡献，而该渔业公司是由张謇在清末创办的。最近几年，江苏通过在嵊泗列岛成立渔业指导所和开设崇明县第五区来加强渔业管理。如果江苏获得足够的时间来实施其渔业开发计划，那么它将会结束日本在嵊泗列岛附近水域的侵渔行为。② 根据江苏的渔业专家所言，浙江应尽自己最大的努力发展自身的渔业产业，以及减少对江苏内部事务的干预。浙江已经有了沈家门港口，而且孙中山的实业计划已规划在浙江长涂山岛建造一个近代渔港。而江苏仅仅拥有嵊泗列岛，所以褫夺这块区域将会对江苏的渔业造成无可挽回的伤害。如果两省间既有恰当的人力分工又有合作，中国就能够完成渔业建设并抵御日本对中国渔场更进一步的入侵。③

当江苏在保护嵊泗列岛的渔业时，江苏帮宣称，浙江台州和温州心怀不满的流浪者煽动岛屿省份名称的变更，是为了他们可以推翻江苏有关乌贼笼捕的禁令，并重新获得向渔船收费的权力。④ 嵊泗列岛的第五区行政机关的成立，已经减少了浙江方面对渔业组织费用的控制。江苏人试图让人看清浙江省控制嵊泗列岛只不过是想扩大领地，向渔船收费。而

① 程梯云：《浙赵专员划省归浙理由之检讨》，2。
② 《江苏省立水产学校校长张毓骎呈》，1935 年 7 月，复印件《行政院秘书处函》，1935 年 8 月 9 日，中央研究院近史所档案馆，17 - 27，38 - 3。
③ 陆养浩：《从渔业观点论嵊泗的分割》，23；《江苏省立水产科职业学校校长张毓骎呈》，1935 年 7 月，中央研究院近史所档案馆，17 - 27，28 - 3。张毓骎毕业于江苏省立渔业学校，之后留学日本，任教于浙江省立水产科职业学校。见《会员录》，《中华民国水产学会会报》(1934)，108。
④ 关于一个特别坚决的起诉状，见《崇明县渔会嵊山分会常务理事长杨友才等代电》，1935 年 7 月 30 日，中央研究院近史所档案馆，17 - 27，28 - 3。

江苏的水警队按时派遣船只前往嵊泗列岛附近海域,任务是保护渔船。至少根据江苏方面的宣传,绝不会因为服务的原因而要求费用。①

尽管江苏强烈反对,蒋介石依然在第一时间里支持赵次胜的提议——再次将嵊泗列岛的管辖权交给浙江定海县。然而,蒋介石的决定遭到了国民政府内政部的反对,内政部在该问题上持有不同立场。根据内政部所言,他们和实业部以及江浙两省在 1932 年乌贼纠纷时举办的会议上已经解决了边界问题。当时协商安排黄龙岛给浙江,将滩浒山和白山置于江苏的管辖之下。根据内政部的观点,该问题已经解决,没有再调查省际海洋疆界的必要。然而,没有一个省级政府愿意接受早前的协定。浙江依然要求拥有全部的嵊泗列岛,江苏则声称历史记载中没有包含将黄龙岛置于浙江管辖权之下的文字依据。② 最终,江苏省政府主席陈果夫打破僵局,他建议浙江和江苏派人进行调查,而后就省际海疆位置达成协议。③ 1936 年夏,赵次胜与江苏第四特区行政督察专员葛谭重新测量了边界。挑起争端的浙江和江苏的反对派从头到尾都在影响协商。在赵次胜的要求下,上海的宁波同乡会委派银行家张晓耕和其他渔业公所领导人作为顾问,因为他们是倡议嵊泗列岛行政管辖权变更的最有力支持者。浙江也委派了浙江省水产试验场场长陈同白协助谈判。④ 同样,陆养浩领导的国民党崇明县党部代表团在上海会见葛谭,表

---

① 《江苏崇明县县农会干事长黄贤麟等呈》,1935 年 7 月 24 日,中央研究院近史所档案馆,17 - 27,28 - 3。

② 《内政部函》,1935 年 7 月,复印件《行政院秘书处函》,1935 年 8 月 30 日,中央研究院近史所档案馆,17 - 27,38 - 3。

③ 陈果夫的解决方案是以中央政府的省市县勘界条例的第八部分为基础,条例阐述解决这些分歧的程序。见《内政部函》,1935 年 8 月 21 日;《江苏省政府函》,1935 年 8 月 31 日,中央研究院近史所档案馆,17 - 27,38 - 3。

④ 《定海周报》,1936 年 2 月 15 日,2。陈同白(1900—1984)在上海圣约翰大学和上海清华学校高等科学习,之后于 1925 年获官费留学美国华盛顿大学水产学院并获硕士学位。回国后,陈同白在江苏省立水产学校教书,并在广东的多个渔业指挥部任职,之后于 1935 年以浙江省渔业试验场场长的身份接管。见《会员录》,《中华民国水产学会会报》(1934),106;《浙江省水产志》编纂委员会《浙江省水产志》,1017 - 1018。

达了他们对嵊泗列岛管辖权不容任何变更的态度。① 在谈判之前,葛谭视察了嵊泗第五特区办事处,其领导人规劝他不要将任何岛屿移交给浙江。

当浙江与江苏代表团间的谈判 7 月 24 日在黄龙岛启动时,赵次胜拒绝推动调查进行,声称除非谈判重申将所有嵊泗岛屿分配给浙江的原则。葛谭表示反对,宣称他们不能做这样的决定,因为决定浙江与江苏边界的权力取决于省级政府,而省级政府需要根据勘测结果才能做出决定。由于无法调解这一分歧,谈判甚至在勘察开始以前就破裂了。②

由于边界问题悬而未决,行政院于 9 月 4 日举办了另一场会议,浙江、江苏、内政部、实业部和财政部最终达成协议。侯朝海作为实业部代表出席。葛谭和渔业专家王文泰代表江苏参加了会议。赵次胜和陈同白则代表浙江参加。内政部依旧希望根据 1932 年的协商结果处理这一事务,财政部和实业部则提倡保持现有疆界。③ 在审视了各自的立场之后,蒋介石推翻了他早前做出的决定,命令两省维持当前的事务状态。结果,嵊泗列岛一直处于浙江的控制之下。④ 这场由国民党政府内部分裂、领导者对地域的忠诚以及他们各自不同的经济利益所造成的地域纠纷,最终画上了句号。

1936 年 12 月,江苏派出一个视察团,为嵊泗列岛未来的开发制订了

---

① 陆养浩是 1924 年崇明县国民政府党部第一届全体会议的筹划委员会成员,并担任其宣传部的部长,见《崇明党部工作调查事项一览》,崇明县党务整理委员会填报,1930 年 8 月,国民党党史委员会档案,435-173;《新崇明报》,1933 年 1 月 1 日,6。

② 《江苏省政府院呈》和《浙江省政府院呈》,都属于行政院秘书处函,1936 年 8 月 25 日,中央研究院近史所档案馆,17-27,28-3;《水产月刊》,第 3 卷,no.7(1936):79-80。亦见于金苟:《黄龙岛历史沿革》,92。

③ 《行政院秘书处函》,1936 年 8 月 31 日;《行政院召集嵊泗列岛划界问题案审查会》,1936 年 9 月 4 日,中央研究院近史所档案馆,17-27,28-3。亦见于《水产月刊》,第 3 卷,no.10(1936):64-66。

④ 《行政院训令》,1936 年 10 月 13 日,中央研究院近史所档案馆,17-27,28-3;《水产月刊》,第 3 卷,no.11(1936):77-78。

一个计划。除了葛谭和崇明县党部主席陆养浩,视察团成员包括江苏和国民政府著名的渔业专家侯朝海和王文泰。视察团的"民政组"制订计划,计划通过实行保甲共同安全体系,训练民团以及加强渔业组织的官方监督。视察团的"经济组"制订计划,计划改革嵊泗渔场的营销关系。"渔业组"制订计划,计划进行渔业资源和水产养殖试验的调查,提升营销手段,解决交通安全,以完成嵊泗列岛捕鱼业的整体"改造"。①

浙江方面,浙江1936年着手进行的渔业改革与浙江省渔业管理委员会开展的渔业改革几乎相同。委员会的"治安组"掌管所有与渔业保护和渔业警察相关的事务。"经济组"负责信贷系统的规章和改革、救济贷款、渔业试验和渔业技术的改良。"教育组"编纂和检查保甲登记表、实施计划,以实施教化和培训渔民等工作。"教育组"同时也负责渔业组织的建立、导向和管理,以及渔业纠纷的调解和解决。② "专家委员会"被组织起来处理与渔业发展相关的特定课题。"经济委员会"包括渔业专家周监殷,以及渔业公所领导,如张申之、刘寄亭等。其他公所领导都是治安组成员。③ 1937年4月,渔业管理委员会发起浙江渔船、渔行、渔品加工企业年度登记,未能完成登记的企业不能要求管理委员会的保护或以减免税率的形式购买用于保存生鱼的渔盐。在那以前,浙江的渔船数量没有可靠数据记录,现在登记也是为了收集所需的信息,评估各地渔业的发展,并促其发展。④ 当然,除了提高渔业的生产,登记也将提高对

---

① 《水产月刊》,第3卷,no. 11(1936):79;《水产月刊》,no. 12(1936):65 - 66;《嵊泗列岛视察团访沪》,1936年12月10日,舟山市档案馆复印件,《申报舟山史料汇编》,306 - 308。关于江苏的视察团前往嵊泗列岛的最终报告书复印件,见《嵊泗列岛视察报告书》,1936年12月31日,上海市档案馆,Q464 - 568。

② 委员会由省民政局、财政部、教育部和建设部组成。来自温州、临海县、宁波的特区行政督察专员,还有赵次胜都是委员会会员。见《定海周报》,1936年7月6日,2。

③ 《定海周报》,1936年7月14日,1。

④ 不能登记的渔业经营者无法要求管理委员会的保护或者以减价的渔业税去买盐以保存鱼。见《定海周报》,1937年5月17日,2。

渔业经营者的征税。

正视有效的开发

民国中央政府于 20 世纪 30 年代中期着手计划达成更加有效开发海洋环境的长远目标,而这一目标将通过理性开发、专业规划来完成。通过在上海筹建一家由中央政府集中统筹的鱼市场,实业部的渔业专家在这个方向上迈出了重要的一步。1933 年实业部的努力化为现实。与此同时,实业部派遣了一支由侯朝海领导的渔业专家小组前往日本,执行调查任务,收集日本政府对鱼市场管理的各类信息。①

侯朝海强调中国需要由国家控制鱼市场和渔业合作社,以"达到改进渔业中的经济组织,改善渔民生计,由此逐渐实施对渔业的统治"。同时,国民政府必须巩固渔业组织以扩大生产能力,创造一个强有力的"后卫",以支持中国与外国的联系。② 虽然侯朝海提及了实施"产卵和鱼类保护研究"的必要性,但他从未解释过这些以保护海洋资源为目的的项目应该如何实施。③

侯朝海指出国民政府的财政困难是其不能实施渔业改革项目的主要原因。政府需要放弃依赖资金的错误概念——"取自渔场,用之渔场",这一概念的背后是其尝试收取渔场改建费、预留改建费专项资助渔场管理未果。④ 扩大上海鱼市场的集权控制将会产生大量的税收,也会给予渔业专家如侯朝海等人可以信赖的财政支持来源。如一名外国观察家指出的那样,在上海开设一家鱼市场保证将会给予国民政府"极佳的收入来源"。⑤ 中国政府的财政目标又一次与更有效开发渔场的动机

---

① 《上海渔业志》编纂委员会:《上海渔业志》,549。
② 侯朝海:《我国渔业概况与渔政设施方案》,42。
③ 同上书,43。
④ 同上书,43-44.亦见于黄振世:《旧上海的渔史》,231。
⑤ H. M:《中国政府控制渔业》,《远东调查》,5,1936 年第 17 号,187。

出现交叉关联。

1935—1936 年,实业部使用了从财政部借来的 100 多万元,用于筹备新的上海鱼市场。中央政府的计划遭到了上海渔行的抗议,但是,实业部在杜月笙和上海银行业巨头方椒伯的帮助下避开了反对的声浪。上海鱼市场最终成立,当是时,八位董事会成员全都来自商界,政府则选出另外八位。官方指定者包括银行家虞洽卿和方椒伯,还有渔业公所理事张申之。商界指定者中的首要人物杜月笙,是上海鱼市场董事会主席。作为对渔商的额外让步,实业部允许商业利益集团购买其中价值 30 万元的股份。① 上海鱼市场于 1936 年 6 月以 120 万元的总资本开始运作,总资本一半来自实业部,一半来自上海的商业集团。②

为了克服市场的季节性波动,上海鱼市场拥有机械制冷设备和需求高峰期可供容纳 1 500 吨待售鱼的冷藏设备。拥有这些冷藏设备,渔民不再被迫以压低的价格脱手容易腐败的渔获,鱼市场则有能力减轻供需的不平衡,保证鱼价的平稳和产量的递增。③ 鱼市场的规则要求上海所有的待售鱼都必须通过国营的营销机构卖出。只有隶属于市场的渔行才可以从渔船购买渔获。据一名外国时事评论家所言,通过控制中国最大的售鱼中心,上海鱼市场意欲实施垄断,而如果不能垄断,则集权控制捕鱼业。④

上海鱼市场在所有出售的渔品价值上收取 7％的佣金,除了市场规章中授权的费用外,政府禁止任何其他费用。鱼市场要求获得 7％中的 4％,剩下的 3％交给参与交易的渔行。另外,商业捐客也收取 1.55％的手续费。⑤ 因为所有进口渔品都必须经过集权控制下的上海鱼市场,所

---

① 黄振世:《旧上海的渔史》,233。
② 同上书,232-233;布赖恩·马丁:《上海青帮》,210-211,《上海市年鉴》,Q71。
③ K. C. Lin:《上海的新市场》,《中国经济期刊》,15(1934),607-608。
④ H. M:《中国政府控制渔业》,《远东调查》,5,1936 年第 17 号,187。
⑤《上海市年鉴》,Q71-77。

以,外国渔船包括日本渔船都必须支付所需关税,国民政府由此而获得额外收入。①

国民政府的渔业专家甚至通过改革信贷关系,给予渔业经营者本金,以此向难以实现的合理利用海洋资源的目标靠拢。1934 年全球经济衰退冲击了中国的经济之后,渔业行业经历了一次巨大的衰退。为了响应舟山群岛渔业公所的呼吁,实业部联合上海的金融机构于 1936 年秋组成渔业银团放贷给渔业经营者。银行家贲延芳因大笔投资渔行,结果在上海鱼市场获得了常务理事的职位,他起草了渔业银行章则。② 1936 年 10 月起,渔业银行发放总值为 12 000 元的贷款给鄞县渔业合作社和附属于上海鱼市场的渔行。③ 来自国民政府的这一财政救济政策刺激了鱼市场,渔场的渔获量得以恢复,鱼群所遭遇的生态压力也在持续。

中日战争期间的舟山渔场

1937 年中日战争的爆发,对舟山捕鱼业产生了严重的影响。同年夏,日本对沿海航运施加封锁,使得中国渔船不能进入上海港口。④ 日本军队控制了舟山群岛附近海域,占领了嵊泗列岛,并以此作为空袭上海、南京和杭州的基地。1939 年,日本通过占领舟山群岛的大部分区域,结束了省际间对嵊泗列岛归属的争执。⑤

---

① 关于国民政府对于收入损失的关注是日本船只在上海避税的结果,见《财政部咨》,1933 年 2 月 14 日,中央研究院近史所档案馆,17 - 27,122 - 5。

② 《水产月刊》,第 3 卷,no. 5 - 6(1936):104。

③ 李士豪、屈若鶱:《中国渔业史》,98 - 100;亦见于中央研究院近史所档案馆,17 - 27,38 - 4。

④ 《华中振兴公司及其关系公司之研究》,1944,收录于中国第二历史档案馆:《中华民国史档案资料汇编》,第五卷,2,附录,1094;亦见于黄美真:《日伪对华中沦陷区经济的掠夺与统治》,396。关于 1937 年上海和长江地区的军事情形,见马文•威廉姆斯《军事力量,1937—1941》,142 - 144。

⑤ 郭振民:《嵊泗渔业史话》,78,272;舟山市档案馆:《申报舟山史料汇编》,331;《舟山渔志》编写组:《舟山渔志》,32。

日本入侵后,上海鱼市场的官方监督出现了一种新的形式。1938 年
11 月,日本当局设立华中水产股份有限公司,以垄断上海的渔品批发,并
特许日本拖网渔船在港口外作业。日本人认为中国渔民低效的运输和
经销渔品的方式,妨碍了他们的合理使用,是对自然资源的亵渎。日本
通过指明这一点,证明自己的垄断行为是正当的。因此,在日本的支持
下,调控自然资源成为必须。① 战时期间,上海所售渔品获得的收入通过
调控进入日本海军之手,而日本海军严格执行了对营销的控制。② 然
而,由于华中水产股份有限公司与国民政府上海鱼市场之间存在着直
接的联系,中国渔业专家张柱尊与日本人控制下的营销机构合作。张
柱尊在通敌卖国者汪精卫政权的实业部里担任渔业和畜牧业的领导
人。③

　　日本当局在开设了华中水产股份有限公司之后,放松了对海运的限
制,假如中国渔船通过新的营销机构出售他们的渔获,就被允许在上海
卸货。④ 机械化的日本船只和从日本人手中获得海关号簿的中国渔船在
上海分享一个共同的市场。战争爆发后,难民涌入上海的国际移民区,
导致了需求的暴涨。结果,大多数的渔品仍由在舟山群岛海域捕鱼的中
国渔船带往上海港口,上海的渔品消费超过了战前水平,直到 1941 年
为止。⑤

　　为了与日本竞争渔品供应的控制权,1938 年 6 月,参与国民政府上

---

① 岗本正一:《满支的水产事情》,610 - 611。
② 关于华中水产股份有限公司,见柯博文《在日本新秩序下的中国资本主义:长江下游沦陷区,
　　1937—1945》,58,79;亦见于冈本信男:《近代渔业发展史》,417;岗本正一:《满支的水产事
　　情》,608 - 612,910 - 913。
③《定海周报》,1938 年 8 月 23 日,2;1938 年 8 月 27 日,2。
④《华中振兴公司及其关系公司之研究》,1944,收录于中国第二历史档案馆:《中华民国史档案
　　资料汇编》,第五卷,2,附录,1094。
⑤ 黄美真:《日伪对华中沦陷区经济的掠夺与统治》,398。根据日本的资料,1939 年,上海市场
　　上的渔货几乎有 80% 是由中国的渔船带往港口的,只有 20% 的渔货是直接由华中水产股份
　　有限公司运作下的舰船在港口卸货。见岗本正一《满支的水产事情》,913。

海鱼市场的中间商与法国商业利益集团合作,成立中法渔业公司。此时中法渔业公司还未落入日本人之手,这一合资公司负责处理上海法租界的渔品销售。① 为了获得渔品供应权,中法渔业公司派人将两万元贷款给予舟山的渔业经营者,并与沈家门的水产捕捞业负责人如张晓耕,协商关于运送渔品到上海的事宜。② 中法渔业公司也依靠它的欧洲伙伴保护渔业运输,免受日本人的干涉。③

1941 年前,浙江沿海的许多地区一直处于国民政权的控制之下。对于国统区的渔民来说,日本海军的存在使他们的工作比平常更加危险。如一份 1939 年的奉化县经济情况调查评论显示:

> 沿海渔民,因受战事影响,初均不敢出渔,后以生计所迫,不得不出而捕鱼,然往往受敌舰劫持;有时被敌人胁诱,将所获运赴上海,向敌人所设鱼市场销售,故经济情形,较往岁益更形低落。④

战时继续捕鱼的船只也遭到浙江沿海肆虐的海盗帮派的威胁,他们扣下了渔民的钱财和物资补给。⑤ 在台州温岭县,冬季带鱼鱼汛期间,曾经季节性前往舟山群岛的许多渔船在战争期间停止了渔业活动。⑥ 为了渔商的利益,上海定海同乡会代表渔商向宁波国民政府当局呼吁,希望获得允许将他们的渔获从定海运往上海出售。⑦ 战争伊始,整个浙江沿海的渔业经营者就面临着类似的困难,同时国统区的渔业生产严

---

① 《定海周报》,1938 年 7 月 20 日,2。
② ③ 《定海周报》,1938 年 8 月 23 日,2;1938 年 9 月 15 日,2。
④ 浙江省各县建设工作讨论会秘书处:《浙江省各县建设工作讨论会报告》,第二卷,381。
⑤ 《前宁波渔业管理局总务何玉书呈》,1942 年 5 月 12 日,中央研究院近史所档案馆,28－03－05,8－2;亦见于岗本正一:《满支的水产事情》,610。
⑥ 浙江省各县建设工作讨论会秘书处:《浙江省各县建设工作讨论会会议报告》,第二卷,404,419。
⑦ 《定海周报》,1938 年 7 月 29 日,2。

重下滑。①

每当冰鲜船遭遇日本军事部队,就不得不藏起国民政府颁发的海关号簿,或是在慌乱中将海关号簿扔进水里。否则,日本人会搜查、没收,甚至毁了他们的货物。除非冰鲜船前往上海,通过日本人控制的营销机构出售他们的渔获,否则冰鲜船将不会被释放。一旦冰鲜船成功抵达国民政府控制的镇海港口,它们又必须通过军事和海关的检查,并支付给地方渔会1—5元的费用。直到那时,他们才能够前往宁波,将他们的渔获卖给渔行。后来,国民政府对镇海实行封锁,在渔船出售渔品以后,除非他们找到方法秘密离港,否则渔船将不得不停留一个月。1939年4月,日本的空袭炸毁了宁波鱼市场几乎所有的渔行,供不应求的结果导致鱼价比平时高出五倍,高价刺激了十家左右的渔行架设棚屋,在原址继续做生意。

定海一度落入日本人之手,渔船不得不从占领者手中获得海关号簿。为获得海关号簿,渔船被要求在沈家门拥有一家渔行作为他们的担保人。渔船面临严格的检查,那些没有得到日本人颁发通行证的渔船可能被没收财产或遭遇其他困境。由中国汉奸和日本浪人负责的渔业部由沈家门自治会成立,他们也向渔船收费。更糟的是,日本强迫征召许多强壮的渔民充作劳工。面对这一侵扰,"许多渔船逃往其他地方,因为各种限制,其他渔帮的船只不能直达定海捕鱼。因此,定海沈家门港口的渔行也将减少和歇业"。② 1938年8月,一份《定海民报》的报告估计,自1937年与日本交恶开始,舟山捕鱼业已经遭受2 368 000元的损失。③

浙江和国民政府的渔业专家,如侯朝海和金焰,试图通过设立合作

---

① 浙江省各县建设工作讨论会秘书处:《浙江省各县建设工作讨论会会议报告》,第二卷,373,375,386,402,404,432 - 433,444,456 - 467。

②《宁波、定海鱼市渔船渔民调查报告书》,1938年8月31日,浙江省档案馆,33 - 2 - 314。

③《定海民报》,1938年8月11日,2。

社,提供救济贷款给渔业经营者,以维持渔业生产。[①] 从 1940 年起,浙江积极实施这些政策,每年提供超过 20 万元的贷款给国民政府控制下的地方渔业合作社。但是,经过 1941—1942 年间的宁绍战役和 1942 年的浙赣战役,浙江大半地区落入日本人之手后,浙江省无法继续这些救济项目,于是,浙江省在 1943 年和 1944 年间完全停止了发放渔业贷款。[②]

20 世纪 40 年代中日间的军事争端对舟山地区的捕鱼活动而言是一个沉重打击。1937 年以前,大概 26 000 艘船只在浙江捕鱼,约 15 000 艘在战争中遭到破坏。[③] 根据一项评估,与日本的持久战加上之后中国的内战,导致舟山地区中国渔船的渔获量从 1936 年 93 000 吨的战前水平滑落到 1947 年的仅有 12 000 吨。[④]

日本渔业在 20 世纪 40 年代的境遇要好一些,但几乎所有的日本机械化渔船都在 1941 年太平洋战争开始时遭到毁灭。一份 1945 年华中水产股份有限公司股东大会的报告解释了由于获取物资的困难和战后引起的运送渔获的危险,渔品供应明显下降。[⑤] 日本海军为了战争的需要征召了很多用于军事用途的船只,同时总的战争需求导致没有足够多的原材料用于商业目的的渔船。[⑥] 20 世纪 40 年代,战时日中两国水产捕捞业出现大幅下滑,鱼群也因此从人类的需求中逃开,暂时获得了休养生息。

---

① 浙江省各县建设工作讨论会秘书处:《浙江省各县建设工作讨论会会议报告》,36-41;《救济本省渔业案》,1940 年 4 月,台湾国史馆,064-1443;侯朝海等:《请订定抗战时期推进全国渔业合作施业案》,1941 年 5 月,台湾国史馆,124-325。
② 李星颉:《浙江省渔政之回顾与前瞻》,8-9。关于战争时期浙江军事发展的评论,见张根福《抗战时期浙江省人口迁移与社会影响》,26-29。
③ 李星颉:《浙江省渔政之回顾与前瞻》,5。
④《舟山渔志》编写组:《舟山渔志》,53。
⑤《华中水产股份有限公司第十一期定期股东大会议案》,1945 年 3 月,中央研究院近史所档案馆,28-03-05,007-2。
⑥ 威廉·M. 筒井:《黑山谷中的风景:关于战时日本的环境史》,《环境史》8,2003(2).302-303。

本章小结

20 世纪 30 年代中期,江苏的地方政府向浙江的渔船征税,因为浙江缴税渔船在江苏省管辖的海域捕鱼。如果不是由于渔场位置的变化迫使浙江的船只进入江苏沿海地区寻找丰饶的鱼群,这一复杂的情势就不存在了,这表明海洋环境具有不可预测性。这样一来,海洋环境的不可预测性提供了两省政治上对抗的条件。其实,江苏和浙江纠纷的最直接原因是中国政府努力增加对社会各阶层收入上的压榨。出于财政需求,浙江和江苏省级地方政府作为对立的两个地方渔业团体,为获得渔业税收而展开了激烈的竞争。这一行政意图使得最终不能通过协调舟山渔场的使用而达成可行的协议。

尽管存在分歧,组成中国政府的所有利益集团其实都支持开发政策,这一政策通过有效开发自然环境,扩大了他们的计税基础。因为政府总不能向停舶在水里不撒网不捕鱼的船只收税,因此,国民政府的官员在限制渔获方面几乎没有激励政策,而规章制度要求生产者放弃对自然资源的开发只会减少税收。当然,一旦渔业资源完全枯竭,就可以终结这种收入。总之,官方对财政收入的强烈愿望阻止了国家行为体去重视长期利益。将自然资源转化为税收的渴望,无论是日统时期,还是国统时期,其所产生的影响是一样强烈的。最终,由全面战争引发的灾难倒是缓解了人类对海洋环境的需求。战争对中国的海陆景观产生了灾难性的破坏结果,但它对鱼类族群而言倒是一种生态修复。

后 记 政策的连续与中断

整个 20 世纪,中国的渔业专家都在倡导运用现代科学和专业技术来对海洋环境进行更为理性和更为有效的开发。1949 年以前,渔业专家无法推行他们的计划,未能重塑舟山群岛社会与自然之间的关系,但是他们的发展观点直接影响到了 20 世纪 50 年代中华人民共和国的渔业政策。夏竹丽(Judith Shapiro)认为,作为毛泽东思想的一大特征,自然环境"两极化和对抗性"的概念(两级:无产阶级与资产阶级;对抗:发生在两个阶级之间——译者注),很大程度上造成了 1949 年以后中国所遭受的生态灾难。[①] 但是在舟山渔场,中国政府的海洋环境政策却直接来源于 20 世纪早期绘制的蓝图。理性且有效地利用自然资源,这一目标形塑了 1949 年前后中国政府的开发政策。这些开发主义的计划与 20 世纪的现代性方案(project of modernity)相吻合。尽管各地的政治和经济条件差别很大,这种现代性方案却能风行于世界。

为了鼓励渔业经营者迅速恢复渔业生产,共产党政府在 1950 年控制舟山群岛之后,为他们提供了大量的贷款。1950—1957 年期间,信贷

---

① 夏竹丽:《人定胜天:革命时代中国的政治与环境》,4。

救济达到了 12 439 000 元。[①]　由政府组织的渔业合作社负责工具和物资的供应，以进一步增加产量。[②]　国家在沈家门和嵊泗列岛的港口设立了控制渔获定价和渔获销售的国营营销系统，达成了这些民国时期制定的计划。渔民只有在地方当局登记，并将他们所有交易的信息报告给商业机关，才能被允许继续从事买卖。[③]

　　通过鼓励增加机动船来取代帆动力渔船——一项原本由中国渔业专家于 20 世纪 30 年代提出的技术改进——中国政府大量提高了舟山渔场渔业资源的捕捞产量。[④]　机动船的花费只有蒸汽拖网渔船的 1/10，但是它与帆动力渔船相比能多出两到三倍的捕捞产量。[⑤]　为了获得购买机动船的资金，渔业合作社动员渔民家里的女眷从事绳索和渔网的副业生产。[⑥] 1956—1963 年间，舟山机动船的数量从 76 艘上升到 1 200 艘，截至 1963 年，机动船的渔获量占到总渔获量的 40%。[⑦]　晚清时期，渔民从他们的原籍地迁到舟山群岛时，带来了更加高效的船只和捕鱼工具，这种提高产量的技术革新，可使渔民前往更远海域和瞄准更加有利可图的渔场，这种情况一直延续到中华人民共和国时期。

　　而且，20 世纪 60 年代中国政府在嵊山岛建造了现代化的渔港，完成了孙中山在《实业计划》中提出的计划。[⑧]　所有这些始于民国时期的渔业

① 赵以忠：《中华人民共和国建国初期恢复舟山渔业生产的几个历程》，81-82；《舟山渔志》编写组：《舟山渔志》，332-333。

② 郭振民：《嵊泗渔业史话》，349-352；赵以忠：《中华人民共和国建国初期恢复舟山渔业生产的几个历程》，89-90；《舟山渔志》编写组：《舟山渔志》，299-302。

③ 郭振民：《嵊泗渔业史话》，183-187；赵以忠：《中华人民共和国建国初期恢复舟山渔业生产的几个历程》，84；《舟山渔志》编写组：《舟山渔志》，254-256。

④ 赵以忠：《中华人民共和国建国初期恢复舟山渔业生产的几个历程》，91-93；《舟山渔志》编写组：《舟山渔志》，115-117。关于民国时期的提案，见《全国水产术学机关概况》，90，收录于《中华民国水产学会会报》(1934)，上海市档案馆，Y4-1-225。

⑤ Jan J. Solecki, *Economic Aspects of the Fishing Industry in Mainland China*, 78-79。

⑥ 黄均铭：《岱山渔业历史特点探讨》，50-51；赵以忠：《中华人民共和国建国初期恢复舟山渔业生产的几个历程》，93。

⑦ Jan J. Solecki, *Economic Aspects of the Fishing Industry in Mainland China*, 106-107。

⑧ 郭振民：《嵊泗渔业史话》，223-237；留正铨：《嵊泗列岛巨变》，129-130。

开发计划都是出于理性开发自然资源的动机。中国政府的渔业政策以其惊人的延续性跨越了 1949 年的鸿沟,这并不难以解释,因为是同样一批人在负责规划。像李士襄、侯朝海、金焰这样在民国时期负责渔政的渔业专家,在 20 世纪 50 年代中华人民共和国的渔政机关里仍然担任重要的职务。① 在中华人民共和国的最初几年间,这些渔业专家经过长期努力,终于打开了人类与海洋环境之间互动的新局面。

1949 年前后的主要的差别在于:不同于之前的中华民国,中华人民共和国有能力将措施付诸实施。共产党领导的政府将职权交给干部队伍,以确保其方案的制定落实到地方层面。工作委员会登记和收集舟山群岛渔行的财政信息,并实行户口登记。② 中共舟山专区委员会以 20 世纪 50 年代中国的土改为模式,在当地实行"渔改"。但是,为了加快舟山水产捕捞业的恢复和发展,渔政遵循了一条极为宽大的阶级路线。地方干部选择与渔业资本家合作,只对那些被认定犯有"政治"和经济压迫罪名的渔霸进行阶级斗争。③

为了防止 20 世纪 30 年代蔓延于国民政府的管辖权争端再次出现,中共将嵊泗列岛置于舟山专署之下,于 1951 年 3 月统一了舟山群岛的管理。④ 舟山专署和浙江沿岸的各个县设立了渔业生产指挥部,以监督渔业活动,建立互助合作社,监督运输和营销,维持公共秩序。当鱼汛到来,指挥部人员前往渔场指导生产和解决问题。渔船仍然按籍贯组织捕捞船队,但是地方干部会从中选拔积极分子,来领导各自的同乡,并确保他们遵循官方的指导。⑤ 中华人民共和国政府通过将权力扩张到地方社

---

① 关于 1949 年以后这些渔业专家官方职责的传记信息,见《上海渔业志》编纂委员会《上海渔业志》,1008 - 1009,1015 - 1016。

② 郭振民:《嵊泗渔业史话》,284 - 286;赵以忠:《中华人民共和国建国初期恢复舟山渔业生产的几个历程》,85 - 86,90。

③ 赵以忠:《中华人民共和国建国初期恢复舟山渔业生产的几个历程》,86 - 87。

④ 同上书,85。

⑤ 张立修、毕定邦:《浙江当代渔业史》,27。

会,并且强化控制机制,提高了其实施开发计划的能力。

伴随着这些渔改措施的实施,渔获量迅速恢复到 1937 年以前的水平。自然的协助也是一个原因,因为 20 世纪 50 年代巨大的降水量和强季风使得环境条件更加有利于渔业生产。[1] 舟山地区的渔业产量在 1952 年达到 83 000 吨,并且在下一个十年里持续增长。[2] 20 世纪 40 年代军事冲突期间,人类对海洋资源的压力有所缓和,也给予了鱼群一个休养生息的机会。现在,当鱼汛到来,旅居舟山的渔商评论说,他们从未见过如此多的鱼。[3] 有利的气候条件和鱼群数量的恢复为渔业经营者带来更多的渔获量,至少一度如此。中国通过向国营营销机构收取 5% 的渔业税,从增加的渔获中获利。到 1956 年春,这一赋税增加到 8%。[4] 岛上的地方干部负责监督渔商,确保渔商不会逃税。[5] 和民国时期一样,中国政府渴望获得税收,这是更加有效管理自然资源的一个动力。随着开发计划增加了渔获量和财政收入,国家机构秉持这样一个信念,坚持认为科学和技术知识将会使自然资源源源不断地多产。渔业专家一直坚信禁止使用损害产卵活动的各种捕捞工具,推广更有效的水产捕捞业技术,研究鱼群的分布、波动和开放深海渔场,使之可以永久扩大产量。[6]

另一方面,20 世纪 50 年代,渔场产量的不断增长引发了围绕资源而起的激烈竞争,导致了频繁的争端。干部被委派前往渔场调和这些争端,并确保产量稳定。与国民政府时期相比,干部在不同的管理层面进行更为有效的调节和交流促进了争端的解决。然而,政府的监管并不总

---

① 邱永松等:《径流和季风对东中国海渔业生产力变化的驱动作用》。

② 同上书,85。

③ 同上书,82。

④ 郭振民:《嵊泗渔业史话》,302－303;赵以忠:《中华人民共和国建国初期恢复舟山渔业生产的几个历程》,84,96。

⑤ 郭振民:《嵊泗渔业史话》,285。

⑥《一九六三年全国水产工作会议纪要》,1963 年 12 月,上海市档案馆,B255－1－333。

能消除紧张局势。例如 1954 年,浙江省做出让步,同意台州专署的要求,推迟发布对乌贼笼使用的禁令,于是,没有转产转业的台州渔民就可以继续从事渔业生产,但舟山专署拒绝遵守这一决定,从而招致浙江南部地方政府的抗议。① 由此可见在中共的领导下,不同的地区和官僚利益团体依然可以阻碍高层指令的实施。

1949 年成立的新中国也没有消除日本渔船带来的国际压力。战后重建的更为庞大的日本船队在 20 世纪 50 年代又重新返回中国沿海的渔场。② 在长达十年的时间里,中日间的渔业争端愈演愈烈。③ 更糟的是,中国国营渔企经营的小型机械化拖网渔船经常忽视官方的禁令,进入沿海海域,撞毁传统的捕鱼船。这引发了中国渔政机关的关注,因为由此引发中国内部的争端将会"影响我们国家的国际信誉,对于中日渔业的斗争不利"。尽管国内外对舟山海洋资源施加的压力跨越了 1949 年的鸿沟,但是在 20 世纪五六十年代,舟山地区的开发达到了前所未有的程度。

不久之后,人类对海洋环境需求的扩大开始对舟山渔场最重要的经济鱼类产生了影响。早在 1963 年,就有报告指出,舟山地区渔民捕捞的大小黄鱼的个头从 20 世纪 50 年代以来就大大缩小了。④ 然而,中国的许多官员依然坚信中国的鱼群资源仍然很丰饶。在他们看来,唯一的问题是,渔民们没有理性地开发这些资源,跟民国时期一样,中国的渔

---

① 《浙江省人民政府农林厅水产局函》,1954 年 3 月 26 日,台州专区渔民协会委员会,1954 年 4 月 10 日,浙江省档案馆,007 - 6 - 20。
② 关于新中国早期日本人的船只在舟山群岛附近海域继续进行捕鱼的活动资料,见《国营上海水产公司渔轮捍卫海防和保护渔场情况,1950 年 12 月—1952 年 10 月》,上海市档案馆,B255 - 1 - 37;《东海渔区对日渔轮斗争的情况和成立东海渔业生产联合指挥部意见》,1959 年 3 月,上海市档案馆,B1 - 222。关于 20 世纪 40 年代和 50 年代早期日本人的渔业复兴,见 Harry N. Scheiber, *Inter-Allied Conflicts and Ocean Law, 1945 - 1953: The Occupation Command's Revival of Japanese Whaling and Marine Fisheries.*
③ 宋燕辉:《中国的海洋政策》,989 - 990。
④ Jan J. Solecki, *Economic Aspects of the Fishing Industry in Mainland China*,118.

政机关指出浪费和低效的捕鱼技术以及中国渔民没有能力开发新的渔场是渔获量下降的原因。如同浙江的一个渔政管理部门在 1968 年指出的那样，"保护资源和解决矛盾的最佳方法是积极开发新的资源和新的渔场"。[①] 中央政府颁布规定要求研究如何保护产卵场的幼鱼，但是约束从未被强制执行，产量的持续增长一直要比保护鱼群有更多的优先权。[②]

截至 20 世纪 70 年代，大黄鱼、小黄鱼、乌贼鱼和带鱼的数量显示出严重的衰竭迹象。沿海地区快速的工业发展引起的海洋污染进一步导致了鱼群数量的下降趋势。与人为因素一道，20 世纪 70 年代，降水量的减少和季风的减弱使得渔场变得少产。[③] 每年一度的大黄鱼和乌贼的鱼汛，在清代还能吸引渔民们前往舟山群岛附近海域，到 20 世纪 80 年代早期就已经停止了，而且此时的带鱼数量也已极其稀少。20 世纪 70 年代期间，舟山的主要经济鱼类，小黄鱼、大黄鱼、带鱼和乌贼，占到了总渔获量的 60%—70%。20 世纪 90 年代期间，这些鱼类仅仅占到总产量的 20%。截至 20 世纪末，大小黄鱼和乌贼鱼的渔业资源已经崩溃了，而带鱼则陷入枯竭境地。短时间内，黄鱼和带鱼数量的下降，使得它们的猎物螃蟹、虾子和更小的鱼群有机会增长。但是，商业开发也很快使得这些被捕食的动物数量衰竭，这也损害了以它们为食的鱼类的恢复机能。[④]

自民国以来，中国渔业专家期望现代科技能够弥补因为无限加剧的"公共池塘"资源开发而导致的产量下降。早在 20 世纪二三十年代，渔业专家就意识到舟山渔场的渔获在不断下降。但是，渔业专家从未质疑

---

① 关于吕泗渔场的一些材料，1968 年 3 月 1 日，5，收录于浙江省水产厅：《吕泗渔场生产资料》。
② Jan J. Solecki, *Economic Aspects of the Fishing Industry in Mainland China*, 118 - 119,141.
③ 邱永松等：《径流和季风对东中国海渔业生产力变化的驱动作用》。
④ 郭振民：《嵊泗渔业史话》，126 - 127,199 - 214；黄均铭等：《岱山渔业机帆化史话》，120；商弘：《海洋渔业资源保护与管理问题的探讨》；《舟山渔志》编写组：《舟山渔志》，52 - 67；张立修、毕定邦：《浙江当代渔业史》，86 - 91。

过这一假设,即现代科技可以最大限度地获得海洋资源。在某些情况下,就像在乌贼网捕笼捕之争一章中看到的那样,强调有效地利用资源会使得渔业专家出面要求限制某些捕捞形式。但是,更为有效地开发资源并减少浪费的目的,是为了发展国家经济,增加产量,使财政得到最大回报。在中华人民共和国时期,对海洋资源的强化开发导致了舟山群岛最重要鱼类的衰竭。最终,对现代科学力量的信念,并没有避免环境的恶化,反而加速了这一现象。

尽管中国的渔业专家宣称具有独立的客观性和科学的明确性,但是,他们从未支持过一个单独的、明确的解决海洋渔场管理问题的方案。中国渔业管理政策的形成本质上一直就是政治性的,而且也受到经济利益的影响。20 世纪 20 年代期间,使用不同捕捞工具的渔民就曾根据籍贯结成渔帮,对政府机构不断施加压力,以求政策转变对其有利。当渔业专家尝试要收集鱼群数量的信息以解决同乡会之间的纠纷时,他们的研究却进一步让位于官僚内讧。随着一批国家行为者努力获得对他们有利的政策支持,对捕鱼争端的解决又沦为以预算拨款为目的的争斗。拨款的优先问题在 20 世纪 30 年代中期江浙边界之争中再次出现,江浙两省都试图从舟山海洋环境中获得更大份额的利益。

在处理环境问题时,中国官员——并没有不同于世界上的其他官僚——时常以需求为导向,既要维护和扩大权势范围,又要努力争取预算。[1] 现代中国的渔业管理符合蒂姆·史密斯(Tim Smith)描述的 19 世纪末期和 20 世纪早期美国和欧洲渔业科学的特点,即由"短暂的经济和政治力量所支配"。[2] 短期内提高产量和收入的目标,其产生的社会抵抗和政治抵抗要少于以牺牲他人为代价、对某些人有利的限制而产生的抵

---

① 加里·利贝卡普:《产权契约》,27。

② 蒂姆·史密斯:《测量渔场:科学有效测定渔业规模,1855-1955》,336。

抗。中国渔业专家没能就"公共池塘"资源的合理分配方式达成一致,他们将心血倾注在那些争议较少的项目上。这些项目虽然提高了海洋资源的开发程度,但是很少考虑对海洋资源加以保护。

清朝和民国时期,舟山群岛的渔业社区制定的地方规章,建立的基础是一种对海洋环境的不同认知,但是这种认知也远不是对生态的保护。对于渔民而言,海洋是一个充满着不确定性和风险性的世界。这种不安全性既来自于海上生活的各种危险,也来自于那些争夺"公共池塘"资源所带来的问题。地方宗教在这种混乱、无法预料和危险的环境中,起到了保佑渔民福祉和安全的作用。还有,通过制定规章制度来协调渔场的使用,同乡组织避免了由于暴力冲突而导致的经济收益的损失。没有这些规章制度,无处不在的不确定性和争斗将会使有利可图的捕鱼变得不可能。借用魏乐博(Robert Weller)的说法,这些相互渗透的宗教信念和社会制度,是"乡土性的和以人为中心的"。[1] 寺院宗教和社会制度只是关注特定人群的福祉。因此,对这些环境认知过分理想化就会是一个错误。这些地方宗教和制度规定都没有表现出对自然环境的保护的关心。

在整个晚清和近现代时期,人类与海洋环境之间的互动使积极追求利益成为必然。商业整合和信贷网络的发展使得小规模的生产者有机会对渔业资源进行越来越密集的开发,也因此对有限的资源提出了更多的要求。完善的捕鱼技术又加大了对鱼群的开发力度,使得渔民可以在近海鱼群产量下降的时候,扩张到更远的渔场。随着鱼类价值的增长,同乡会组织起来以确保他们能够在与外乡人对"公共池塘"资源的竞争中获利。在舟山地区,地方军事化与环境变迁密不可分。为了应对19世纪最后几年间日益加剧的竞争,同乡会群体纷纷组织民兵来维护他们

---

[1] 魏乐博:《发现中的自然:海峡两岸的全球化与环境文化》,107。

对渔场产权的诉求。① 不过从晚清直至民国,各同乡会群体的精英领导人也时常会对那些因资源而引起的冲突加以调停,并将暴力维持在最低程度上。当"两败俱伤"的竞争升级为武力冲突,地方官员有时候也不得不介入。但是官员们还是要依靠渔业公所的领导人来从中协调和维持秩序。在其他情况下,地方精英独立解决渔业争端,调停的结果在事后会得到官方的认可。

舟山的同乡会组织为了处理对有限资源的激烈竞争,很有技巧地建立了一些社会机制。这些机制类似于亚瑟·麦克沃伊(Arthur McEvoy)所说的"临时准合法体系"中的规章制度。加利福尼亚渔业移民的族裔群体依赖这些规章制度,"使得他们将自己与市场力量隔绝开,而这种市场的力量会驱使那些无组织的渔民集体毁掉他们自己的资源和生计"。② 然而,这种解释体系,对"传统的"规章形式与商业化力量进行了严格的区分,因此并不能适用于舟山渔场的历史。晚清和民国时期在舟山存在的规章形式并没有做过任何事情来保护海洋资源免受市场压力。只是通过限制暴力冲突,确保渔民从海洋环境中获利,但却丝毫没有减轻经济一体化对生态造成的影响。那些将渔获变身为商品的商业网络也依赖这些制度来运作。跟同乡做生意时,也降低了他们在评估贸易伙伴时确定对方应有的可靠和可信度的必要性,以获得稳定的供应渠道,确保协议的遵守,以及获得市场信息等诸多方面的成本。③ 但是他们的目标是有利可图的鱼群开发,而不是对鱼群的保护。1949 年之后的历史见证了各种生态恶化的形式在加剧,却没看到这一目标有所变化。那些限制竞争和防止暴力冲突扩散的规章,避免了渔业生产出现代价高昂的破

---

① 要求拥有舟山渔场专有权的形成与经济学家预测"界定和执法活动"将会增加财产价值和失去使用它们权利的可能性。Terry L. Anderson and P. J. Hill, *From Free Grass to Fences: Transforming the Commons in the American West.*

② 亚瑟·麦克沃伊:《渔民的问题:加州渔业的生态和法律,1850 – 1980》,99。

③ 就像贝斯特(《筑地渔河岸》,15 – 16)在他的民族志著作中所观察到的东京鱼市那样,没有体制结构的"系统化的经济活动"——它所称作的市场——并不存在。

坏,使得资源可以持续被获取,并顺利变成商品。

　　当然,对舟山渔场的商业开发所获得的收益,并没有平均分配给每个人。这些社会机制反映出同乡会内部的阶层与权力的关系。担当渔业公所领导者的精英获得了不成比例的利益份额。通过调节渔场的使用和争端,来自不同同乡群体的精英领导人从舟山捕鱼业中获得了更为稳定、可靠的收益。因为这些利益,中国精英们有了强烈的动力,来推行渔业管理规章。他们的权力和影响力对确保渔民合作并遵守这些规则而言也是必要的。非官方的规则强化了权力的关系,确保了商业和财经精英能够获得可观的经济利益,他们由此控制了民国时期该地区的渔业。

　　截至20世纪早期,舟山地区渔业产量的增长似乎已对海洋生态系统造成了冲击。自然环境的变化导致了渔获量出现频繁的波动,但是人类过度开发也是不可以否认的现象。渔民捕获了更多数量的幼鱼,近海渔场剧烈的开采导致渔获量下降,船只冒险进入远洋,追逐更为丰饶的渔业资源。反过来,人为引起的生态恶化已经产生了不良影响。随着鱼群相对于人类的需求而变得稀少,加剧的竞争增加了冲突的可能性。地区渔帮之间的矛盾随着每一次的争端发生而根深蒂固,这使得和解更加难以达成。截至20世纪30年代早期,地方规章已不再能够有效制止因争夺有限的自然资源而产生的暴力冲突。

　　随着敌对的同乡组织为了日益减少的资源相互斗争,舟山群岛地区也开始变得像长久以来人口稠密的中国其他地区一样。例如,蓝厚里(Harry Lamley)指出,困扰福建和广东的宗族宿怨,是"在人口相对过剩地区出现的争夺资源的一种极端形式"。[1] "随着人口扩张和资源的短缺,习惯性规则或契约无法解决暴力冲突,也无法重造秩序"。[2] 梁肇庭

---

[1] 蓝厚理:《清代闽南粤东地区的宗族械斗》,57。
[2] 同上书,47,57 - 58。

(Sow-Theong Leong)发现中国东南地区的生态变化与社会冲突之间具有类似的因果联系。在经济回升,有荒地可供定居的时候,那里的客家人和其他的汉人群体就能够和平共处。每当经济机会减少,土地变得匮乏,冲突就会迅速爆发。[1] 在严峻的生态匮乏和环境恶化的情况下,就像裴宜理(ELizabeth Perry)对中国北方的解读那样,人们"发现有必要通过暴力手段来捍卫减少的资源"。[2]

舟山的同乡组织制定的规章制度能够让渔场地区发生的争端减少到最小化,但是地方上的措施并不能处理更大规模的生态问题。在国际层面,20世纪20年代,日本渔船耗尽了东海海域的高价值鱼类资源之后,他们的机械化拖网渔船开进舟山群岛附近的渔场捕鱼。在国内层面,浙江南部边缘地区长期的人口扩张超过了可用的土地面积,导致治水系统的崩溃。在严峻的水灾到来之后,温州和台州的沿海居民转而用乌贼笼捕鱼,以此为一项利润丰厚的收益来源。当时的社会机制已没有办法处置这些来自沿海边缘地区的竞争者以及他们的新技术。同时,国际法和日本强权政治使中国政府无法驱赶近海的日本机械化拖网渔船,而近海是中国渔船时常出入的地方。外国和本国的部分竞争者减少了其他利用者从鱼群中获得的经济回报,引起了他们的激烈反对。自晚清以来,舟山捕鱼业已对海洋环境施加了巨大的压力,机械化拖网渔船和乌贼笼的使用则加速了这一地区的生态变化。

20世纪30年代早期,与激烈的国内外竞争一起,地方组织和中国较大的政治体系之间的博弈关系促成了存在多年、用来调节舟山渔场使用的社会制度瓦解。自清代以来,舟山的同乡组织得到了地方政府的首肯,地方政府批准它们为协调渔场的使用而制定的规章制度。因为地方渔业团体和他们的精英领导人帮助维持地方秩序和收取税费,

---

[1] 梁肇庭:《中国历史上的移民与族群性:客家人、棚民及其邻居》,13,39,56。
[2] 裴宜理:《华北的叛乱者和革命者,1845—1945》,47。

地方政府支持他们之间的这些安排，并从中获益。但是已经无法通过既往的规章制度来处理日本拖网渔船和乌贼笼渔民，当地渔团要求国民政府驱除这两方面的外来竞争者。这时候，只有有力的官方行动者才可以至少放慢舟山渔场的开发速度。但是，不同于清朝经世的盛况，民国时期的地方官场中，开明的官方活动已十分少见。相反，国家的干预和刺激所产生的利益最后只能以围绕自然环境而起的冲突不断恶化而收场。

在 20 世纪早期，近代中国政府扩张到了地方社会，杜赞奇（Prasenjit Duara）称之为"国家内卷化"。之后涌现出大量的团体，都宣称对舟山渔业有行政管理和收税的权力。[①] 民国时期，地方层面冗余的国家机构的存在极大地增加了暴力和冲突的可能性。乌贼捕捞纠纷时期，相互竞争的同乡会领导人以缴纳税费为由说服国家行为者支持他们的要求。20 世纪 30 年代，当浙江省政府和江苏省政府为获得渔业经营者的税收展开竞争时，那些地方政府赖以征税的地区团体也被卷入行政管理的争斗之中。随着近代中国政府对税费的需求日益增长，同乡会团体与国家行为者的合作加剧了为控制稀缺资源而产生的竞争。

如伊懋可所观察的那样，国家对"创造和利用一个不断增加且稳定的赋税兵役的供给来源"产生兴趣主导了中国历史中官方的环境决策。[②] 中国近代政府扩大了这些目标，试图通过掌控和利用自然来实现生产和税收的最大化。近代中国的国家建设进程对资金产生了前所未有的需求，加剧了财政导引下的自然开发。理性地运用现代科学和现代技术，被认为可以克服经济增长和收入最大化所面临的任何障碍。结果，政府机构赞成开发计划，以此实现短期回报，但是政府并不在乎这一增长是否能够持续。整个 20 世纪，如麦克尼尔（J. R. McNeill）观察的那样，即使冒着"牺牲生态缓

[①] 见杜赞奇《权力和国家：1900—1942 年的华北农村》。
[②] 伊懋可：《三千年的不可持续增长：从古到今的中国环境》，11，21 - 22，46。

冲和未来的恢复力"的风险,政府也寻求将其现在拥有的权威和财富在短期内实现最大化。为了达到这样的目标,全世界政府"都在努力充分利用资源,使自然的表现达到极值,希望获得最好的结果"。[1] 中国也不例外。

在地方的管理形式下,舟山的海洋环境表现不佳。在集权的中央政府管理下,舟山的海洋环境表现更差。人口的压力、商业的一体化、不断增加的流动性、促进资源密集开发的技术革新和试图获得更多税收的政府机构的存在,加剧了对渔业资源的开发。商业开发则是连接这些变量的一根线。人口的增长是对贸易机会呈现出的反应,全国人口的大规模迁移,都是为了利用这些经济机会。以各种形式存在的近代中国政府,都从贸易税中获得关键收入。即使 20 世纪 50 年代中共的经济改革,也是建立在 19 世纪末和 20 世纪初成形的商业网络基础上的。

今天,中国政府终于认识到它的渔场出现了严重的过度开发。官方做出的指导是通过限制渔船和工具的数量以减少对鱼群的捕捞,来保护受到威胁的鱼类群体和提高可持续发展水平。除了捕鱼之外,渔业也开始借助水产养殖业来提高产量,但水产养殖业则因为肥料和吃剩的鱼食造成了海洋污染。政府表彰那些改行和在其他经济领域里找到工作的渔民。然而,在这些行动通往成功的道路上仍然有许多障碍。自从 20 世纪 80 年代中国的经济改革以来,由于受到鱼价高涨的吸引,沿海和内陆农业区的居民投资渔船,并开始大量进入近海水域捕鱼。这些新成员使官方的保护工作变得混乱,对舟山匮乏的渔业资源产生了更大的需求。地方官员为了寻求一项稳定的财政资源,通常采取"保护主义",并容忍这些非法活动的存在。[2]

在当代中国出现了为数甚多的巨大变迁,但至少有一个造成中国大

---

① 麦克尼尔:《阳光下的新事物:20 世纪世界环境史》,361。
② 商弘:《海洋渔业资源保护与管理问题的探讨》,825 – 826;郑平胜:《海洋资源管理措施初探》,818。

范围出现环境问题的因素,还在展现出令人不安的持续性。如同民国时期一样,当前的中国政府也试图仅仅依赖技术知识和官方的规章制度来解决环境问题。这种自上而下的干预,忽视了中国人在处理环境变迁中发展出来的那些富有创造性和适应性的策略。毋庸置疑,这些生态战略有着严重的局限性。但是,如果中国政府能够认可现有的社会惯习,并尝试将它们导往一个更为持续的发展方向,同时也帮助制定出一些现实可行的方案来取代生态破坏活动,那么中国政府的环境政策有可能会被证明更为有效。

参考文献

Acheson James M. Anthropology of Fishing. Annual Review of Anthropology 10(1981)

——Capturing the Commons: Devising Institutions to Manage the Marine Lobster Industry. Hanover: University Press of New England, 2003

Anderson,Terry L. and P. J. Hill. From Free Grass to Fences:Transforming the Commons in the American West. In Managing the Commons, ed. John A. Baden and Douglas S. Noonan. Bloomington: Indiana University Press, 1998

Antony, Robert J. Like Forth Floating on the Sea: The World of Pirates and Seafarers in Late Imperial South China. Berkeley: Institute of East Asian Studies, University of California, Berkeley, 2003

安乐博. 海上风云:南中国海的海盗及其不法活动. 伯克利:东亚学院,芝加哥大学,伯克利,2003

Baden, John A. "A New Primer for the Management of Common-Pool Resources and Public Goods". In Managing the Commons, ed. John A Baden and Douglas S. Noonan. Bloomington: Indiana University Press, 1998

"Bankoff, Greg. Coming to terms with Nature: State and Environment in Maritime Southeast Asia. "Envionmental History Review 19(1995)

Bestor, Theodore C. Tsukiji: The Fish Market at the Center of the World. Berkeley: University of California Press, 2004

西奥多·C.贝斯特. 筑地渔河岸. 伯克利:加利福尼亚大学出版社,2004

Bolster, W. Jeffrey. "Opportunities in Marine Environmental History. " Environmental History Ⅱ, no. 3 (2006)

W. 杰弗里·博尔斯特. 海洋环境史中的机遇. 环境史 2,no. 3(2006)

——Putting the Ocean in Atlantic History: Maritime Communities and Marine Ecology in the Northwest Atlantic, 1500 - 1800. American Historical Review 113, no. 1 (2008)

W. 杰弗里·博尔斯特. 大西洋史:大西洋西北部的海事共同体和海洋生态,1500—1800. 美国历史评论 113,no. 1 (2008)

Boorman, Howard L. Biographical Dictionary of Republican China. 5vols. New York: Columbia University Press, 1967 - 79

包华德. 中华民国人物传记辞典. 第 5 卷. 纽约:哥伦比亚大学出版社,1967—1979

Buoye, Thomas M. Manslaughter, Markets, and Moral Economy: Violent Disputes over Property Rights in Eighteenth-Century China. Cambridge: Cambridge University Press, 2000

步瓯叶. 杀戮,市场和道义经济:18 世纪中国关于财产权的暴力争端. 剑桥:剑桥大学出版社,2000

Cadigan, Sean T. , and Jeffrey A. Hutchings. "Nineteenth-Century Expansion of the New found land Fishery for Atlantic Cod: An Exploration of Underlying Causes. "In the Exploited Seas: New Directions for Marine Environmental History, ed. Tim D. Smith, Poul Holm, and David J. Starkey. St John's: International Maritime Economic History Association/Census of Marine Life,2001

Cai Yong. "Zhoushan zui zao de yi jia yiyuan: gongli Cunji yiyuan"(Zhoushan's earliest hospital: the public Cunji hospital). Zhoushan wenshi zi liao Ⅰ (1991)

蔡勇. 舟山最早的一家医院——公立存济医院. 舟山文史资料 1(1991)

Cao Erhui. "Su sheng waihai jiushi yuye zhi"(Record of old-style off-shore fisheries in Jiangsu province). Jiangsu yanjiu 1, no. 3 (1935)

曹尔炜. 苏省外海旧式渔业志. 江苏研究 1, no. 3 (1935)

Chang William Y. B. , and George King. "Centennial Cimate Changes in the Yangtze River Delta. "Climate Research 4(1994)

章以本,金乔治. 长江流域百年气候变化. 气候研究 4(1994)

Chen Guoqiang and Cai Yongzhe/Chongwu renleixue diaocha（Anthropological investigation of Chongwu）Huian：Fujian jiaoyu chubanshe，1990

陈国强，蔡永哲. 崇武人类学调查. 惠安：福建教育出版社，1990

Chen Musen et al. "Daishan xingshi tan." Daishan wenshi ziliao 4(1992)

陈木森等. 岱山姓氏谈. 岱山文史资料 4(1992)

Chen Shanqing, ed. Dongchen cunzhi waibian（Dongchen village gazetteer, additional sections）. Xiangshan Xian（1999）

陈善庆主编. 东陈村志外编. 象山县，1999

Chen，Ya-Qu，and Shen Xin-Qiang. "Changes in the Biomass of the East China Sea Ecosystem."In the Large Marine Ecosystems of the Pacific Rim：a Report of a Symposium Held in Qingdao，People's Republic of China，8 – 11 October 1994，ed. Q. Tang and K. Sherman. Gland，Switzerland：A Marine Conservation and Development Report，IUCN，1995

陈亚瞿，沈新强. 中国东海生态系统的生物质改变. 收录于环太平洋大型海洋生态系统：青岛研讨会报告，中华人民共和国，1994 年 10 月 8—11 日. 瑞士：海洋保护和发展报告，世界自然保护联盟，1995

Chen，Ya-Qu，and Shen Xin-Qiang. "Changes in the Biomass of the East China Sea Ecosystem."In the Large Marine Ecosystems of the Pacific Rim：Assessment，Sustainability，and Management，ed. Kenneth Sherman and Qisheng Tang. Malden，MA：Blackwell Science，1999

陈亚瞿，沈新强. 中国东海生态系统的生物质改变. 收录于环太平洋大型海洋生态系统：评估，永续性和管理，布莱克威尔科学出版社，1999

Chen，Yixin. "The Guomingdang's Approach to Rural Socioeconomic Problems：China's Rural Cooperative Movement，1918 – 1949."PhD diss.，Washington University，Saint Louis，1995

陈意新. 国民党解决农村社会经济问题的方法：中国的农村合作运动，1918—1949. 华盛顿大学博士论文，圣路易斯分校，1995

Chen Yuxin. "Zhoushan bingchang"(ZhouShan's icehouses). In Wenshi tiandi, ed. Zhoushan Shizhengxie wenshi he xuexi wei. Beijing：Wenjin chubanshe，2003

陈雨信. 舟山冰厂. 收录于文史天地. 舟山市政协和学习委. 北京：文津出版社，2003

Chen Linsun. Banking in Modern China：Entreprenerus，Professional Managers，and the Development of Chinese Banks，1897 – 1937. Cambridge：

Cambridge University Press,2003

程麟孙. 近代中共银行业：创业精神，职业经理，中国银行的发展，1897—1937.
剑桥：剑桥大学出版社，2003

Chen Tiyun. "Jiangsu Waihai Shan dao zhi"（Record of Jiangsu offshore
islands）. Jiangsu yanjiu Ⅰ, no. 6（1935）

程梯云. 江苏外海山岛志. 江苏研究，1935，（1），6

Churchhill, R. R. , and A. V. Lowe. The Law of The Sea. Manchester：
Manchester：Manchester University Press,1999

Coble, Parks M. Chinese Capitalists in Japan's New Order：The Occupied Lower
Yangtze,1937 - 1945. Berkeley：University of California Press,2003

柯博文. 在日本新秩序下的中国资本主义：长江下游沦陷区，1937—1945. 伯克
利：加利福尼亚大学出版社，2003

——facing Japan：Chinese Politics and Japanese Imperialism. Cambridge：
Harvard University East Asia Monographs, 1991

面对日本：1931—1937 年中国的政治与日本帝国主义. 剑桥：哈佛大学东亚专
著，1991

Cronon, William. Nature's Metropolis：Chicago and the Great Weat. New
York：Norton, 1991

威廉·克罗农. 自然的大都市：芝加哥与大西部. 纽约：诺顿出版社，1991

Cushing, D. H. The Provident Sea. Cambridge：Cambridge University Press,
1988

Daishan zhenzhi（Daishan market-town gazetteer）. 1921
岱山镇志. 1921

De Groot, J. J. M. The Religious of China. 6vols. Leiden：Brill, 1892 - 1910
高延. 中国的宗教. 第 6 卷. 莱登：布里尔，1892—1910

Dhokalia, R. H. The Codification of Public International Law. Manchester：
Manchester University Press, 1970

Ding Fanglong and Guan Baoren. "Jiefang qian Daishan shangye gaikuang"（The
general situation of commerce in Daishan before 1949）. Daishan wenshi ziliao 4
（1992）

丁方龙，关宝仁. 解放前岱山商业概况. 岱山文史资料 4（1992）

——"Penglai shi jing'tan"（A discussion of Eight Views of Penglai）. Daishan wenshi ziliao 4（1992）

——蓬莱十景谈. 岱山文史资料 4（1992）

Dinghai tingzhi（Dinghai sub-prefecture gazetteer）. 1885

定海厅志. 1885

Dinghai xianzhi（Dinghai county gazetteer）. 1924

定海县志. 1924

Dinghai xianzhi bianzuan weiyuanhui. Dinghai xianzhi（Dinghai county gazetteer）. Hangzhou：Zhejiang renmin chubanshe, 1994

定海县志编纂委员会. 定海县志. 杭州：浙江人民出版社,1994

Du Haogeng. "Moyu bulong wenti de jiantao"（A brief discussion of the problem of cuttlefish cages）. shuichan yuekan 3, no. 8（1936）

都豪耕. 乌贼捕笼问题的检讨. 水产月刊 3,no. 8(1936)

Duara, Prasenjit. Culture, Power, and the State：Rural North China, 1900 - 1942. Stanford：Stanford University Press, 1988

杜赞奇. 权力和国家:1900—1942 年的华北农村. 斯坦福:斯坦福大学出版社,1988

Economy, Elizabeth C. The River Runs Black：The Environmental Challenge to China's Future. Ithaca：Cornell University Press, 2004

易明. 一江黑水:中国未来的环境挑战. 康奈尔大学出版社,2004

Elvin, Mark. The Retreat of the Elephants：An Environmental History of China. New Haven：Yale University Press, 2004

伊懋可. 大象的退却:中国环境史. 纽黑文:耶鲁大学出版社,2004

——"Three Thousand Years of Unsustainable Growth：China's Environment from Archatic Times to the Present. "East Asia History 6（1993）

——三千年的不可持续增长:从古到今的中国环境. 东亚历史 6(1993)

Fang Changsheng, ed. Zhejiang sheng minjian wenxue jicheng：Zhoushan shi geyao yanyu juan（Zhejiang province popular literature collection：Zhoushan municipality folk songs and sayings section）. Beijing：Zhongguo minjian wenyi chubanshe, 1989

方长生编辑. 浙江省民间文学集成:舟山市歌谣谚语卷. 北京:中国民间文艺出版社,1989

——Zhoushan minsu wenxue yanjiu (Research on Zhoushan popular literatue).
Beijing: Zhongguo wenshi chubanshe, 2005

舟山民俗文学研究. 北京:中国文史出版社,2005

Fang Changsheng and Wang Daoxing. Zhoushan fengsu (Zhoushan customs).
Dinghai: Zhoushan shi wenyijie lianhehui, 1988

方长生,王道兴. 舟山风俗. 定海:舟山市文艺界联合会,1988

Feeny, David; Fikret Berkes; Bonnie J. McCay; and James M. Acheson. "The
Tragedy of the Commons: Twenty-Two Years Later. "Human Ecology 18(1990)

Fenghua shizhi bianzuan weiyuanhui. Fenghua shizhi (Fenghua municipal
gazetteer). Beijing: Zhonghua shuju, 1994

奉化市志编纂委员会. 奉化市志. 北京:中华书局,1994

The Fishing Industry in Kiangsu. Chinese Economic Journal 3(1928)

江苏渔业. 中国经济期刊 3(1928)

Ford, John Donaldson . An American Cruiser in the East; Travels and Studies
in the Far East, the Aleutian Islands, Behring's Sea Eastern Siberia, Japan, Korea,
China, Formosa, Hong Kong, and the Philippine Islands. New York:A. S. Barnes,
1898

Fortune, Robert. Three Years'Wanderings in the Northern Provinces of China.
London: John Murray, 1847

罗伯特. 福琼. 漫游华北三年. 伦敦:约翰默里出版社,1847

Frawley, Kevin. "Evolving Visions: Environmental Management and Nature
Conservation in Australia. "In Australian Environmental History: Essays and Cases,
ed. Stephen Dovers. Oxford: Oxford University Press, 1994

Friedman, Sara L. Intimate Politics: Marriage, the Market,and State Power in
Southeastern China. Cambridge:Harvard University Asia Center,2006

萨拉·L. 弗里德曼. 帝国的隐私:中国东南的婚姻、解放与社会主义主体. 坎布
里奇:哈佛大学亚洲中心,2006

Fu Guo zhang. "Yuhang yu bingxuan"(Fish brokers and ice boats). Shengsi
wenshi ziliao 2(1989)

傅国章. 渔行与冰鲜. 嵊泗文史资料 2(1989)

Gan Yuli. "Jiang Zhe waihai yuye xiankuang"(The current state of offshore
fisheries in Jiangsu and Zhejiang). Fuxing yuekan 1, no. 3 (1932)

甘豫立. 江浙外海渔业现况. 复兴月刊 1,no. 3(1932)

Ge Quansheng. "1736 nian yilai Changjiang Zhong xia you Meiyu bian hua" (Changes in the meiyu rains in the middle and lower Yangzi since 1736). Kexue tongbao 52,no. 23(2007)

葛全胜. 1736 年以来长江中下游梅雨变化. 科学通报 52,no. 23(2007)

Geisert, Bradley K. "Power and Society: The Kuomingtang and Local Elites in Kiangsu Province, China, 1924 - 1937. "PhD diss. , University of Virginia, 1979

盖斯白. 权利和社会:中国江苏省的国民党与江苏省地方精英(1924—1937). 博士论文,弗吉尼亚大学,1979

Gerth, Karl. China Made: Consumer Culture and the Creation of the Nation. Cambridge: Harvard University Asia Center, 2003

葛凯. 制造中国:消费文化与民族国家的创建. 剑桥:哈佛大学东亚中心,2003

Geyao. "Zhoushan nanzi de chuantong zhiye"(Traditional Occupations of males in Zhoushan) In Wenshi Tiandi, ed. Zhoushan shi zhengxie wenshi he xuexi wei. Beijing: Wenjin chubanshe, 2003

歌谣. 舟山男子的传统职业. 文史天地. 舟山市政协文史和学习委员会. 北京:文津出版社,2003

Golas, Peter J. "Early Ch'ing Guilds. "In the City in Late Imperial China, ed. G. William Skinner. Stanford: Stanford University Press, 1977

彼得·格拉斯. 清初之行会. 施坚雅主编. 中华帝国晚期之城市. 斯坦福大学出版社,1977

Gong Yu and Huang Zhiguo. "Zhoushan de 'Mazu miao': Dongshan Yangfu gong"(Zhoushan's Mazu Temple: Dongsha's Yang Fu Temple). In Wenshi tiandi, ed. Zhoushan shi zhengxie wenshi he xuexi wei. Beijing: Wenjin chubanshe, 2003

公羽,黄志国. 舟山的妈祖庙. 文史天地,舟山市政协文史和学习委员会. 北京:文津出版社,2003

Goodman, Bryna. "The Native Place and the City: Immigrant Consciousness and Organization in Shanghai, 1853 - 1927. "PhD diss. , Stanford University, 1990

顾德曼. 家乡、城市和国家:移民意识和上海组织(1853—1937). 博士论文,斯坦福大学,1990

——Native Place, City, and Nation: Regional Networks and Identities in Shanghai, 1853 - 1937. Berkeley: University of California Press, 1995

家乡、城市和国家：上海的地缘网络与认可（1853—1937），伯克利：加州伯克利大学出版社，1995

Gordon Scott. "The Economic Theory of a Common Property Resource: The fishery. "Journal of Political Economy 62(1954)

高登·斯科特. 公共财产资源的经济学理论：渔业学. 政治经济学期刊 62(1954)

Gu Mingsheng, trans. Shuichanxue xinbian (Fishery studies, new edition). Shanghai：Shanghai kexue shuju,1911

顾明生译. 水产新编. 上海：上海科学书局,1911

Gu Zongjian. "Weijingtan yinggao"(Weijingtan hard biscuits). Daishan wenshi ziliao Ⅰ (1986)

顾宗俭. 倭井潭硬糕. 岱山文史资料 1(1986)

Guan Pengwan. Shuichanxue da yi(The essentials of fishery studies). Shanghai：Shangwu yinshuguan,1919

关鹏万. 水产学大意. 上海：上海印书馆,1919

Guo Jizhong. "Kanmen san qianzhuang"(Three native banks in Kanmen). Yuhuan wenshi ziliao 4(1988)

郭缉中. 坎门三钱庄. 玉环文史资料 4(1988)

Guo Qiyun et al. "1873 - 2000nian Dongya xiajifeng bianhua de yanjiu"(Studies on variation in the East Asian summer monsoon, 1873 - 2000). Daqi kexue 28, no. 2 (2004)

郭其蕴等. 1873—2000 年东亚夏季风变化的研究. 大气科学 28,no. 2 (2004)

Guo Zhenmin. Shengsi yuye shihua (Historical discussion of Shengsi's fisheries). Beijing：Haiyang chubanshe, 1995

郭振民. 嵊泗渔业史话. 北京：海洋出版社,1995

Han Yanlong：Zhongguo jindai jingcha shi(History of police in modern China)2 vols. Beijing：Shehui kexue chubanshe,1999

韩延龙：中国近代警察史. 第 2 卷. 北京：社会科学出版社,1999

Hardin, Garrett. "The Tragedy of the Commons" Science 162(1968)

哈丁. 公地的悲剧. 科学 162(1968)

He Yunyu and Wei Xiyan. "Jianguo qian Chongwu yuye gaikuang he yu yahang sheng'ai"(The general situation of Chongwu's fisheries and the rise and decline of fish brokerages before 1949). Huian wenshi ziliao 6(1989)

何云瑜,魏锡廷. 建国前崇武渔业概况和鱼牙行盛衰. 惠安文史资料 6,1989

Himeda Mitsuyoshi. "Chugoku kundai gyogyo shi no hitokoma: Kampo hachinen Kin ken no gyomin toso o megutte"(A page in the history of China's modern fishing industry: Yin county fishermen's struggle in the eightn year of the Xianfeng reign). In Kindai Chugoku noson shakai shi kenkyu, ed. Tokyo Kyoiku daigaku, Tokyo shigaku kenkyu shitsu, A jia shi kenkyukai, Chugoku kindai shi kenkyukai. Tokyo: Daian, 1967

姬田光义. 中国近代渔业史的一页:围绕咸丰八年鄞县的渔民斗争. 收录于近代中国农村社会史. 东京:东京教育大学亚洲史研究会,1967

H. M. "Chinese Government Taking Control of Fish Industry. "Far Eastern Survey 5, no. 17(1936)

Ho, Ping-ti. Studies on the Population of China, 1368 – 1953. Cambridge: Harvard University Press,1959

何炳棣. 明初以降人口及其相关问题,1368—1958. 剑桥:哈佛大学出版社,1959

Hoffman, Richard C. "Economic Development and Aquatic Ecosystems in Medieval Europe. "American Historical Review 101, no. 3 (1996)

理查德·C. 霍夫曼. 中世纪欧洲经济的发展和水生态系统. 美国历史评论 101,1996(3)

Hou Chaohai. "Fakan ci"(Introduction to the first issue). Zhonghua minguo shuichan xuehui huibao (1934)

侯朝海. 发刊词. 中华民国水产学会会报,1934

——"Shiyebu Jiang-Zhe qu yuye gaijin weiyuanhui chengli shi yuzheng zhi sheshi tan"(A discussion of the history of the establishment of the Jiangsu-Zhejiang Region Fishery Reform Committee and the organization of fishery administration). Zhonghua minguo shuichan xuehui huibao (1934)

——实业部江浙区渔业改进委员会成立史渔政之设施谈. 中华民国水产学会会报(1934)

——"Woguo yuye gaikuang yu yuzheng sheshi fang'an"(The general condition of our country's fisheries and plans for the organization of fishery administration). Shuichan yuekan 3, no. 1 (1934)

我国渔业概况与渔政设施方案. 水产月刊,no. 1 (1934)

Howell, David Luke. Capitalism from Within: Economy, Society, and the State in a Japanese Fishery. Berkeley: University of California Press, 1995

Hu Juntai. "Zhejiang shuichan zhi wojian" (My opinions on Zhejiang's fisheries). Zhejiang shengli shuichanke zhiye xuexiao xiaokan(1929)

胡浚泰. 浙江水产之我见. 浙江省立水产科职业学校校刊(1929)

Huang Junming. "Daishan yuye lishi tedian tantao" (An inquiry into the special characteristics of the history of Daishan's fisheries). Daishan wenshi ziliao Ⅰ(1986)

黄均铭. 岱山渔业历史特点探讨. 岱山文史资料 Ⅰ(1986)

Huang Junming and Zhang Mingquan. "Daishan yuhangzhan qianshuo" (An elementary introduction to Daishan's fish brokers). Daishan wenshi ziliao 4(1992)

黄均铭等. 岱山渔行栈浅说. 岱山文史资料 4(1992)

——. "Daishan yuye jifanhua shihua" (Historical discussion of the mechanization of Daishan's fisheries). Daishan wenshi ziliao 4(1992)

——. 岱山渔业机帆化史话. 岱山文史资料 4(1992)

Huang Meizhen. Ri wei dui Huazhong lunxian qu jingji de lveduo yu tongzhi (Japan's economic exploitation and control of occupied areas in central China). Beijing: Shehui kexue wenxian chubanshe, 2005

黄美真. 日伪对华中沦陷区经济的掠夺与统治. 北京:社会科学出版社,2005

Huang, Philip C. C. "Between Informal Mediation and Formal Adjudication: The Third Realm of Qing Civil Justice." Modern China 19, no. 3 (1993)

黄宗智. 介于民间调解与官方审判之间:清代纠纷处理中的第三领域. 近代中国 19, no. 3 (1993)

Huang Zhenshi. "Jiu Shanghai de yushi". (Old Shanghai's fish market). In Shanghai wenshi ziliao cungao huibian, ed. Shanghai shi zhengxie wenshi ziliao weiyuanhui. Shanghai: Shanghai guji chubanshe, 1980

黄振世. 旧上海的渔史. 上海文史资料存稿汇编. 上海市政协文史资料委员会. 上海:上海古籍出版社,1980

Imperial Maritime Customs. Decennial Reports on the Trade, Navigation, Industries, etc. of the Ports Open to Foreign Commerce in China, and on the Condition and Development of the Treaty Port Provinces, 1892 - 1901. Shanghai Inspectorate General of Customs,1904,1906

大清皇家海关. 中国海关十年报告(1902—1911). 上海海关总税务司署,

1904,1906

——Reports on the Trade of the Treaty Ports of China：Taichow. Shanghai：Inspectorate General of Customs，1881

——中国通商口岸的贸易报告. 台州：上海海关总税务司署，1881

——Returns of Trade and Trade Reports. Shanghai：Inspectorate General of Customs，1906

——中国上海海关贸易报告书. 上海：海关总税务司署，1906

Lriye, Akira. After Imperialism：The Search for a New Order in the Far East，1921-1931. Cambridge：Harvard University Press，1965

入江昭. 帝国主义之后：对远东新秩序的追求，1921—1931. 剑桥：哈佛大学出版社，1965

——China and Japan in the Global Setting. Cambridge：Harvard University Press，1992

——全球模式中的中国与日本. 剑桥：哈佛大学出版社，1992

Iversen, Edwin S. Living Marine Resources：Their Utilization and Management. New York：Chapmanand Hall，1996

Jackson, Jeremy B. C. ，et al. "Historical Overfishing and the Recent Collapse of Coastal Ecosystems. " Science 293(2001)

Jennings, Simon；Michael J. Kaiser；and John D. Reynolds. Marine Fisheries Ecology. Malden, MA：Blackwell Science，2001

Jian(pseud.). "Ningbo yujing zai su jing shengshan leizheng yumin qizhaofei jiufen ji"(A record of the dispute over the collection of permit fees from fishermen by the Ningbo Fishery Police in Jiangsu's territory at Shengshan). Jiangsu yanjiu Ⅰ, no. 8 (1935)

（剑）. 宁波渔警在苏境嵊山勒征渔民旗照费纠纷记. 江苏研究 1,no. 8（1935）

Jiang Bin and Jin Tao. Donghai daoyu wenhua yu minsu(The culture and popular customs of islands in the East China Sea)Shanghai：Shanghai wenyi chubanshe,2005

姜彬,金涛. 东海岛屿文化与民俗. 上海：上海文艺出版社,2005

"Jiang Zhe yanhai zhi moyu yuchang ji yumin shenghuo"（Cuttlefish fishing grounds and the life of fishermen in coastal Jiangsu and Zhejiang）. Gongshang banyuekan 5，no. 5（1933）

江浙沿海之乌贼渔场及渔民生活. 工商半月刊 5,no. 5(1933)

Rong Tianhai. "Caiyuan yuhang xingshuai ji"(A record of the rise and decline of Caiyuan's fish brokers). Shengsi wenshi ziliao 2(1991)

戎天海. 菜园渔行兴衰记. 嵊泗文史资料 2(1991)

Jin Gou. "Huanglong dao lishi yan'ge"(The historical development of Huanglong island). Shengsi wenshi ziliao 2(1991)

金苟. 黄龙岛历史沿革. 嵊泗文史资料 2(1991)

Jin jifu. "Zhejiang Tai shu shuichan gaikuang"(The general condition marine products in Taizhou,Zhejiang). Zhejiang sheng jianshe yuekan 7,no. 9(1934)

金寄桴. 浙江台属水产概况. 浙江省建设月刊 7,no. 9(1934)

Jin Li. "Hengjieyushi shihua"(Historical discussion of the Hengjiefish market). Daishan wenshi ziliao Ⅰ(1986)

金立. 横街鱼市史话. 岱山文史资料 1(1986)

Jin Tao. "Shengsi yumin fengsu' kao"(An investigation of Shengsi fishermen's customs) Shengsi wenshi ziliao Ⅰ (1989)

金涛. 嵊泗渔民风俗考. 嵊泗文史资料 1(1989)

Jin Xinheng. "Lun yupin xiaolu tuiguang fangfa"(A disccusion of methods for expanding the marketing of fish products). Zhejiang shengli shuichanke zhiye xuexiao xiaokan (1929)

金心衡. 论渔品销路推广方法. 浙江省立水产科职业学校校刊(1929)

Jin Zhao hua. "zhejiang shuichan jianshe wenti zhi jiantao"(A Preliminary inquiry into the problem of the reconstruction of Zhejiang's fisheries)Zhejiang sheng jianshe yuekan 7,no. 9(1934)

金炤华. 浙江水产建设问题之检讨. 浙江省建设月刊 7, no. 9(1934)

Jin Zhiquan. "Yu shichang zhi jianshe"(The reconstruction of fish markets). Zhejiang shengli shuichanke zhiye xuexiao xiaokan(1929)

金志铨. 鱼市场之建设. 浙江省立水产科职业学校校刊(1929)

——"Zhejiang yuye zhi xianzai ji jianglai zhi qushi" Present and future trends in Zhejiang's fisheries). Zhongguo jianshe 3, no. 4 (1931)

——浙江渔业之现在及将来之趋势. 中国建设 3, no. 4 (1931)

Jordan, Donald A. Chinese Boycotts Versus Japanese Bombs: The Failure of

China's Revolutionary Diplomacy, 1931 - 1932. Ann Arbor: University of Michigan Press, 1991

Josephson, Paul R. Resources under Regimes: Technology, Environment, and the State. Cambridge: Harvard University Press, 2004

Kemp, Peter, ed. The Oxford Companion to Ships and the Sea. Oxford: Oxford University Press, 1976
彼得・肯普. 牛津船舶与海洋指南. 牛津: 牛津大学出版社, 1976

Kibesaki Osamu. "Fundamental Studies on Structure and Effective management of the Demersal Fish Resources in the East China and the Yellow Sea. " The Investigations of the Demersal Fish Resources in the East China and the Yellow Sea 5 (1960)
木部崎修. 东、黄海底层鱼类群落结构及其有效管理. 东、黄海底层鱼类的调查 5(1960)

King, Frank H. H. "Pricing Policy in a Chinese Fishing Village. "Journal of Oriental Studies Ⅰ, no. 1 (1954)
景复朗. 中国渔村的物价政策. 东方研究 1, no. 1 (1954)

Kirby, William C. "China Unincorporated: Company Law and Business Enterprise in Twentieth-Century China. "Journal of Asian Studies 54, no. 1 (1995)
柯伟林. 中国的非股份制: 20 世纪中国的公司法和商业公司, 亚洲研究学报 54, no. 1 (1995)

——"Engineering China: The Birth of the Developmental State, 1928 - 1937. " In becoming Chinese: Passages to Modernity and Beyond, ed. Wen-hsin Yeh. Berkeley: University of California Press, 2000
——中国工程科技发展: 建国主义政府(1928—1937). 成为中国人: 通向现代及以后之路. 叶文心. 伯克利: 加利福尼亚大学出版社, 2000

Kobayashi soichi. shina nojanku (Chinese junks). Tokyo: Dai Nihon Tokyo kaiyo shonendan, 1942
小林宗一. 支那の戎克. 东京: 大日本东京海洋少年团, 1942

Koll, Elisabeth. From Cotton Mill to Business Empire: The Emergence of Regional Enterprises in Modern China. Cambridge: Harvard University Asia Center, 2003
伊丽莎白・科尔. 从纱厂到企业王国: 近代中国区域性工商业的兴起. 坎布里

奇：哈佛大学东亚中心，2003

Koppes，Clayton R. "Efficiency，Equality，Esthetics：Shifting Themes in American Conservation. "In The Ends of the Earth：Perspectives on Modern Environmental History，ed. Donald Worster. Cambridge：Cambridge University Press，1988

克雷顿·R.考普斯. 效率，公平，美学：美国环保的主题变化. 收录于地球的终结：关于现代环境史的一些看法. 唐纳德·沃斯特. 剑桥：剑桥大学出版社，1988

Koso sho sekko sho suisangyo chosa hokoku（Investigation report on Jiangsu province and Zhejiang province's marine products industry）. Taihoku：Taiwan sotokufu，Shokusancho，Koshoka，1924

江浙两省水产事业的调查报告. 台北：台湾总督府，1924

Kuhn，Philip A. "The Development of Local Government. "In The Cambridge History of China，vol. 13，pt. 2，329‐360. Cambridge：Cambridge University Press，1986

孔飞力. 地方政府的发展. 剑桥中国史. 第13卷. 1986年. 329-360. 剑桥：剑桥大学出版社，1986

——"Local Self-Government Under the Republic：Problems of Control，Autonomy，and Mobilization. "In Conflict and Control in Late Imperial China，ed. Frederic Wakeman，Jr. ，and Carolyn Grant. Berkeley：University of California Press，1975

——民国时期的地方自治：控制、自治和动员等问题. 中华帝国晚期的冲突和控制. 魏斐德，格兰特. 伯克利：加州大学出版社，1975

——Rebellion and Its Enemies in Late Imperial China：Militarization and Social Structure，1769‐1864. Cambridge：Harvard University Press，1970

——晚清帝国的叛乱及其敌人：军事化和社会结构，1796—1864. 哈佛大学出版社，1970

——Soulstealers：The Chinese Sorcery Scare of 1769. Cambridge：Harvard University Press，1990

——招魂：1768年中国人对巫术的恐慌. 哈佛大学出版社，1990

——"Toward a Historical Ecology of Chinese Migration. "In The Chinese Overseas，vol. I，ed. Liu Hong. London：Routledge Library of Modern China，2006

——华人移民的历史生态学取向. 海外华人. 第1卷. 刘宏编辑. 伦敦：劳特利奇书局，2006

Lamley, Harry J. "Lineage Feuding in Southern Fujian and Eastern Guangdongunder Qing Rule. " In violence in China: Essays in Culture and Counterculture, ed. Jonathan N. Lipman and Stevan Harrell. Albany: State University of New York Press, 1990

蓝厚理. 清代闽南粤东地区的宗族械斗. 载于李普曼, 哈瑞主编. 中国的动乱:文化和反文化论文集. 奥尔巴尼:纽约大学出版社,1990

Lavely, William; James Lee and Wang Feng. "Chinese Demography: The State of the Field. "Journal of Asian Studies 50, no. 1 (1990)

雷伟立,李中清,王丰. 中国人口学:该领域情况. 亚洲研究期刊 50, no. 1 (1990)

"The Law of Territorial Waters. "American Journal of International Law 23, no. 2, Supplement: Codification of International Law (1929)

领海法. 美国国际法周刊 23, no. 2,增刊:国际法编纂(1929)

Leong, Sow-Theng. Migration and Ethnicity in Chinese History: Hakkas, Pengmin, and Their Neighbors. Ed. Tim Wright; Introduction and maps by G. William Skinner. Stanford: Stanford University Press, 1997

梁肇庭. 中国历史上的移民与族群性:客家人棚民及其邻居. 莱特整理;施坚雅撰写导言,绘制地图. 斯坦福:斯坦福大学出版社,1997

Li Guoqi. Zhongguo xiandaihua de quyu yanjiu: Min Zhe Tai diqu,1860 - 1916 (Regional research on China's modernization: Fujian, Zhejiang, and Taiwan, 1860 - 1916). Taibei: Zhongyang yanjiuyuan, Jindaishi yanjiusuo, 1982

李国祁. 中国现代化的区域研究:闽浙台地区,1860—1916. 台北:中央研究院,近代史研究所,1982

Li Jian. Shanghai de Ningboren (Shanghai's Ningbo people). Shanghai: Shanghai remin chubanshe, 2000

李琎. 上海的宁波人. 上海:上海人民出版社,2000

Li Rongsheng. Zhongguo shuichan dili (China's marine products geography). Beijing: Nongye chubanshe, 1985

李荣生. 中国水产地理. 北京:农业出版社,1985

Li Shihao. Zhongguo haiyang yuye xianzhuang ji qi jianshe (The current state of China's marine fisheries and their reconstruction). Shanghai: Shangwu yinshuguan, 1936

李士豪. 中国海洋渔业现状及其建设. 上海:商务印书馆,1936

Li shihao and Qu Ruoqian. Zhongguo yuye shi（History of China's fisheries）. Shanghai：Shangwu yinshuguan，1937

李士豪,屈若骞,中国渔业史. 上海:商务印书馆,1937

Li Shiting. "Sucheng'xiaokao"（A quiz on common sayings）. In Wenshi tiandi，ed.，Zhoushan shi zhengxie wenshi he xuexi wei. Beijing；Wen jin chubanshe,2003

李世庭. 俗称小考. 收录于文史天地. 舟山市政协文史和学习委员会. 北京:文津出版社,2003

Li Xingjie. "Zhejiangsheng yuzheng zhi huigu yu qianzhan"（A review of Zhejiang province's fishery policy and its future prospects）. Shuichan yuekan Ⅰ，no. 5（1946）

李星颉. 浙江省渔政之回顾与前瞻. 水产月刊1,no. 5(1946)

Li zhaohui. "Jiangsu zhi yuye gaikuang"（The general condition of Jiangsu's fisheries）. Zhongguo jianshe 3, no. 4（1931）

李兆辉. 江苏之渔业概况. 中国建设 3,no. 4(1931)

Li yixiang. Jindai Zhongguo yinhang yu qiye fazhan deguanxi（The relationship between modern Chinese banks and enterprise development）. Taibei；Dongda tushu gongsi，1997

李一翔. 近代中国银行与企业发展的关系. 台北:东大图书公司,1997

Liecap，Gary D. Contracting for Property Rights. Cambridge；Cambridge University Press，1989

加里・D.利贝卡普. 产权契约. 剑桥:剑桥大学出版社,1989

Lin，K. C. "Shanghai's New Market."Chinese Economic Journal 15（1934）

Lin,K. C. 上海的新市场. 中国经济期刊 15(1934)

Lin Maochun and Wu Yuqi. Yin xian yuye diaochabaogao（Investigation report on Yin county's fisheries）. Zhejiang shuichan shiyanchang huiKan 2,no. 2. Dinghai：Zhejiang sheng shuichan shiyanchang,1936

林茂椿,吴玉麒. 鄞县渔业调查报告. 浙江水产试验场会刊2,no. 2. 定海:浙江省水产试验场,1936

——"Yin xian yuye zhi diaocha"（An investigation of Yin county's fisheries）. Zhejiang sheng jianshe yuekan 10,no. 4（1936）

——鄞县渔业之调查. 浙江省建设月刊10,no. 4(1936)

Lin Shuyan and Huang Shubiao. Zhejiang zhangwang yingxiang yulei fanzhi zhi yanjiu（An investigation of the effects of stow nets on the reproduction of fish species）. Zhejiang sheng shuichan shiyanchang huibao, 3. no. 2. Dinghai: Zhejiang sheng shuichan shiyanchang, 1937

林书颜等. 浙江张网影响鱼类防止研究. 浙江省水产试验场会报, 3. no. 2. 定海: 浙江省水产试验场, 1937

Cheng Tiyun. "Zhe Zhao zhuanyuan hua Sheng gui Zhe liyou zhi jiantao ji Jiang-Zhe haijiang tushuo"（A critique of Zhejiang's Commissioner Zhao's reasons for placing Shengsi under Zhejiang jurisdiction and an illustration of the Jiangsu-Zhejiang maritime border）. Jiangsu yanjiu Ⅰ, no. 5（1935）

程梯云. 浙赵专员划嵊归浙理由之检讨及江浙海疆图说. 江苏研究 1, no. 5（1935）

Liu Jianguo, and Jared Dimond. "China's Environment in a Globalizating World: How China and the Rest of the World Affect Each Other."Nature, no. 435（June30, 2006）

刘建国, 贾德·戴蒙德. 全球化下的中国环境: 中国与世界各地如何相互影响, 自然杂志, no. 435（June30, 2006）

Liu Tongshan and Xu Jibo. "Zhongguo yanhai yuye yu yumin shenghuo"（China's coastal fisheries and the life of fishermen）. Xin Zhonghua 3, no. 13（1935）

刘桐山, 徐季搏. 中国沿海渔业与渔民生活. 新中华 3, no. 13（1935）

Liu Zhengquan. "Shengsi liedao jubian"（The Shengsi Islands' great transformation）. Shengsi wenshi ziliao 2（1991）

留正铨. 嵊泗列岛巨变. 嵊泗文史资料 2（1991）

Lu Yanghao. "Cong yuye guandian lun Shengsi de fen'ge"（A discussion of Shengsi's partition from the perspective of fisheries）. Shuichan yuekan 3, no. 3－4（1936）

陆养浩. 从渔业观点论嵊泗的分割. 水产月刊 3, no. 3－4（1936）

——"Pi Zhe sheng'Ningbo, 'Fenghua', 'Dinghai'Hu tongxianghui qing hua Shengsi liedao gui Zhe shuo"（A refutation of the request from Zhejiang province's "Ningbo,""Fenghua," and "Dinghai" native-place associations in Shanghai to place the Shengsi Islands under Zhejiang's jurisdiction）. Jiangsu yanjiu 1, no. 3（1935）

——辟浙省"宁波""奉化""定海"沪同乡会请划嵊泗列岛归浙说. 江苏研究 1, no. 3（1935）

——"Su sheng waihai yingfou zhengshou yuye linshi yingye shui zhi shangque"

（A discussion of whether Jiangsu province should collect a temporary business tax on fisheries）. Jiangsu yanjiu Ⅰ, no. 3（1935）

——苏省外海应否征收渔业临时营业税之商榷. 江苏研究 1, no. 3(1935)

Mann [Jones]，Susan. "Finance in Ning-po：The Ch'ien-chuang."In Economic Organization in Chinese Society, ed. W. E. Willmott. Stanford：Stanford University Press，1972

曼素恩. 宁波的财政：钱庄. 收录于中国社会的经济组织. 云达忠编写. 斯坦福：斯坦福大学出版社,1972

——Local Merchants and the Chinese Bureaucracy, 1750 - 1959. Stanford：Stanford University Press，1987

——地方商人和中国官僚,1750—1950. 斯坦福：斯坦福大学出版社,1987

——Women's Work in the Ningbo Area, 1900 - 1936. In Chinese History in Economic Perspective，ed. Thomas R. Rawski and Lillian M. Li. Berkeley：University of California Press，1992

——1900—1936 年间宁波地区的妇女劳动. 收录于中国历史研究的经济之维. 托马斯·G. 罗斯基,李明珠主编. 伯克利:加州大学出版社,1992

Mao Yihu. "Zhuang Songfu de yisheng"（The life of Zhuang Songfu）. Ningbo wenshi ziliao 4（1986）

毛翼虎. 庄嵩甫的一生. 宁波文史资料 4(1986)

Marks，Robert B. tigers, Rice, Silk, and Silt：Environment and Economy in Late Imperial South China. Cambridge：Cambridge University Press，1998

马立博. 虎、米、丝、泥：帝制晚期华南的环境与经济. 剑桥:剑桥大学出版社,1998

Martin，Brian G. The Shanghai Green Gang：Politics and Organized Crime,1919 - 1937. Berkeley：University of California Press，1996

布赖恩·马丁. 上海青帮:伯克利:加州大学出版社,1996

Matsuda Yoshiro. "Min Shin jidai Sekko Gin ken no suiri jigyo"（Water control affairs in Zhejiang's Yin county during the Ming and Qing periods）. In Sato hakushi kanreki kinen Chugoku suiri shi ronso,ed. Chu go ku suiri shi kenkyukai,269 - 312. Tokyo；Kokusho kankokai,1981

松田芳郎. 明清近代浙江鄞县治水事件. 收录于中国水利史論集 ：佐藤博士還曆記念,中国水利史研究会,269-312. 东京:国书刊行会,1981

Matsuura Akira. Chugoku no kaizoku (Chinese pirates). Tokyo：Toho shoten,1995

松浦章. 中国海贼. 东京：东方书店,1995

Mazumdar, Sucheta. Sugar and Society in China：Peasants，Technology，and the World Market. Cambridge：Harvard University Asia Center，1998

穆素洁. 中国的糖与社会：农民、技术与世界市场. 剑桥：剑桥大学亚洲中心,1998

McEvoy, Arthur F. The Fisherman's Problem：Ecology and Law in the California Fisheries，1850 - 1980. Cambridge：Cambridge University Press，1986

亚瑟·麦克沃伊. 渔民的问题：加利福尼亚渔业中的生态和法律,1850—1980. 剑桥：剑桥大学出版社,1986

——"Toward an Interactive Theory of Nature and Culture."In The Ends of the Earth：Perspectives on Modern Environmental History， ed. Donald Worster. Cambridge：Cambridge University Press，1988

正视自然和文化的互动理论. 收录于地球的终结：关于现代环境史的一些观点. 唐纳德·沃斯特. 剑桥：剑桥大学出版社,1988

McGoodwin, James. Crisis in the World's Fisheries：People，Problems，and Politics. Stanford：Stanford University Press，1990

詹姆斯·古德温. 世界渔业的危机：人、问题和政治. 斯坦福：斯坦福大学出版社,1990

McNeill，J. R. Something New Under the Sun：An Environmental History of the Twentieth Century World. New York Norton，2000

麦克尼尔. 阳光下的新事物：20 世纪世界环境史. 纽约：诺顿出版社,2000

Menzies，Nicholas K. Forest and Land Management in Imperial China. New York：St. Martin's Press，1994

孟泽思. 清代森林与土地管理. 纽约：圣马丁出版社,1994

Mingguo Xiangshan xianzhi (Republican-period Xiangshan county gazetteer)，1927

民国象山县志,1927

Murray，Dian H. Pirates of the South China Coast，1790 - 1810. Stanford：Stanford University Press,1987

穆黛安. 华南海盗,1790—1810. 斯坦福：斯坦福大学出版社,1987

Myers，Ramon H. ，and Yeh-Chien Wang. "Economic Developments，1644 -

1800. "In The Cambridge History of China：The Ch'ing Empire to 1800，ed. Willard J. Peterson. Cambridge：Cambridge University Press，2002

马若孟,王业键. 经济发展,1644—1800 年. 收录于剑桥中国史:1800 年前的清王朝. 毕德胜主编. 剑桥:剑桥大学出版社,2002

"Nan Shi no suisan"（South China's marine products）. In Nanyo no suisan. Tokyo：Nanyo suisan kyokai，1925

华南水产. 收录于南海水产. 东京:南海水产协会,1925

Naquin，Susan. Peking：Temples and City Life. Berkeley：University of California Press，2000

韩书瑞. 北京:寺庙与城市生活. 伯克利:加州大学出版社,2000

Ng，Chin-Keong. Trade and Society：The Amoy Network on the China Coast, 1683‐1735. Singapore：Singapore University Press，1983

吴振强. 厦门的兴起:1683—1735 年厦门的贸易发展和社会. 新加坡:新加坡大学出版社,1983

Ninohei Tokuo. Meiji gyogyo kaitaku shi（History of the expansion of fisheries in the Meiji period）. Tokyo：Heibonsha，1981

二野瓶德夫. 明治渔业扩张史. 东京:平凡社,1981

——Nihon gyogyo kindai shi（The modern history of Japan's fisheries）. Tokyo：Heibonsha，1999

——日本渔业近代史. 东京:平凡社,1999

Okamoto Nobuo. Kindai gyogyo hattatsu shi（History of modern fishery development）Tokyo：Suisansha，1965

冈本信男. 近代渔业发展史. 东京:水产社,1965

Okamoto Shoichi. Man-Shi no suisan jijo（The state of Manchuria and China's marine products）. Tokyo：Suisan tsushinsha，1940

岗本正一. 满支的水产事情. 东京:水产通信社,1940

Okano Ichiro. "Shina shin seifu no suisan seisaku"（The new government of China's marine products）. Tokyo：Suisan tsushinsha，1940

冈野一朗. 支那新政府的水产制作. 东京:水产通信社,1940

Olson，Mancur. The Logic of Collective Action：Public Goods and the Theory of Groups. Cambridge：Harvard University Press，1965

曼瑟尔·奥尔森. 集体行动的逻辑. 剑桥:哈佛大学出版社,1965

Osborne, Anne [Rankin]. "Barren Mountains, Raging Rivers: The Ecological and Social Effects of Changing Landuse on the Lower Yangzi Periphery in Late Imperial China. "PhD diss. , Columbia University, 1989

安·奥思本. 穷山恶水:晚近中国长江下游土地利用对生态和社会的影响. 博士论文,哥伦比亚大学,1989

——"Highlands and lowlands: Economic and Ecological Interactions in the Lower Yangzi Region under the Qing. "In Sediments of Time, ed. Mark Elvin and Liu Ts'ui-jung. Cambridge: Cambridge University Press, 1998

——丘陵与山地:清代长江下游地区的经济与生态互动. 收录于积渐所至:中国环境史论文集. 伊懋可,刘翠溶. 剑桥:剑桥大学出版社,1998

Ostrom, Elinor. Governing the Commons: The Evolution of Institutions for Collective Action. Cambridge: Cambridge University Press, 1990

埃莉诺·奥斯特罗姆. 公共事务的治理之道. 剑桥:剑桥大学出版社,1990

Ostrom, Elinor; Roy Gardner; and James Walker. Rules, Games and Common-Pool Resources. Ann Arbor: University of Michigan Press, 1994

埃莉诺·奥斯特罗姆 等. 规则、博弈与公共池塘资源. 密歇根大学出版社,1994

Ouyang Zongshu. Haishang renjia: haiyang yuye jingji yu yumin shehui (Sea people: the marine fishery economy and fishing people's society). Nanchang: Jiangxi gaoxiao chubanshe, 1998

欧阳宗书. 海上人家:海洋渔业经济与渔民社会. 南昌:江西高校出版社,1998

Perdue, Peter C. Exhausting the Earth: State and Peasant in Hunan, 1500 - 1850. Cambridge: Council on East Asian Studies, Harvard University, 1987

濮培德. 耗尽土地:湖南政府与农民(1500—1850). 剑桥:哈佛大学东亚研究委员会,1987

——"Lakes of Empire: Man and Water in Chinese History. "Modern China 16, no. 1 (1990)

——湖之帝国:中国历史中的人类和水资源. 近代中国 16, no. 1 (1990)

Perry, Elizabeth J. Rebels and Revolutionaries in North China, 1845 - 1945. Stanford: Stanford University Press, 1980

裴宜理. 华北的叛乱者和革命者,1845—1945. 斯坦福:斯坦福大学出版社,1980

Pettus, Thomas F. "Cuttle-fish Trade at Ningpo. "Reports from the Consuls of the United States, vol. 20, nos. 105 - 7 1/2. Washington, DC: Government Printing Office, 1889

托马斯·F. 佩特斯. 宁波的乌贼贸易. 美国委员会报告,卷 20,nos. 105 - 7 1/2. 华盛顿:美国政府印刷局,1889

Pietz, David A. Engineering the State: The Huai River and Reconstruction in Nationalist China, 1927 - 1937. New York: Routledge, 2002

戴维·艾伦·佩兹. 工程国家:民国时期(1927—1937)的淮河治理及国家建设. 纽约:路特雷奇出版社,2002

Ping (pseud.). "Shatian xian ken chuyan"(My humble remarks on the reclamation of polder fields by the county). Jiangsu yanjiu 1, no. 7 (1935)

平. 沙田县垦刍言. 江苏研究 1,no. 7(1935)

Prattis, J. I. "Modernization and Modes of Production in the North Atlantic: A Critique of Policy Formation for the Development of Marginal Maritime Communities." American Journal of Economics and Sociology 39, no. 4 (1980)

Qin Yunshan et al. Geology of the East China Sea. Beijing: Science Press, 1996
秦蕴珊等. 东海地质. 北京:科学出版社,1996

Qiu Yongsong et al. "Runoff-and Monsoon-Driven Variability of Fish Production in East China Seas." Estuarine, Coastal and Shelf Science 77(2008)

邱永松等. 径流和季风对东中国海渔业生产力变化的驱动作用. 河口、海岸与大陆架科学 77(2008)

Qiu Zhonglin. "Bingxian chuan yu xianyu hang: Ming dai yijiang jiangnan de bingxian yuye yu haixian xiaofei"(Ice boats and fresh fish brokers: the frozen fish industry and seafood consumption in Jiangnan since the Ming period). In "Guoyan fanhua: Ming-qing Jiangnan de shenghuo yu wenhua" guoji xueshu taolunhui. Nangang, Taiwan: Zhongyang yanjiuyuan, Lishi yuyan yanjiusuo, 2003

邱仲麟. 冰鲜船与鲜渔行:明代以降江南的冰鲜渔业与海鲜消费. 收录于过眼繁华:明清江南的生活与文化国际学术讨论会. 台湾:中央研究院,历史语言研究所,2003

Qu Ruoquan. "Jiang Zhe zhengyi zhong zhi Shengsi huazhi wenti"(The Problem of Shengsi's jurisdiction in the dispute between Jiangsu and Zhejiang). Shuichan yuekan 3, no. 3/4(1936)

屈若骞. 江浙争议终止嵊泗划治问题. 水产月刊 3,no. 3/4(1936)

Rankin, Mary Backus. Elite Activism and Political Transformation in China: Zhejiang Province, 1865 - 1911. Stanford: Stanford University Press, 1986

冉玫烁. 1865—1911 年浙江省精英的活跃与政治的变迁. 斯坦福:斯坦福大学出版社,1986

Rawski, Thomas. Economic Growth in Prewar China. Berkeley: University of California Press, 1989

托马斯·罗斯基. 战前中国经济的增长. 伯克利:加州大学出版社,1989

Read, Bernard E. Common Food Fishes of Shanghai. Shanghai: North China Branch of the Royal Asiatic Society, 1939

伊博恩. 上海食用鱼类图志. 亚洲文会北华分会年刊,1939

Reeves, Jesse S. "The Codification of the Law of Territorial Waters. "American Journal of International Law 24, no. 3 (1930)

杰西·S. 李维斯. 领海法的编纂. 美国国际法杂志 24, no. 3 (1930)

"Report of the Second Committee. "American Journal of International Law 24, no. 3, Supplement: Official Documents (1930)

第二委员会的报告. 美国国际法杂志 24,no. 3,增刊:官方文件(1930)

Rowe, William T. Crimson Rain: Seven Centuries of Violence in a Chinese County. Stanford: Stanford University Press, 2007

罗威廉. 红雨:一个中国县域七个世纪的暴力史. 斯坦福:斯坦福大学出版社,1984

——Hankow: Commerce and Society in a Chinese City, 1796 - 1889. Stanford: Stanford University Press, 1984

——汉口:中国城市的商业与社会(1796—1889). 斯坦福:斯坦福大学出版社,1984

Scheiber, Harry N. Inter-Allied Conflicts and Ocean Law, 1945 - 1953: The Occupation Command's Revival of Japanese Whaling and Marine Fisheries. Taipei: Institute of European and American Studies, Academia Sinica, 2001

Schlager, Edella. "Fishers' institutional Responses to Common-Pool Resource Dilemmas. "In Rules, Games, and Common-Pool Resources, ed. Elinor Ostrom, Roy Gardner, and James Walker. Ann Arbor: University of Michigan Press, 1994

施拉格. 应对公共池塘资源困境的渔业制度. 收录于埃莉诺·奥斯特罗姆等. 规则、博弈与公共池塘资源. 密歇根大学出版社,1994

Schneider, Laurence. Biology and Revolution in Twentieth-Century China. Lanham, MD: Rowan and Littlefield, 2003

施耐德. 20 世纪中国的生物学与革命. 马里兰州兰哈姆:Rowan and Littlefield 出版社,2003

Schoppa, R. Keith. Song Full of Tears: Nine Centuries of Chinese Life at Xiang Lake. Boulder, CO: Westview, 2002

萧邦齐. 九个世纪的悲歌:湘湖地区社会变迁研究. 波尔得:西方观点出版社, 2002

Scoones, Ian. "Range Management Science and Policy: Politics, Polemics and Pasture in Southern Africa. "In the Lie of the Land: Challenging Received Wisdom on the African Environment, ed. Melissa Leach and Robin Mearns. London: International African Studies Institute, 1996

Scott, James C. Seeing Like a State: How Certain Schemes to Improve the Human Condition Have Failed. New Haven: Yale University Press, 1998

詹姆斯·C.斯科特. 国家的视角:那些试图改善人类的项目是如何失败的. 纽黑文:耶鲁大学出版社,1998

Shang Hong. "Haiyang yuye ziyuan baohu yu guanli wenti de tantao" (An inquiry into the problem of the protection and management of marine fishery resources). In Zhoushan haiyang yu yuye jingji yanjiu wenxuan, ed. Cai Hongzhou. Beijing: Beijing wenjin chubanshe, 2003

商弘. 海洋渔业资源保护与管理问题的探讨. 收录于舟山海洋与渔业经济研究文选. 蔡宏舟主编. 北京:北京文津出版社,2003

Shanghai bowuguan. Tushu ziliao shi. Shanghai beike ziliaoxuanji (Collection of Shanghai inscriptional materials). Shanghai: Shanghai renmin chubanshe, 1980

上海博物馆. 图书资料史. 上海碑刻资料选辑. 上海:上海人民出版社,1980

Shanghai shinianjian (Shanghai municipal yearbook). Shanghai: Shanghai shi tongzhiguan, 1937

上海市年鉴. 上海:上海市通志馆,1937

Shanghai yuyezhi bianzuan weiyuanhui. Shanghai yuyezhi (Shanghai fishery gazetteer). Shanghai: Shanghai shehui kexue yanjiuyuan, 1998

上海渔业志编纂委员会. 上海渔业志. 上海:上海社会科学研究院,1998

Shao, Qin. Culturing Modernity: The Nantong Model, 1890 – 1930. Stanford:

Stanford University Press，2004

邵勤. 文化现代化：南通模式，1890—1930. 斯坦福：斯坦福大学出版社，2004

Shapiro，judith. Mao's War Against Nature：Politics and Environment in Revolutionary China. Cambridge：Cambridge University Press，2001

夏竹丽. 人定胜天：革命时代中国的政治与环境. 剑桥：剑桥大学出版社，2001

Shen Guangshi. "Jiang Zhe yuye shicha baogao"(Inspection report on Jiangsu's and Zhejiang's fisheries). Nongkuang gongbao 8(1929)

沈光史. 江浙渔业视察报告. 农矿公报 8(1929)

Shen Ligong. "Qiantan Gaoting de liuwang zuoye"(Elementary introduction to Gaoting's drift-net fishing). Daishan wenshi ziliao Ⅰ（1986)

沈立恭. 浅谈高亭的溜网作业. 岱山文史资料 1(1986)

Sheng Guanxi. "Jindai Zhoushan de diandangye"（Modern Zhoushan's pawnshops). Zhoushan xiangxun 60(1996)

盛观熙. 近代舟山的典当业. 舟山乡讯 60(1996)

Shiba，Yoshinobu. "Environment versus Water Control：The Case of the Southern Hangzhou Bay Area from the Mid-Tang through the Qing."In Sediments of Time，ed. Mark Elvin and Liu Ts'ui-jung. Cambridge：Cambridge University Press，1998

斯波义信. 环境和治水：从中唐到清杭州湾南岸地区的事例. 收录于积渐所止：中国环境史论文集. 伊懋可，刘翠溶主编. 剑桥：剑桥大学出版社，1998

——Ningpo and Its Hinterland. In the City in Late Imperial China，ed. G. William Skinner. Stanford：Stanford University Press，1977

——宁波及其腹地. 收录于中华帝国晚期的城市. 施坚雅主编. 斯坦福：斯坦福大学出版社，1977

Shindo Shigeaki. "A Statistical Account of the Japanese Trawl Fishery in the East China and the Yellow Seasafter the War Ⅱ［sic］."Text in Japanese. The Investigations of Demersal Fish Resources in the East China and Yellow Seas3（1956)

真道重明. 二战后中国东海和黄海的日本拖网渔船的统计账户. 中国东海和黄海底层鱼类资源的调查 3(1956)

Simoons，Frederick，J. Food in China：A cultural and Historical Inquiry. Boca Raton，FL：CRC Press，1991

弗里德里克·西蒙. 中国思想与中国文化中的食物. 佛罗里达博卡拉顿：CRC

出版社，1991

Skinner, G. William. "Introduction. "In Sow-Theng Leong, Migration and Ethnicity in Chinese History: Hakkas, Pengmin, and Their Neighbors, ed. Tim Wright, with an introduction and maps by G. William Skinner. Stanford: Stanford University Press，1997

施坚雅. 序言. 收录于梁肇庭. 中国历史上的移民与族群性:客家人、棚民及其邻居. 莱特整理;施坚雅撰写导言,绘制地图. 斯坦福:斯坦福大学出版社,1997

——Regional Urbanization in Nineteenth-Century China. In The City in Late Imperial China, ed. idem. Stanford: Stanford University Press，1977

——十九世纪中国的地方城市化. 收录于中华帝国晚期的城市. 施坚雅主编. 斯坦福:斯坦福大学出版社,1977

Smil, Vaclav. China's Environmental Crisis: An Inquiry into the Limits of National Development. Armonk, NY: M. E. Sharpe, 1993

——China's Past, China's Future: Energy, Food, Environment. New York: Routledge, 2004

史凡拉. 恶地:中国大陆环境大剖析. 阿曼克,纽约:夏普出版社,1993

——中国的过去,中国的未来:能源,食物和环境。纽约:路透出版社,2004

Smith, Tim D. Scaling Fisheries: The Science of Measuring the Effects of Fishing, 1855 - 1955. Cambridge:Cambridge University Press，1994

蒂姆·史密斯. 测量渔场:科学有效测定渔业规模,1855—1955. 剑桥:剑桥大学出版社,1994

Solecki, Jan J. Economic Aspects of the Fishing Industry in Mainland China. Vancouver: Institute of Fisheries, University of Britain Columbia，1966

Song,Yann-huei Billy. "China's Ocean Policy: EEZ and Marine Fisheries. " Asian Survey 29, no. 10 (1989)

宋燕辉. 中国的海洋政策:领海与渔业. 亚洲研究 29，no. 10 (1989)

Songster, E. Elena. "Cultivating the Nation in Fujian's Forests: Forest Policies and Afforestation Efforts in China, 1911 - 1937. "Environmental History 8, no. 3(2003)

伊兰娜·宋斯特. 建立福建的森林之国:中国的森林政策和植树造林,1911—1937. 环境史 8，no. 3（2003）

Steinberg, Ted. "Down to Earth: Nature, Agency, and Power in History. "

American Historical Review 107，no. 3（2002）

泰德·斯坦伯格. 回归大地：历史上的自然，代理人和权力. 美国历史评论107，no. 3（2002）

Steneck，Robert S. ，and James T. Carlton. "Human Alterations of Marine Communities：Students Beware!" In Marine Community Ecology，ed. Steven D. Gaines，Mark D. Bertness，and Mark E. Hay. Sunderland，MA：Sinauer Associates，2001

Sun Biaoqing and Mao Yihu. "Xinxue huishe ji qita"（The New Learning Company and other matters）. Ningbo wenshi ziliao 11(1987)

孙表卿述，毛翼虎记. 新学会社及其他. 宁波文史资料 11(1987)

Sun Yat-sen. The International Development of China. Taibei：China Cultural Service，1953

孙中山. 实业计划. 台北：中国文化院，1953

Tachi Sakutaro. Heiji kokusaiho ron（Theory of peacetime international law）. Tokyo：Nihon hyoronsha，1930

立作太郎，战时国际法论，日本评论社，1930

Taizhou fuzhi（Taizhou prefectural gazetteer）. 1936

台州府志. 1936

Takenobu，Y. The Japan Year Book：Complete Cyclopaedia of General Information and Statistics on Japan and Japanese Territories for the Year 1928. Tokyo：Japan Year Book Office，1928

武信由太郎. 日本年鉴 1928. 东京：日本年鉴办，1928

Takumukyoku. Chunan shina homen ni okeru suisanjijō（The State of matine products in southeast China）. Tokyo：Takumusho Takumukyoku，1938

拓务局. 中南支那方面关于水产情况. 东京：拓务局，1938

Tao Fusheng. "Jiazhi de yuye"（Jiazhi's fisheries）

陶福胜. 葭沚的渔业. 椒江文史资料 7

Toa dobunkai. Shina shobetsu zenshi，vol. 14，sekko sho（Complete gazetter of China's provinces：Zhejiang province）. Tokyo，1917 - 20

东亚同文会. 支那省别全志. 第 14 卷，浙江省. 东京，1917—20

Tsutsui，William M. "Landscapes in the Dark Valley：Toward an Environmental

History of Wartime Japan. "Environmental History 8, no. 2 (2003)

　　威廉·M. 筒井. 黑山谷里的风景：关于战时日本的环境史，环境史 8，no. 2(2003)

　　Tu Hengting. "Minguo shiqi Daishan jinrongye gaikuang"(Finance in Daishan during the Republican period). Daishan wenshi ziliao 4 (1992)

　　屠恒艇. 民国时期岱山金融业概况. 岱山文史资料 4(1992)

　　Tung, L. China and Some Phases of International Law. Shanghai：Kelly and Walsh,1940

　　董霖. 中国与国际公法. 上海：别发洋行,1940

　　Waldron, Arthur. From War to Nationalism：China's Turning point, 1924 - 1925. Cambridge：Cambridge University Press, 1995

　　林蔚. 从战争到民族主义：中国的转折点(1924—1925). 剑桥：剑桥大学出版社,1995

　　Walker, Brett L. "Meiji Modernization, Scientific Agriculture, and the Destruction of Japan's Hokkaido Wolf. "Environmental History 9, no. 2 (2004)

　　布雷特·雷·沃克. 明治现代性、科学农业和日本北海道狼的灭绝. 环境史 9，no. 2 (2004)

　　Wang, Bin. The Asian Monsoon. London：Springer, 2006

　　王斌. 亚洲季风. 伦敦：施普林格,2006

　　Wang Ningshi. Zhejiang yanhai ge xian yu yan gaikuang (The general condition of fisheries and salt in Zhejiang's coastal provinces). Ningbo：Zhejiang shengli Ningbo minzhong jiaoyuguan, 1936

　　王甯适. 浙江沿海各县渔盐概况. 宁波：浙江省立宁波民众教育馆,1936

　　Wang Renze. "Lv Hu Mingren Fang Jiaobo"(The famous Shanghai sojourner Fang Jiaobo). Ningbo wenshi ziliao 5(1987)

　　汪仁泽. 旅沪名人方椒伯. 宁波文史资料 5(1987)

　　Wang Rongguo. Haiyang shenling：Zhongguo haishen xinyang yu shehui jingji (Ocean gods：China's maritime deity beliefs and social economy). Nanchang：Jiangxi gaoxiao chubanshe, 2003

　　王荣国. 海洋神灵：中国海神信仰与社会经济. 南昌：江西高校出版社,2003

　　Wang Weimin. "Huiyi Zhuang Songfu xiansheng"(Rembering Mr. Zhuang Songfu). Fenghua wenshi ziliao 3(1987)

王惟敏. 回忆庄嵩甫先生. 奉化文史资料 3(1987)

Wang Zenglu. "Jiangsu waihai caiwu xingzheng diaocha" (Inverstigation of offshore fiscal administration in Jiangsu). Jiangsu yanjiu 1, no. 8 (1935)
王曾鲁. 江苏外海财务行政调查. 江苏研究 1, no. 8(1935)

Wang Zongpei. "Zhongguo yanhai zhi yumin jingji" (Fishermen's economy in coastal China). Jingjixue jikan 3, no. 1 (1932)
王宗培. 中国沿海之渔民经济. 经济学季刊, no. 1(1932)

Ward, Barbara E. "Chinese Fishermen in Hong Kong: Their Post-peasant Economy."In Social Organization: Essays Presented to Raymond Firth, ed. Maurice Freedman. Chicago: Aldine, 1967

Watson, James L. "Standardizing the Gods: The Promotion of T'ien Hou" ("Empress of Heaven") "Along the South China Coast, 960 - 1960. "In Popular Culture in Late Imperial China, ed. David Johnson, Andrew Nathan, and Evelyn Rawski. Berkeley: University of California Press, 1985
华琛. 神祇标准化:华南沿岸天后地位的提升(960—1960), 收录于晚期中华帝国的大众文化. 姜士彬, 黎安友, 罗斯基编辑. 伯克利:加州大学出版社,1985

Weller, Robert P. Discovering Nature: Globalization and Environmental Culture in China and Taiwan. Cambridge: Cambridge University Press, 2006
魏乐博. 发现中的自然:海峡两岸的全球化与环境文化. 剑桥:剑桥大学出版社,2006

Weng Yingchang. "Tangtou yumin he Mazu wenhua" (Tangtou fishermen and Mazu culture). In Wenshi tiandi, ed. Zhoushan shi zhengxie wenshi he xuexi wei. Beijing: Wenjin chubanshe, 2003
翁盈昌. 塘头渔民和妈祖文化. 收录于文史天地. 舟山市政协文史和学习委员会. 北京:文津出版社,2003

Wenling xian xuzhi gao bianzuan weiyuanhui. Wenling xian xuzhi gao (Wenling county extended draft gazetteer). Taibei: Taibei shi Wenling tongxianghui,1987
温岭县续志稿编纂委员会. 温岭县续志稿. 台北:台北市温岭同乡会,1987

Williamsen, Marvin. "The Military Dimension, 1937 - 1941. "In China's Bitter Victory: The War with Japan 1937 - 1945, ed. James C. Hsiung and Steven I. Levine. Armonk, NY: M. E. Sharpe, 1992
马文·威廉姆斯. 军事力量,1937—1941. 收录于中国的苦胜:熊玠和梁思文.

纽约阿蒙克:M. E. Sharpe 出版社. 1992

Worcester, G. R. G. The Floating Population in China: An Illustrated Record of the Junkmen and Their Boats on Sea and River. Hong Kong: Vetch and Lee, 1970
夏士德. 中国的流动人口:江海的船民及船只. 香港:Vetch and Lee 出版社, 1970

——The Junks and Sampans of th Yangtze. A Study in Chinese Nautical Research. 2 vol. Shanghai: Statistical Department of the Inspectorate General of Customs, 1947
——长江之帆船与舢板. 收录于中国航海研究第 2 卷. 上海:中国海关总税务司署驻沪造册处,1947

Worm, Boris, "The Impacts of Biodiversity Loss on Ocean Ecosystem Service." Science 313(November 3, 2006)
鲍里斯·沃姆. 生物多样性丧失对海洋生态系统服务的影响,科学 313(2006 年 11 月 3 日)

Wu xingya. Minguo er shiyi nian Shanghai shi yulunhuigu (A review of Shanghai's fishing trawlers in 1932). Shanghai, 1934
吴醒亚. 民国二十一年上海市渔轮回顾. 上海,1934

Wu Zaisheng. "Shehui shenghuo: Fenghua de buyu jia"(Social life: Fenghua's fishing households). Xin Zhongguo Ⅰ, no. 6 (1919)
吴载盛. 社会生活:奉化的捕鱼家. 新中国 1,no. 6(1919)

Xie zhenmin. Zhonghua minguo lifa shi (Legislative history of Republican China). Beijing:Zhongguo zhengfa daxue chubanshe,1999
谢振民. 中华民国立法史. 北京:中国政法大学出版社,1999

Xin xiu Yin xianzhi (Revised Yin county gazetteer). 1877
新修鄞县志. 1877

Xu Bin. "Penglai hangdu shu Nanpu"(Nanpu's Penglai ferry). Daishan wenshi ziliao 1(1986)
徐彬. 蓬莱航渡数南浦. 岱山文史资料 1(1986)

Xu Bo. Zhoushan fangyan yu Donghai wenhua (Zhoushan dialect and East China Sea culture). Beijing: Zhongguo shehui kexue chubanshe, 2004
徐波. 舟山方言与东海文化. 北京:中国社会科学出版社,2004

Xu Shihe. "Jiang Zhe liang sheng zhi yuye"(The fisheries of Jiangsu and Zhejiang). Shengbao,October 6,1925,1 (supplement)

徐诗鹤,江浙两省之渔业. 申报增刊,1925 年 10 月 6 日

Yang, S. K. , et al. "Trends in Annual Discharge from the Yangtze River to the Sea (1865 - 2004)."Hydrological Science 50, no. 5 (2005)

Yang,S. K 等. 长江年排水量趋势(1865—2004),水利科学,50,no. 5 (2005)

Yao Huanzhou. "Zhoushan qundao wuzei zhi shengxi ji wangbu yu longbu zhi deshi"(The reproduction of cuttlefish in the Zoushan Archipelago and the advantages and disadvantagesof net fishing and cage fishing). In Zhejiang shengzhengfu jiansheting ershiyi nian niankan. Hangzhou, 1932

姚焕洲. 舟山群岛乌贼生息及网捕与笼捕之得失. 收录于浙江省政府建设厅二十一年年刊. 杭州,1932

Yao Yongping. "Daishan shuichan zhi diaocha"(An Investigation of Daishan's marine products). Zhejiang sheng jianshe yuekan 6, no. 7 (1933)

姚咏平. 岱山水产之调查. 浙江省建设月刊 6,no. 7(1933)

——Gaijin Zhejiang dahuangyu yuye ji zhizaoye zhi yijian(Ideas for the reform of Zhejiang's large yellow croaker fisheries and processing industry). Zhejiang sheng jianshe yukan 7, no. 9 (1934)

——改进浙江大黄鱼渔业及制造业之意见. 浙江省建设月刊 7,no. 9(1934)

Yin Lingling. "Ming Qing Changjiang zhong xia you yuye jingji yanjiu". (Researches on the fishery economy of the Middle and Lower Yangzi during the Ming and Qing). Ji'nan:Jilu shushe,2004

尹玲玲. 明清长江中下游渔业经济研究. 济南:齐鲁书社,2004

Yin xiantongzhi (Yin county gazetteer). 1935

鄞县通志. 1935

Ying Mengqing. "Fenghua yumin canjia guangfu Hangzhou gansidui ji"(A record of Fenghua fishermen's participation in a dare-to die squad during the recovery of Hangzhou). In Zhejiang xinhai geming huiyi lu. Hangzhou: Zhejiang renmin chubanshe, 1981

应梦卿. 奉化渔民参加光复杭州敢死队记. 收录于浙江辛亥革民回忆录. 杭州:浙江人民出版社,1981

——"Fenghua yumin gansidui canjia guangfu Hangzhou"(The participation of

Fenghua fishermen's dare-to-die squad in the recovery of Hangzhou). Fenghua wenshi ziliao Ⅱ（1991）

——奉化渔民敢死队参加光复杭州. 奉化文史资料 2(1991)

Young, Oran. The Institutional Dimensions of Environmental Change: Fit, Interplay, and Scale. Cambridge: MIT Press, 2002

奥兰·杨. 环境变化的制度维度：配合、互动和规模. 坎布里奇：麻省理工学院出版社,2002

Yu Fuhai, ed. Ningbo shizhi waibian (Ningbo municipal gazetteer, additional section). Beijing: Zhonghua shuju, 1998

俞福海. 宁波市志外编. 北京：中华书局,1998

Yu Men. "Shenjiamen Tian Hou gong" (Shenjiamen's Empress of Heaven Temple). In Wenshi tiandi, ed. Zhoushan shi zhengxie wenshi he xuexi wei. Beijing: Wenjin chubanshe, 2003

鱼门. 沈家门天后宫. 收录于文史天地. 舟山政协文史和学习委员会. 北京：文津出版社,2003

Zhang Baoshu. Zhongguo yuye (China's fisheries). 2 vols. Taibei: Zhongguo wenhua chuban shiye weiyuanhui, 1954

张宝树. 中国渔业. 第2卷. 台北：中国文化出版事业委员会,1954

Zhang Genfu. Kangzhan shiqi Zhejiang sheng renkou qianyi yu shehui yingxiang (Population mobility in Zhejiang province during the War of resistance and its social effects). Shanghai: Shanghai sanlian shudian, 2001

张根福. 抗战时期浙江省人口迁移与社会影响. 上海：上海三联书店,2001

Zhang jiacheng and Lin Zhiguang. Climate of China. Trans. Ding Tan. New York: John Wiley and Sons, 1992

张家诚,林之光. 中国的气候. 纽约：John Wiley and Sons 出版社,1992

Zhang Jian. "Yumin 'xie yang'" (Fishermen "thanking the ocean"). In Zhoushan minsu daguan, ed. idem. Beijing: Yuanfang chubanshe, 1999

张坚. 渔民谢洋. 收录于舟山民俗大观. 北京：远方出版社,1999

Zhang Liquan. "Shanghai haichanwu shichang zhi qushi" (Trends in Shanghai's marine products market). Shuichan 2(1918)

张立权. 上海海产物市场之趋势. 水产 2(1918)

Zhang Lixiu and Bi Dingbang. Zhejiang dangdai yuye shi(History of Zhejiang's contemporary fisheries). Hangzhou: Zhejiang kexue jishu chubanshe, 1990

张立修,毕定邦. 浙江当代渔业史. 杭州:浙江科学技术出版社,1990

Zhang Qiang et al. "Observed Climatic Changes in Shanghaiduring 1873–2002." Journal of Geographical Sciences 15, no. 2 (2005)

张强. 上海气候变化的观测 1873—2002. 地理学报英文版 15, no. 2 (2005)

Zhang Qijun. Zhejiang sheng shidi jiyao (Historical geography of Zhejiang). Shanghai: Shangwu yinshuguan, 1925

张其昀. 浙江省史地纪要. 上海:商务印书馆,1925

Zhang Qilong and Wang Fan. "Zhoushan yuchang ji qi linjin haiyu shuituan de qihouxue fenxi" (Climatological analysis of Zhoushan's fishing grounds and water masses in nearby seas). Haiyang yu huzhao 35, no. 1 (2004)

张启龙,王凡. 舟山渔场及其邻近海域水团的气候学分析. 海洋与湖沼 35, no. 1(2004)

Zhang Renyu. "Xinhai geming yilai de Dinghai shangye yanbian jianshi" (Brief history of the development of commerce in Dinghai since the 1911 Revolution). Zhoushan wenshi ziliao 1 (1991)

张仁钰. 辛亥革命以来的定海商业演变简史. 舟山文史资料 1(1991)

Zhang Zhendong and Yang Jinsen. Zhongguo haiyang yuyejianshi (Brief history of China's marine fisheries). Beijing: Haiyang chubanshe, 1983

张震东,杨金森. 中国海洋渔业简史. 北京:海洋出版社,1983

Zhang Zhuzun. "Fazhan Zhejiang shuichan jiaoyu banfa yijian shu"(Opinions on methods for the development of Zhejiang's marine products education). Zhejiang shengli shuichanke zhiye xuexiao xiaokan (1929)

张柱尊. 发展浙江水产教育办法意见书. 浙江省立水产科职业学校校刊(1929)

Zhao Chuanyin et al. "Changjiang jingliu dui hekou ji linjin haiqu yuye yingxiang de chubu yanjiu"(Preliminary studies on the influence of Changjiang river runoff on the fisheries of Changjiang estuary and its adjacent seas). Shuichan xuebao 12, no. 4(1988)

赵传纲等. 长江径流对河口及邻近海区渔业影响的初步研究. 水产学报 12, no. 4(1988)

Zhao Yizhong. "Zhonghua renmin gongheguo jianguo chuqi huifu Zhoushan yuye shengchan de ji ge licheng"(Courses to the recovery of fishery production in Zhoushan during the early period of the People's Republic of China). Dinghai wenshi ziliao Ⅰ (1989)

赵以忠. 中华人民共和国建国初期恢复舟山渔业生产的几个历程. 定海文史资料 1(1989)

——"Zhoushan de bingxian shang he yuhang jianxi"(An analysis of Zhoushan's frozen fish merchants and fish brokers). Dinghai wenshi ziliao 2(1985)

——舟山的冰鲜商和渔行简析. 定海文史资料 2(1985)

——"Zhoushan de yuye gongsuo"(Zhoushan's fishing lodges). Zhoushan wenshi ziliao Ⅰ (1991)

——舟山的渔业公所. 舟山文史资料 1(1991)

——"Zhoushan yuye fazhan shi chutan"(A Preliminary investigation of the history of the development of Zhoushan's fisheries). Zhongguo shehuijingji shi yanjiu 9, no. 2 (1984)

——舟山渔业发展史初探. 中国社会经济史研究 9,no. 2(1984)

Zhejiang sheng. Jiansheting. Liang nian lai zhiZhejiang jianshe gaikuang (The general condition of reconstrction in Zhejiang over the past two years). Hangzhou，1929

浙江省. 建设厅. 两年来之浙江建设概况. 杭州,1929

——Shuichanting. Lvsi yuchang shengchan ziliao (wenjian)：Zhejiang yumin zai lvsi yuchang shengchan (Materials on fishery production in the Lvsi fishing grounds)，1967‐1971

——水产厅. 吕泗渔场生产资料(文件)：浙江渔民在吕泗渔场生产,1967—1971

——Shuiliju. Zhejiang sheng shuiliju zongbaogao (General report of the Water Control Bureau of Zhejiang province). Hangzhou：1935

——水利局. 浙江省水利局总报告. 杭州：1935

Zhejiang sheng ge xian jianshe gongzuo taolunhui mishuchu. Zhejiang sheng ge xian jianshe gongzuo taolunhui huiyi baogao(Reports from the conference to discuss reconstruction work in each of the counties of Zhejiang province). 3 vols. 1939

浙江省各县建设工作讨论会秘书处. 浙江省各县建设工作讨论会会议报告. 第 3 卷. 1939

Zhejiang sheng haian he haitu ziyuan zonghe diaocha baogao bianxieweiyuanhui. Zhejiang sheng haian he haitu ziyuan zonghe diaocha(A conprehensive investigation of

Zhejiang province's coastal and tidal estuary resources). Beijing：Haiyang chubanshe，
1988

浙江省海岸和海涂职员综合调查报告编写委员会. 浙江省海岸和海涂资源综合
调查. 北京:海洋出版社,1988

Zhejiang shengli shuichan shiyanchang. "shengshan moyu fanzhi shiyan baogao"
(Shengshan cuttlefish-spawing experiment report). Shuichan yuekan 3，no. 5 - 6
(1936)

浙江省立水产试验场. 嵊山乌贼繁殖实验报告. 水产月刊 3,no. 5-6(1936)

Zhejiang sheng shuichanzhi bianzuan weiyuanhui. Zhejiang sheng shuichanzhi
(Zhejiang province marine products gazetteer). Beijing：Zhonghua shuju, 1999

浙江省水产志编纂委员会. 浙江省水产志. 北京:中华书局,1999

Zhejiang sheng yin xianzhi bianzuan weiyuanhui. Yinxianzhi (Yin county
gazetteer). Beijing：Zhonghua shuju, 1996

浙江省鄞县志编纂委员会. 鄞县志. 北京:中华书局,1996

Zhejiang sheng zhengxie wenshi ziliao weiyuanhui. Zhejiang jinxiandai renwu lu
(Record of modern and contemporary personages in Zhejiang). Hangzhou：Zhejiang
renmin chubanshe, 1992

浙江省政协文史资料委员会.浙江近现代人物录. 杭州:浙江人民出版社,1992

Zheng Pingsheng. "Haiyang ziyuan guanli cuoshi chutan"(A preliminary
investigation of measures for the management of marine resources). In Zhoushan
haiyang yu yuye jingji yanjiu wenxuan，ed. Cai Hongzhou. Beijing：Beijing wenjin
chubanshe, 2003

郑平胜. 海洋资源管理措施初探. 收录于舟山海洋与渔业经济研究文选. 蔡宏
舟主编. 北京:北京文津出版社,2003

Zheng Ruozeng. Chouhai tubian (Illustrated collection on coastal defense). 1562
郑若曾. 筹海图编. 1562

Zhenghai xianzhi (Zhenhai county gazetteer). 1752
镇海县志. 1752

Zhenhai xianzhi bianzuan weiyuanhui. Zhenhai xianzhi (Zhenhai county
gazetteer). Shanghai：Zhongguo da baikequanshu chubanshe,1994

镇海县志编纂委员会. 镇海县志. 上海:中国大百科全书出版社,1994

Zhongguo dier lishi dang'anguan. Zhonghua minguo shi dang'an ziliao huibian

(Compilation of archival materials on the history of the Republic of China). Nanjing：Jiangsu guji chubanshe，1991

中国第二历史档案馆. 中华民国史档案资料汇编. 南京：江苏古籍出版社，1991

Zhongguo nongye baikequanshu (China agriculture encyclopedia)，vols. 11 - 12，Shuichan (Marine products). Beijing：Nongye chubanshe，1991

中国农业百科全书，11—12 卷. 水产. 北京：农业出版社，1991

Zhongguo shiye zhi, Zhejiang sheng (Record of China's industries, Zhejiang province). Shanghai：Shiyebu，Guoji maoyiju，1933

中国实业志. 浙江省. 上海：实业部，国际贸易局，1933

Zhong-Ri guanxi shiliao：yu yan lu kuang jiaoshe minguo qi nian zhi shiliu nian (1918 - 27) (Materials on Sino-Japanese relations：fisheries，salt，railroad，and mining negotiations，1918 - 1927). Taibei：Zhongyang yanjiuyuan，Jingdaishi yanjiusuo，1995

中日关系史料：渔盐路矿交涉民国七年至十六年(1918—27). 台北：中央研究院，近代史研究所，1995

Zhou Jianyin and Yu Huaxian. Zhongdeng shuichan xue (intermediate fishery studies). Shanghai：Zhonghua shuju，1928

周监殷，鱼华仙. 中等水产学. 上海：中华书局，1928

Zhou Kebao and Lu Yonglong. "Ershi nian Zhejiang sheng zhi shuizai"(Flooding in Zhejiang province during 1931). Zhejiang sheng jianshe yuekan，6，no. Ⅱ (1933)

周可宝，卢永龙. 二十年浙江省之水灾. 浙江省建设月刊，6，no. 2 (1933)

"Zhoushan qundao zhi yuchang"(The Zhoushan Archipelago's fishing grounds). Yinhang zhoubao 17，no. 5 (1933)

舟山群岛之渔场. 银行周报 17，no. 5(1933)

Zhoushan shi bowuguan. Zhoushan lishi mingren pu (Register of famous historical personages from Zhoushan). Beijing：Zhongguo wenshi chubanshe，2004

舟山市博物馆. 舟山历史名人谱. 北京：中国文史出版社，2004

Zhoushan shi dang'anguan. "Shenbao"Zhoushan shiliaohuibian (Compilation of Zhoushan historical materials from Shenbao). Zhoushan：Zhoushan ribaoshe，1990

舟山市档案馆. "申报"舟山史料汇编. 舟山：舟山日报社，1990

Zhoushan shi difangzhi bianzuan weiyuanhui. Zhoushanshizhi (Zhoushan municipal gazetteer). Hangzhou：Zhejiang renmin chubanshe，1992

舟山市地方志编纂委员会. 舟山市志. 杭州：浙江人民出版社，1992

Zhoushan shizheng wenshi he xuexi weiyuanhui. Zhoushan haiyang long wenhua (Zhoushan's marine dragon culture). Beijing：Haiyang chubanshe，1999
舟山市镇文史和学习委员会. 舟山海洋龙文化. 北京:海洋出版社,1999

——Zhoushan haiyang yu wenhua（Zhoushan's maritime fish culture）. Beijing：Haiyang chubanshe，1992
——舟山海洋与文化. 北京:海洋出版社,1992

Zhoushan yuzhi bianxie zu. Zhoushan yuzhi（Zhoushan fishery gazetteer）. Beijing：Haiyang chubanshe，1989
舟山渔志编写组. 舟山渔志. 北京:海洋出版社,1989

Zhu Fucheng. Jiangsu shatian zhi yanjiu（Researches on polder fields in Jiangsu）. Taibei：Chengwen，1977
朱福成. 江苏沙田之研究. 台北:成文出版社,1977

Zhu Jin'gou. "Qingmo he minguo shi Huanglong dao Shang shou hang chuan" (Net-protection boats on Huanglong Island during the late Qing and Republican periods). Shengsi wenshi ziliao 2(1991)
祝金构. 清末和民国时黄龙岛上守桁船. 嵊泗文史资料 2(1991)

Zhu Yunshui. "Zhejiang yutuan yan'ge shi"（History of the development of the Zhejiang fishing militia）. Zhejiang shengli shuichanke zhiye xuexiao xiaokan 1929
朱云水. 浙江渔团沿革史. 浙江省立水产科职业学校校刊,1929

Zhu Zhengyuan. Zhejiang sheng yanhai tushuo（Illustrated handbook of coastal Zhejiang province）. 1899. Reprinted——Taibei：Chengwen，1974
朱正元. 浙江省沿海图说. 1899. 重印——台北:成文出版社,1974

Zhuang Jingzhong（Songfu）. Qiuwo shanren nianpu（Chronicle of the life of Zhuang Songfu）. 1929
庄景仲(嵩甫). 求我山人年谱. 1929